Julio Calvo Pérez

(ed.)

Teoría y práctica del contacto:
El español de América
en el candelero

Vervuert   ·   Iberoamericana   ·   2000

Die Deutsche Bibliothek – CIP-Cataloguing-in-Publication-Data
A catalogue record for this publications is available from Die Deutsche Bibliothek.

© Iberoamericana, 2000
Amor de Dios, 1 – E-28014 Madrid
Tel.: +34 91 429 35 22
Fax: +34 91 429 53 97
iberoamericana@readysoft.es
www.iberoamericanalibros.com

© Vervuert, 2000
Wielandstr. 40 – D-60318 Frankfurt am Main
Tel.: +49 69 597 46 17
Fax: +49 69 597 87 43
info@iberoamericanalibros.com
www.vervuert.com

ISBN 84-95107-91-0 (Iberoamericana)
ISBN 3-89354-376-7 (Vervuert)

Depósito Legal: M. 7.242-2001

Cubierta: Carlos Pérez Casanova
Foto de la portada: Niñas de Pisaq (Foto: J. Calvo Pérez)
Impreso en España por: Imprenta Fareso, S. A.
Este libro está impreso íntegramente en papel ecológico sin cloro

Julio Calvo Pérez (ed.)

**Teoría y práctica del contacto:
El español de América en el candelero**

Lengua y Sociedad en el Mundo Hispánico
Language and Society in the Hispanic World

Editado por / *Edited by:*
Julio Calvo Pérez (Universitat de València)
Luis Fernando Lara (El Colegio de México)
Matthias Perl (Universität Mainz)
Armin Schwegler (University of California, Irvine)
Klaus Zimmermann (Universität Bremen)

Vol. 6

ÍNDICE GENERAL

PRESENTACIÓN

Teoría y práctica del contacto: el español de América en el candelero contiene un conjunto de reflexiones sobre el español de América que ha recogido una primera aportación de los integrantes del proyecto precompetitivo "Análisis contrastivo de carácter socio-pragmático entre el español y las principales lenguas amerindias (ACCASPEPLA)" otorgado por el Vicerrectorat d'Investigació de la Universitat de València en 1998 y una segunda de conocidos especialistas en el tema, con los que los integrantes del citado proyecto han mantenido conexión.

El proyecto se comprometía al análisis de una serie de hechos de contacto del español con las principales lenguas amerindias (quechua y aimara, guaraní, mapuche, náhuatl...) con el fin de establecer nuevos criterios de convergencia, mejorar la metodología y hallar explicaciones más completas a los fenómenos que desde hace siglos se vienen observando en las áreas referidas. Como tal, el proyecto se encuadra en la actividad permanente que, desde hace más de diez años, lleva a cabo el Departamento de Teoría de los Lenguajes y el IVALCA (Instituto Valenciano de Lenguas y Culturas Amerindias), por lo que algunas de las áreas citadas vienen estudiándose ya con general aprovechamiento, mientras que otras se han incorporado últimamente como objetivo de investigación. En el futuro serán atendidos otros núcleos de interés y se espera ampliar el espectro al análisis del portugués en contacto. Mientras tanto, el proyecto se enriquece con la incorporación de dos centros de interés importantísimos, aunque marginales en su inicial concepción: el español en los EE.UU. y los criollos de base léxica española.

Respecto a los estudios que se publican en este volumen, nueve en total, hay que decir que son producto de la investigación directa realizada por los miembros del proyecto, Dres. López García, Pruñonosa, Hernández Sacristán, Jorques Jiménez y su director, Dr. Calvo Pérez, habiendo incorporado como colaboradores al mismo a la Dra. Palacios Alcaine de la Universidad Autónoma de Madrid, la Dra. Roca de la Universidad de Miami (EE.UU.), el Dr. Flores Farfán del CIESAS de México y la Dra. Bartens de la Universidad de Helsinki. Con el conjunto de trabajos recogidos, se amplía la panoplia de estudios al área del español en los EE.UU.; se refuerza el área guaranítica, que ya preveía un trabajo de fonología en contacto, con un estudio sintáctico complementario y, finalmente, se generaliza el estudio del español en México, que cuenta también con la presencia de dos investigadores, con perspectiva teórica y práctica. Uno de los objetivos del proyecto era precisamente el de coordinar esfuerzos de análisis prácticos en el seno de una cobertura teórica que los enriqueciera. Por lo recogido en el volumen, puede decirse que este objetivo ha sido cubierto con creces.

Pasando al análisis, aunque sea somero, de los artículos de que consta el colectivo, cabe decir que se tiene en cuenta el modelo cognitivo (López García y Pruñonosa), el topológico-natural (Calvo y Jorques), el contrastivo-natural (Hernández), el estructuralista (Flores y Palacios) y el descriptivista (Bartens, Roca). Por ello, existe una diversidad equilibrada de enfoques que permitirá que el libro sea aceptado por los especialistas sin especial obsesión por los métodos, aunque con indiscutible adscripción a vertientes nítidas de los mismos.

Enmarca el trabajo colectivo el artículo teórico "El contacto de lenguas y la singularidad americana" en el que López García establece las necesarias relaciones entre la lingüística y otras disciplinas científicas, participando de la idea de que todas ellas pueden ser examinadas con similares criterios: los que proporciona, en este caso, el paradigma de la teoría de los prototipos. De hecho –y esta es la tesis principal–, estudiar lenguas en contacto es tanto como determinar el punto de encuentro de las desviaciones sobre la norma central que proporciona el análisis nuclear de las lenguas consideradas por separado: es la búsqueda de la frontera nítida o difusa entre ellas y esa tierra de nadie que constituye lo que llamamos criollos. Tanto el nivel lingüístico como el metalingüístico, la relación nivelada (adstrato) como la desnivelada (sustrato y superestrato), la percepción consciente como la intuición inconsciente, entran en dialéctica cuando se procede a un análisis estructural no ortodoxo, que es como en realidad debemos concebir el hacer de la lingüística cognitiva. La presentación de López García podría ser el marco institucional en el que se abordara todo un programa de análisis de las lenguas amerindias y del español por separado (lo que constituye la proyección estructural de la llamada "frontera estricta") como de los contactos profundos habidos entre ellas (lo que constituye el principal objetivo de este estudio, que se enmarca en el espacio de la "frontera difusa"), así como el análisis de las medias lenguas y las lenguas alternativas, de los criollos y otros fenómenos divergentes (aspectos que se encuadran en el terreno de la "frontera ambivalente"). Con esta herramienta, poderosa, en la mano, no resta sino hallar ejemplos de ámbito específicamente americano para completar el programa de partida.

Por lo que respecta a Jorques Jiménez, autor de "Transferencias aspectuales en el español americano en contacto", hay que decir que el ámbito de su trabajo es transfronterizo: se analiza el aspecto verbal como producto de situaciones que rebasan una única manifestación dialectal del español en contacto, abarcando incluso el espectro peninsular. Lo que para López García era teoría de las fronteras teóricas del contacto, para Jorques es teoría de las fronteras prácticas. Él piensa que el español americano, influido por las lenguas amerindias, ha de ser considerado como un proceso que exige métodos contextuales y dinámicos para ser abordado con éxito. Para ello recurre a la noción, ya clásica, de "recurso", el cual se explicita mediante una serie de procedimientos sociales o "reglas" interaccionales. De ello se obtiene una "realización cualificada", que no es otra que la que se deriva del asimilado proceder de los hablantes, que tienen interiorizada una pragmática dinámica como producto del contacto. No obstante, el acceso a los recursos está sometido, en el caso del contacto de lenguas, a una diversidad subyacente y por tanto reñido con la uniformidad a ultranza. Resulta de ello que hemos de pensar el contacto en términos sistémicos de acción propia (interpenetración interna que preserva la unidad del sistema) y en términos de dialéctica con el entorno (interpenetración externa), lo que da como resultado situaciones de desplazamiento o *shifting* ("interferencias gramaticales de índole estructural que tienen un efecto generalizador sobre otros fenómenos [...] sin una configuración concreta"), de amalgama o *mixing* ("interferencias gramaticales integrativas que tienen un efecto limitador [en la misma esfera] categorial"), de transposición o *translating* ("interferencias gramaticales adaptativas que tienen un efecto dinamizador") y de conmutación o *switching* ("interferencias gramaticales selectivas que tienen un efecto conmutador). El aspecto se vincula a una teoría de la acción comunicativa en que la categoría citada es medida desde el modo (teoría pragmática topológico-natural) y en que la estructura social no es punto de origen, sino de término en el análisis topológico realizado. Desde esta perspectiva, Jorques distingue cuatro tipos de aspecto: 'identificativo' (aspecto perfectivo del pretérito perfecto, que se contempla desde fuera como un todo), 'orientativo' (aspecto del copretérito, visto desde la perspectiva interior), 'combinado' (aspecto del aoristo en que se accede tanto al interior como a su identidad externa, partiendo de los extremos) y 'alternante' (aspecto del condicional visto, a la inversa, desde el centro bifurcador). Por lo que respecta al contacto y a las cuatro situaciones antedichas: desplazamiento, amalgama, transposición o conmutación, el aspecto vence o invade terrenos del tiempo verbal, por la influencia de las lenguas amerindias, permitiendo que el perfecto sea sustituido por el pretérito (*Así que no me reconociste, ¿eh?*) y ello bajo la presión de un presente que va "más allá de las fronteras temporales de la enunciación" (*shifting*); el imperfecto vence o invade el ámbito del presente y otras veces el del pluscuamperfecto (*Hace ya que lo tomaba con calma / Antes de que vinieras...*) en situación de intercambio operativo (*mixing*); el condicional "irónico" permite una proyección del presente hacia el futuro (*No te equivocas, ya no, ¡me gustarían!*) por transposición dinámica (*translating*); y como en la península, en fin, el imperfecto de subjuntivo es conmutado por el potencial (*Si yo tendría guita...*). Así es como el modo no marcado y por tanto, profusamente aspectual del indicativo permite posibilidades dinámicas de intercambio en un contexto social diferente y con la presencia activa de otros sistemas verbales (los de las lenguas amerindias), con lo que, a mi juicio, la lengua española se hace más coloquial y oral al paso que paulatinamente se deslatiniza y pierde la referencia más inmediata de la organización temporal desde la perspectiva temporal real. La prueba más palpable y extrema se da en el hecho de que exista un pluscuamperfecto (*Había sido niño*) que, en realidad, es un presente sorpresivo (*Te habías llamado Rosa*) en el ámbito andino como consecuencia de la intromisión del quechua y el aimara en el español de la zona.

Un tercer trabajo en que predomina lo teórico sobre lo empírico, aunque ceñido a un área concreta, es el de Hernández Sacristán, cuyos estudios amerindísticos se han centrado en la Mesoamérica mexicana. Trata éste en su artículo "Náhuatl y español en contacto: en torno a la noción de sincretismo" de especular teóricamente sobre el mantenimiento de la lengua híbrida español-náhuatl en comunidades ampliamente descritas por Hill y Hill (1986) y Flores Farfán (1999). Para ello se vale del concepto clásico de *shibbólet*. Para unos autores, como los citados, la existencia de una lengua mixta, es el único modo posible de establecer un hibridismo lingüístico que permita la supervivencia, aunque precaria, de la lengua en peligro. Me parece que es como si un parásito se hubiera instalado en el ser vivo autosuficiente y sólo de ese modo, creativo en el fondo, pudiera subsistir en el futuro. Para Hernández, en cambio, el resultado no pasa de ser un mal de consecuencias previsibles. No siempre que dos lenguas entran en contacto se sobreviven en el futuro, por más que intercambien sus estructuras, ni se produce enriquecimiento de ambas a ultranza. El purismo es inmantenible, pero la glotofagia es igualmente un hecho, cuando un purismo pragmático falta. Es decir, que la convivencia de lenguas y su mutua supervivencia pasan por el contacto entre ellas, pero también por la elevación a categoría de canon de una frontera preservadora de carácter simbólico: un *shibbólet*. El problema es cuando sólo queda ese mojón separador: la lengua debilitada se extingue. Incluso habría que añadir que, una vez extinguida, todavía quedan durante generaciones recuerdos nostálgicos de la lengua que fue, tics adheridos al *ethos* intercultural resultante. Pero la lengua colonizada ya se ha ido. El resultado final no puede ser más pesimista para Hernández: "el mestizaje representa también una fase en proceso de absorción de las culturas amerindias por la cultura hispánica" al tiempo que no se ignora que "las valoraciones más negativas acerca del uso del náhuatl provengan justamente de los hablantes monolingües de esta lengua". ¿Pero acaso no nos enseñaron de niños que mientras hay vida hay esperanza? Aquí la vida pasaría, no sabemos si contradictoriamente, por la economía externa, que permita la autogestión indígena, lo cual parece imposible, pues para la economía no existen fronteras. Un buen ejemplo para las situaciones de frontera.

En una situación de equilibrio, en que se compagina una teoría de los usos lingüísticos con un corpus real, y amplio, de ejemplos en español y lenguas amerindias (quechua y aimara), se encuentra el artículo siguiente "Partículas en castellano andino". Respecto a él, el análisis de Calvo Pérez se inscribe en el ámbito de las categorías pragmáticas, uno de los campos de mayor complicación del español andino, cuyas peculiaridades y desviación del estándar, desde los idiolectos particulares de sus hablantes, suele ser reconocido como insólito por la literatura sobre el tema. Las partículas temporales presentan usos genuinos que sólo con una investigación a fondo de los contextos en que se usan pueden abordarse. Lo mismo sucede con las partículas aditivas, adverbios negativos, algunas conjunciones anquilosadas y los índices de la fuente informativa. La revisión de todos estos fenómenos nos permite considerar que el español andino es tal vez el dialecto más divergente del español de todos los desarrollados en Latino América o, al menos, aquel que por su extensión requiere una dedicación más sistemática. Sin que sus logros o divergencias constituyan una ruptura total con el español peninsular, es más, a sabiendas de que la conformación del español de los siglos XV y XVI presenta en germen o explícitamente la mayoría de los fenómenos observados, la interpretación de muchos de ellos no puede hacerse sin un análisis confrontativo con las lenguas aglutinantes con que el español está en contacto en el área: el quechua y el aimara. Los desencuentros con el español estándar, tanto el americano como el peninsular, llevan a dificultades en la comprensión, ya que los usos permiten decir cosas diferentes con las mismas partículas: ni *siempre*, ni *todavía*, ni *lo...* son los que parecen ser en la búsqueda del sentido intencional general que solemos adjudicarles. Este trabajo pretende buscar las correspondencias y rupturas con usos similares en la península o en las áreas metropolitanas de América, ahondando en estudios que se habían emprendido hasta ahora de manera muy tímida o anacrónica, dado que las particularidades citadas tienen en ocasiones varios siglos de existencia. El resultado ha sido el hallazgo de estructuras nuevas pero coherentes, en que la topología y la prototipicidad de las unidades investigadas ha resultado siempre cumplida. La metodología seguida para el trabajo ha consistido en la defensa estructural de las variantes, abordadas, sin embargo, desde la perspectiva de sus divergencias y límites, con un enfoque en que se combina la teoría de las categorías puras (Calvo), la topología lingüística y la teoría de la desviación cuántica con la praxis de la preparación y aplicación de una serie de encuestas, guiadas por el conocimiento y los datos de otras partículas homólogas, aunque estructuralmente diversas, en las lenguas amerindias de la zona, así como sobre los descubrimientos y observaciones hechos por los investigadores que se reseñan en la bibliografía. El trabajo, bastante exhaustivo, requiere, sin embargo, la puesta en marcha de investigaciones adicionales que permitan sistematizar y aclarar aquellas intuiciones que todavía suponen descripciones en germen, pero que parecen poder ser completadas con una metodología pragmático natural.

Mientras que el nivel externo, por el lado de la pragmática, lo cubre el trabajo de Calvo, aquel que lo hace por el lado del significante, lo aborda el trabajo "Algunos rasgos fónicos de interferencia del guaraní en el español del Paraguay" de Pruñonosa, en que se hace una aplicación de la teoría de los prototipos a los nuevos alófonos o fonemas del español guaranítico (la "sexta vocal", la redistribución de alófonos o de pautas evolutivas) así como a la nueva constitución fonotáctica de sus sílabas, en que el patrón indígena ha dejado importante huella (la oclusión glotal en el hiato, la pérdida de la coda o el aumento silábico de la palabra mediante la vocal de intermediación o anaptíctica).

El nivel interno del análisis lingüístico tiene su manifestación en la concordancia y discordancia sintácticas de los pronombres átonos en el español guaranítico (de corte campa), mostrando Palacios Alcaine en su "El sistema pronominal del español paraguayo: un caso de contacto de lenguas" la tendencia a la simplificación de los dos modelos de adaptación referencial examinados. Frente a los ejemplos anteriores, el artículo de Palacios, de corte estructural clásico a instancias de Granda, se centra en un único fenómeno, sin olvidar el cotejo próximo de la situación entre las dos lenguas en contacto. Con un enfoque estructural, en que se perciben con nitidez los cruces de fronteras, las ambigüedades y plurales usos de los clíticos, la autora coteja los fenómenos de convergencia entre el español y el guaraní a efecto de pronominalización átona. Los fenómenos de leísmo y loísmo en Paraguay, de etiología distinta y usos diferentes a los peninsulares (se marginan en cuanto a la concordancia de género y número, quedando como *lo* y *le* principalmente), chocan con la ausencia de clítico, que si bien se da también en la península es por una motivación muy distinta: en España sucede en el campo del rasgo [–definido] (–*Compra acciones. –Ya he comprado, gracias*) y en Paraguay en el contextualmente pertinente, con independencia de la referencia semántica (*El vestido de novia a lo mejor compra el novio*). Todo ello se debe al mimetismo de dos gramáticas en confluencia, aunque en otros países de zonas próximas como Bolivia, Ecuador o Perú sucede lo mismo. De hecho es una situación arealizada ya entre lenguas amerindias a la llegada de los españoles. Por ello, mientras no se haga una reflexión panorámica del fenómeno en toda el área, no se va a encontrar un explicación cumplida ni del sistema paraguayo ni del espinoso sistema pronominal del español andino: como la autora misma reconoce, hay fenómenos que requieren explicación complementaria. El trabajo de Palacios permitirá orientarse mejor en semejante laberinto.

Flores Farfán en su "Por un programa de investigación del español indígena en México" aboga por la generalización de los estudios del contacto entre el español y las lenguas indígenas en el área mexicana. Con él, el campo de aplicación se expande, pero la base teórica del encuentro, muy cercano entre español y lenguas amerindias, se da por supuesta. Una vez ubicado en el ámbito general que se propone, Flores pone su punto de mira en "la descripción de las interferencias potenciales más evidentes y su materialización empírica", por lo que se sitúa abiertamente en la frontera de los fenómenos lingüísticos: hablar de interferencias es penetrar en los entresijos de las fronteras ásperamente difusas y ambivalentes, frente a la convergencia que acepta más bien la metodología de los límites nítidos o suavemente difusos entre fenómenos distintos. Flores Farfán, que en otros lugares ha insistido en cuestiones metodológicas y en el análisis de casos[1], prefiere en

---

1 *Cuateros somos y toindioma hablamos: contactos y conflictos entre el náhuatl y el español en el sur de México*. México, CIESAS-CONACYT, 1999. Reseñado en BILCA, 5, 1999, pp. 43-46. El autor, dando a cada uno lo suyo, aprecia la lengua mixta de los hablantes náhuas en lo que es y lo

esta ocasión reseñar algunos de los fenómenos más usuales y señalar la desviación prototípica que cada uno de ellos produce en relación con el núcleo sistemático de las lenguas en contacto de que proceden. Estos casos pertenecen obviamente tanto al nivel morfosintáctico como al fonémico, habiendo sido de desear que pusiera también su énfasis en el nivel semántico y pragmático. Su objetivo, no obstante, es mentalizar a los investigadores sobre los problemas existentes y los ejemplos más consuetudinarios, cuya complejidad implica la elección de un método muy flexible y a la vez riguroso. No se puede sustentar el análisis de los rasgos del español mexicano –o de cualquier otro dialecto en cualquier lugar de América– sin contar con la proximidad directa de las lenguas amerindias, ya que la mente bilingüe que codifica el español de la zona ha puesto en convivencia dos esquemas estructurales diferentes, a veces extraños, pero sin duda, como todos lo son, aproximables. Sin el análisis intrasistemático de cada lengua y del resultado de la frontera establecida en el contacto no es posible explicar la etiología de los fenómenos encontrados. Y en este sentido, el artículo de Flores se ofrece como un buen modelo a seguir[2].

Tras los tres trabajos teóricos más arriba aludidos, tras los tres siguientes en que hay un equilibrio entre la teoría y la práctica empírica (partiendo de la primera), tras el último en que predomina la segunda, quedan por tratar los dos últimos trabajos de carácter panorámico.

Ángela Bartens, en su trabajo "Los criollos de base lexical española", presenta con una puesta al día verdaderamente notable en lo bibliográfico un panorama del papiamento de las Antillas Neerlandesas y del palenquero colombiano, dos criollos del español en que la presencia del portugués es importante, como lengua de base, y un sustrato africano todavía vivo. Los análisis se centran, sobre todo, en estimular la interpretación de por qué el español no ha dejado verdaderos criollos o estos se han desvirtuado, aunque la situación del chabacano o la del chamorro pacíficos pudieran inducirnos a pensar lo contrario, o en otros ámbitos alejados del interés inmediato de la autora, en el rapanui mixto de la Isla de Pascua. Para hacernos ver lo que ella misma propugna o los autores más autorizados en un tema tan complejo y rico, la autora prefiere ejemplificar bastante a fondo tanto en los dos ejemplares citados

---

toma como un resultado de acomodación: romper este equilibrio de mezcla de lenguas, como supusieron Hill y Hill, supondría tal vez perder definitivamente la lengua.

2   El propio autor resume su artículo de la manera siguiente: "En México, por diversas razones objeto de todo un trabajo por separado, son pocos los estudios consagrados al estudio de los efectos recíprocos entre las diversas lenguas indígenas del país y la lengua nacional, el español. El propósito de este artículo es la formulación de un primer esbozo de investigación al respecto, proporcionando ilustraciones en algunas de las familias lingüísticas mexicanas más importantes. Con esto se busca ofrecer un panorama general de algunas de las interesantes posibilidades de investigación en torno a los efectos de las lenguas indígenas sobre el español."

como en el habla bozal y el ECV (español caribeño vernáculo), a nivel fónico, morfosintáctico y léxico. Cabe decir que sería bueno incorporar el supranivel pragmático para ver si es posible arrojar alguna luz en las estructuras mixtas de los contactos endebles, pero dinámicos, que han hecho nacer en muy poco tiempo relativo y con cambios espectaculares estos especímenes lingüísticos. Con todo, hay un aporte final de corte sociolingüístico que resulta de gran interés y una más que nutrida, pero pertinente, bibliografía con la que invitar al lector a futuras reflexiones.

Por último, el artículo de Ana Roca "El español en los Estados Unidos a principios del siglo XXI: Apuntes relativos a la investigación sobre la variedad de la lengua y la coexistencia con el inglés en las comunidades bilingües", invita a conocer cuál ha sido la historia, inevitablemente panorámica también, de los estudios y los avances, ambos imparables, del español en los EE.UU. Es el suyo un trabajo actualizado de las tendencias sociológicas y lingüísticas de los estudios que tanto han proliferado últimamente en este país, aunque está todavía lejos de conocerse a fondo un fenómeno que involucra ya a más de cuarenta millones de personas, de hispanos hispanohablantes. La prospectiva con que se completa el trabajo indica en qué dirección van los tiros de la evolución de la lengua española en una situación de pluricontacto y cómo los estudios reseñados tienden a abarcar semejante fenómeno en toda su diversidad y complejidad.

En conjunto, la obra colectiva que hemos presentado ha dejado libertad metodológica a sus autores, al tiempo que aprecia que la convergencia de resultados a que llegan se debe a una percepción bastante común entre ellos: la que ofrece un enfoque cognitivo, tenga como base una topología lingüística, la gramática perceptiva, la pragmática natural o simplemente un neoestructuralismo centrado en las fronteras de los fenómenos, con el fin de ampliarlas a nuevos campos de estudios que hasta ahora habían quedado marginados.

Parece buen colofón este artículo final por lo que tiene de previsión sobre una lengua que, como el título de este colectivo de ensayos propone, es protagonista en el área de referencia. No dudamos de que el español como lengua en pluricontacto se verá descriptivamente muy beneficiada de estudios como los que el lector tiene en sus manos, una lengua que como reza la nota que sigue, goza de un buen momento publicitario, de fama y éxito e, incluso, de poder en aumento, de una lengua en el candelero[3].

Julio Calvo Pérez
Universitat de València

---

3   El DRAE dice (s. v. *candelero*): "**En candelero** o **en el candelero**: En circunstancia de poder o autoridad, fama o éxito; 2. Locución adverbial con que se da a entender la extremada publicidad de un suceso o noticia".

EL CONTACTO DE LENGUAS
Y LA SINGULARIDAD AMERICANA

ÁNGEL LÓPEZ GARCÍA
Universitat de València

La ciencia consiste básicamente en compartimentar la realidad y en establecer relaciones y regularidades entre las partes así constituidas. El primer aspecto se da igualmente en la percepción sensible; el segundo, de forma incipiente, también. Los sentidos someten el continuo que llamamos mundo exterior a una serie de límites envolventes, los cuales concentran varias sensaciones a la vez y provocan la impresión de un objeto o de un proceso. Esto que veo con color rojo uniforme sobre fondo blanco y con una forma característica, esto que toco y me manifiesta una textura fibrosa diferente de la textura lisa de la mesa sobre la que descansa, esto que huele a lana y no a madera ni a pintura, esto es para mí un jersey. De la misma manera, ese conjunto de seres humanos que comparten determinado nivel de renta, determinadas profesiones características, determinadas actitudes ante el mundo y ante las relaciones sociales, que viven en determinados tipos de barrio, eso es lo que llamamos una clase social. O, en otro orden de cosas, la acumulación de rasgos anatómicos determina lo que llamamos una especie animal –félido, s.v.: mamífero, digitígrado, carnívoro, de cabeza redondeada y hocico corto, con uñas agudas y retráctiles– y la acumulación de propiedades químicas determina lo que conocemos por grupo atómico –halógeno, s.v.: elemento químico al que le falta una sola carga negativa para completar su orbital externo y que forma sales combinándose directamente con un metal.

Los lingüistas procedemos de la misma manera. Cuando una serie de idiolectos permite identificar un conjunto suficientemente amplio de propiedades fónicas, morfosintácticas, semánticas y pragmáticas decimos que existe una cierta lengua:

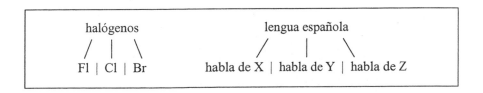

El problema es que las fronteras de lo real no son únicas. Los seres humanos, como observadores, podemos marcar otros límites igualmente válidos que no coincidan con los anteriores. Para el zoólogo resulta evidente que las ballenas son mamíferos, pero para la gente normal se trata de "peces" porque viven en el mismo medio físico que casi todos los peces y hacen lo que ellos, nadan, respiran el aire disuelto en el agua y se comen a otros seres marinos más pequeños. Tampoco acepta el hombre común que los compuestos de cloro, como el salfumán, y los de sodio, como la lejía, sean algo diferente, ya que ambos sirven para limpiar, por más que el primero sea un ácido y la segunda, una base. No es seguro que el hombre de la calle esté equivocado: hoy en día la Ecología complementa a menudo las afirmaciones de la Zoología al tratar en un mismo grupo todos los seres vivos que comparten un mismo ecosistema; por otra parte, el moderno estudio de la electrólisis ha puesto de manifiesto que los halógenos y los metales alcalinos tienen en común un elevado potencial de oxidación, lo que sin duda explica la intuición vulgar de que vienen a ser sustancias parecidas.

En Lingüística encontramos alternancias de este tipo igualmente. Primero aislamos la lengua A y la lengua B. Luego observamos que se trata de modalidades idiomáticas colindantes en el mapa lingüístico o en la mente de algún hablante bilingüe. Así surge el *contacto de lenguas*. Sin embargo, podría suceder que nuestra compartimentación originaria resultase no ser única. Por ejemplo, para los hablantes de la Alta Edad Media parece bastante claro que el castellano se oponía globalmente al aragonés y al catalán, no sólo por motivos políticos –estas dos últimas variedades romances eran las lenguas de la Corona de Aragón–, sino también por estrictas razones filológicas que diferencian las soluciones castellanas de las de estos dialectos del latín (aspiración / conservación de F-, mantenimiento / diptongación de E y O breves ante yod, etc.). Pero en la actualidad los restos del aragonés son tratados simplemente como dialectos regionales del español y así suelen sentirlos sus hablantes. En el caso de los individuos plurilingües pasa algo similar: en el siglo XIX los hablantes de gallego estaban convencidos de que la variedad degradada y ruralizada que empleaban –el *castrapo*– era un dialecto del castellano; hoy lo consideran una lengua independiente o una variante del portugués.

La Geografía lingüística, que históricamente es una rama de la Filología comparada, ha abordado esta cuestión diferenciando dos tipos de frontera y, consiguientemente, dos tipos de contacto, así como una tercera situación hasta cierto punto artificial:

1. FRONTERAS ESTRICTAS. en las que las isoglosas lingüísticas, es decir, las propiedades reconocidas por el análisis, cambian bruscamente. Es lo que ocurre entre el francés y el alemán a lo largo de la línea del Rin o entre el español y el guaraní en la mente de los hablantes del Paraguay. Esta situación es propia de la contigüidad física o mental de lenguas tipológicamente diferentes.

2. FRONTERAS DIFUSAS. en las que las isoglosas lingüísticas van cambiando suavemente en forma de haz, desde una zona en la que se concentra un cierto tipo idiomático hasta una zona en la que se concentra otro diferente. Esta situación es característica de la contigüidad física o mental de lenguas tipológicamete próximas. Ocurre, por ejemplo, entre el francés y el provenzal durante la Edad Media, entre el español y el portugués en la frontera de Uruguay con Brasil (es el llamado *portuñol*)[1] o en la mente de hablantes bilingües de sueco y de danés por ejemplo.

3. FRONTERAS AMBIVALENTES. Llamamos así a la situación que define a los pidgins y a las lenguas criollas. Estas variedades lingüísticas (mutuamente relacionadas, pues el criollo es un pidgin que ha llegado a ser lengua materna de alguna generación) se caracterizan a grandes rasgos por fusionar dos sistemas lingüísticos, normalmente la gramática de uno de ellos y el léxico del otro, de manera que, desde un punto de vista, pertenecen al primero y, desde otro punto de vista, al segundo, con las consiguientes facilidades de paso entre ambos. Esto sucede tanto en la mente del bilingüe, como sobre el terreno. Los hablantes de *spanglish* a menudo son capaces de expresarse correctamente en inglés en situaciones formales y en español en el ámbito familiar. Por otra parte, en muchos lugares de la tierra se ha desarrollado un pidgin en la zona de contacto entre dos zonas idiomáticas y los que lo emplean suelen ser, además, hablantes de estas dos lenguas plenas: el *bichelamar* de Vanuatu es un pidgin de vocabulario básicamente inglés y gramática melanesia que se ha desarrollado en las Nuevas Hébridas, las islas melanesias más próximas a Australia; por su parte el papiamento de Curaçao tiene un léxico español injertado en la gramática del pidgin que hablaban los esclavos negros que los portugueses arrancaban de la costa occidental africana.

Fuera de la Lingüística estos tipos de frontera tampoco son desconocidos, si bien no suelen haber atraído tanto la atención de los estudiosos. Por ejemplo, se podría decir que la frontera biológica entre los sexos es estricta: según posea respectivamente la dotación cromosómica XY o la dotación cromosómica XX, una persona será varón o será mujer y no hay nada que discutir. En cambio, la frontera psicológica entre los dos sexos es difusa: como ya mostró C. Jung con su hipótesis del andrógino, la masculinidad encierra un principio femenino y la feminidad contiene un principio masculino, de forma que la diferencia es sólo gradual. Por supuesto que las situaciones de travestismo, casi siempre provocadas quirúrgicamente a instancias de la persona interesada, son casos de fronteras ambivalentes.

Como es sabido, el estudio de las situaciones de contacto lingüístico ha merecido mucha menor atención por parte de los estudiosos que el análisis de las lenguas.

---

1   Esta situación de contacto lingüístico ha sido estudiada exhaustivamente por A. Elizaincín 1992.

Hasta hace escasamente una década, cuando empiezan a proliferar los estudios sobre criollización[2], las únicas aportaciones relevantes fueron la de Hugo Schuchardt (Spitzer 1928) –quien introdujo el concepto de *Mischprache*– y la de Uriel Weinreich (1968) –quien analizó las formas que toma el contacto en los diferentes niveles lingüísticos–. Entiendo que ello es una prueba inequívoca del grado de madurez que ha alcanzado nuestra disciplina. Cuando se constituyó como ciencia, a comienzos del siglo XIX, necesitaba distinciones netas y categorías rotundas, pues es la única manera en que el ser humano puede hacerse cargo de una realidad que se le escapa. Pero ahora que la Lingüística ya se halla plenamente conformada e, incluso, dejó atrás el periodo en el que constituía la ciencia dominante dentro de las Humanidades, le ha llegado el momento de enfrentarse a la realidad tal cual es, dúctil, flexible y mezclada. En cierto sentido podríamos decir que la moderna Lingüística variacionista es a la Lingüística estructural de antaño[3], lo que la Física cuántica a la Física newtoniana o lo que la Ecología a la Zoología y a la Botánica de Linneo.

Por supuesto, este recrecimiento del interés por el contacto de lenguas no sólo se refiere al objeto de estudio, también tiene contrapartidas metodológicas. Al tiempo que los lingüistas se interesan por la mezcla de lenguas, empiezan a disponer de métodos adecuados para describirla científicamente. La teoría de *prototipos*, surgida originariamente en Psicología, pero que hoy en día es un lugar común en Lingüística[4], suministra el marco idóneo para entender cómo es posible que un fragmento de discurso no pertenezca exactamente a la lengua A ni a la lengua B, sino a las dos al mismo tiempo. Según he mostrado en otro lugar (López García, s/f), los principios fundamentales de la categorización prototípica[5] permitirían definir la lengua española como un concepto prototípico de la siguiente manera:

a) La categoría tiene una estructura interna prototípica: lo que llamamos lengua española no es una realidad objetiva, sino una categoría mental a la que adscribimos todas sus variedades dialectales.

b) El grado de ejemplaridad de un individuo se corresponde con su grado de pertenencia a la categoría: no todas las variedades son igualmente ejemplares, el español de Valladolid o el de Lima se sienten por los hablantes más cerca del prototipo que el de Malabo, por ejemplo.

---

2   Los primeros que se ocupan modernamente de estas cuestiones fueron los autores compilados en Dell Hymes (1971). Para un estado de la cuestión actualizado véase C. Lefebvre (1999).

3   La Lingüística variacionista se enfrenta a la Lingüística estructural (en sus dos vertientes, funcionalista y generativista), pero no a la Lingüística formal como tal, pues no hay ciencia sin formalización. Según he mostrado en A. López García (1994), la variación lingüística también puede ser estudiada de manera formal, sólo que con formalismos específicos adecuados a ella.

4   Véase un estado de la cuestión en J. R. Taylor (1989).

5   Tal y como los establece G. Kleiber (1990).

c) Los límites de la categoría son borrosos: no es evidente cuándo un puertorriqueño de Harlem que se expresa en spanglish ha dejado de hablar en español para hacerlo en inglés.

d) Los miembros de una categoría no siempre presentan propiedades comunes, sino meros parecidos de familia: no existe un patrón común al dominio hispánico en muchos subsistemas del español, por ejemplo en el de los tratamientos.

e) La pertenencia de un elemento a una categoría la determina su similitud con el prototipo correspondiente: cuando de un extranjero decimos que habla bien, regular o mal español, es porque comparamos su variedad con un prototipo ideal.

f) La pertenencia se establece de manera global: no decimos que un extranjero habla bien los adjetivos del español, y mal sus verbos, si acaso que pronuncia bien, pero emplea mal la sintaxis.

Esta concepción prototípica de las lenguas permite explicar las distintas modalidades de contacto. Desde la perspectiva tradicional, los estudiosos se planteaban (Ervin-Tripp and C. Osgood 1954) si el bilingüe cambia de código –bilingüe coordinado– o posee un sólo código mixto –bilingüe compuesto–. Pero esta disyuntiva, que antes sólo podía plantearse en términos mentales, tiene, además, una rigurosa significación espacial[6]. Cuando dos lenguas entran en contacto con una frontera estricta, lo que sucede es que sus respectivos núcleos prototípicos se hallan en situación de exclusión. Cuando dos lenguas están en contacto con una frontera difusa, se puede decir que sus núcleos prototípicos muestran una relación de intersección. Finalmente, la frontera ambivalente consiste en que cada componente del pidgin o del criollo está incluido en el componente respectivo de una lengua matriz. En esquema:

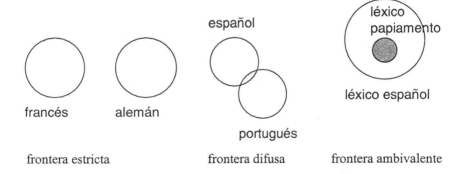

francés   alemán   portugués

frontera estricta   frontera difusa   frontera ambivalente

---

6   Para una presentación de los distintos modelos de prototipicidad en términos de teoría de conjuntos y en forma de diagramas de Venn-Euler, véase T. Givón (1986).

Una cuestión que apareció tempranamente en los estudios sobre contacto de lenguas fue la de las diferencias entre el sustrato, el adstrato y el superestrato[7]. Se habla de *sustrato* cuando una lengua se hablaba en el territorio ocupado por otra y ha desaparecido, aunque no sin dejar algún rastro en la estructura lingüística de la lengua que vino a reemplazarla, o cuando el individuo que retiene rasgos lingüísticos de otra lengua hablada en el mismo territorio es, sin embargo, monolingüe. Por ejemplo, es un hecho conocido que la aspiración castellana de F- latina se ha atribuido a sustrato vasco, pues en el antiguo solar de Castilla se habló vasco y esta lengua carecía (según testimonios toponomásticos que se remontan a la época romana) de F-; similarmente, en muchas regiones de los Andes se habla español con continuas vacilaciones e~i, o~u, fenómeno que sin duda es inducido por el hecho de que en el quechua de los bilingües estos sonidos son alófonos. El *adstrato* es la influencia que una lengua vecina ejerce sobre otra: casi todos los arabismos del español remontan a la larga convivencia de cristianos y musulmanes en la Península Ibérica durante la Edad Media. El superestrato, en fin, corresponde a los préstamos dejados en un idioma por la lengua de un grupo dominante que, no obstante, terminó por perderla: los germanismos medievales del español son vocablos empleados por los visigodos que pasaron al romance común. A menudo una lengua ejerce respecto a otra sucesivamente estos tres papeles: para los dialectos meridionales de Italia el griego fue sustrato durante la dominación romana (ya que antes de ella en la Magna Grecia sólo se hablaba griego), adstrato hasta las guerras con Pirro y superestrato durante el imperio bizantino.

Estos tres conceptos no se han empleado, que yo sepa, por relación a la mente de los hablantes bilingües, pero no parece infructífero echar mano de los mismos. Así, es obvio que en la memoria del bilingüe A-B coexisten los dos paradigmas fonológicos, los dos sistemas gramaticales y los dos inventarios léxicos, de manera que mnemotécnicamente el bilingüismo es un caso de adstrato. Sin embargo, existen con frecuencia situaciones que podríamos tildar de bilingüismo incipiente o imperfecto. Es dudoso que al turista español que chapurrea inglés en un hotel (de Londres o de Atenas, tanto da) se le pueda considerar bilingüe. Y, no obstante, se sirve de dos lenguas, la suya y la que emplea con manifiesta impericia. Este uso, meramente pragmático, de una lengua internacional[8] es un caso claro de

---

7   Cfr. Bottiglioni, G.; Gamillscheg, E., y Alonso, A. (1939), "Réponses au questionnaire", pp. 47 y 53-55, Supplémet (suite), 24.

8   De todas maneras, las lenguas internacionales tampoco son uniformes. En A. López García (1999, 199-210), desarrollo una tipología de las mismas en la que se advierte que las consideraciones anteriores no resultan aplicables ni a las LI simbólicas (terminologías científicas) ni a las LI indexicales (las lenguas sagradas como el árabe literal o el sánscrito), pues estas lenguas no se integran realmente en el discurso cotidiano, son un caso de discurso repetido.

superestato: aunque la lengua dominante –en este caso el inglés– no llega a sustituir a la otra e, incluso, desaparece en parte de la mente del hablante en cuanto
este abandona el país extranjero, siempre queda algo, a saber, las cuatro frases y
palabras que dichas personas llaman "mi inglés". Y, al contrario: este mismo
turista, cuando visita países exóticos de lengua desconocida, acostumbra a apren-
der unas pocas palabras y expresiones que emplea durante su visita (*parakaló* en
Grecia, *smorrebrod* en Dinamarca, etc.), las cuales se lleva consigo a su país: son
términos de sustrato idiolectal, pues normalmente no logra extenderlos a la lengua común de sus conciudadanos ni lo intenta.

Pero los conceptos de sustrato, adstrato y superestrato tienen también una dimensión cognitiva de la que tampoco se ocuparon los autores clásicos. Es interesante
advertir que el papel desempeñado por la conciencia no es el mismo en cada uno:

A) Los hablantes no son conscientes de la procedencia de los fenómenos lingüísticos que pueden ser atribuidos a la acción del sustrato. Ningún hispanohablante
siente que al decir *harina* y no *farina* está pronunciando "a la vasca", ningún
francés se da cuenta de que la /ü/ de *sur, vu, plus,* es una pronunciación heredada
de los galos. En otras palabras, que los fenómenos de sustrato se asientan en el
inconsciente. Por eso, no es de extrañar que reiteradamente se haya planteado
una relación entre los llamados fenómenos de forma interior (*innere Sprachform*)
y los hechos de sustrato, sobre todo en el campo gramatical: cuando una lengua
pertenece a la misma familia que otras y difiere notablemente de ellas en algunas
propiedades lingüísticas que han llegado a configurar su fisonomía idiomática no
parece insensato buscar el origen de la evolución en causas exógenas como el
sustrato[9].

B) Por el contrario, en el caso del superestrato la procedencia de los elementos
tomados en préstamo es obvia. Casi todos los préstamos culturales funcionan así.
El hispanohablante que oye un *compact,* que pincha en *save* para guardar información en el ordenador o que manda instalar un *airbag* en su coche sabe perfec-
tamente que estas palabras vienen del inglés; más aún, si las emplea así (y no
disco compacto, guardar y *bolsa de aire*) es por el prestigio que actualmente
emana de dicho idioma. En definitiva, que el superestrato se ubica en el *consciente.*

C) Por fin, el adstrato ocupa una situación intermedia, podríamos decir que su
modo de existencia es el *semiconsciente.* Cuando dos lenguas conviven en un
mismo territorio, los hablantes saben qué términos pertenecen a una y cuáles a la
otra, y por eso mismo, son capaces de traducirlas mutuamente. Sin embargo esta

---

9   Así lo hice en A. López García (1985), donde se explican catorce propiedades generalmente reco-
    nocidas como hechos de forma interior del español (*ser/estar, a* + objeto directo, la conjugación
    objetiva, *lo* + adjetivo, etc.) a partir de fenómenos paralelos del vasco.

lucidez no se extiende a todas las formas ni a todas las situaciones. Es muy común que al hablar se produzcan fenómenos de cambio de código (*code switching*) sin razón aparente. También lo es que los hablantes lleguen a ser incapaces de decir si dos términos equivalentes son simplemente sinónimos o cada uno procede de una lengua distinta.

Un último aspecto que quisiera tratar es el relativo al contacto metalingüístico. Las lenguas no sólo se relacionan como fenómenos, también lo hacen como conciencias de los mismos. En realidad, la especulación sobre el lenguaje tiene su origen en el aprovechamiento de la gramática griega de Dionisio de Tracia por parte de Donato y de Prisciano en sus respectivas gramáticas latinas. Diez siglos después el fenómeno se repite y, en la América recién descubierta por los españoles, los misioneros aplican el metalenguaje gramatical del latín a las lenguas amerindias[10]: al nahua en el *Arte de la lengua mexicana* (1547) de Andrés de Olmos, al quechua en el *Arte de la lengua general de los indios de los Reynos del Perú* (1560) de Domingo de Santo Tomás, al aymara en el *Arte de la lengua aymara* (1603) de Ludovico Bertonio, al chibcha en la *Gramática en la lengua general del Nuevo Reino, llamada mosca* (1619) de Bernardo de Lugo, etc. Este contacto metalingüístico tiene la forma del superestrato: se produce siempre desde la lengua dominante sin reciprocidad (el griego sobre el latín, el latín sobre los idiomas amerindios) y sólo desaparece cuando el idioma receptor llega a ser sustento de una lengua de cultura.

Evidentemente el contacto metalingüístico sólo afecta a textos muy especializados como son las gramáticas y no tiene prácticamente incidencia sobre el conjunto de la población. Pero no ocurre así cuando el contacto se reduce a la representación del sistema fonológico, es decir, a la escritura, aunque también aquí haya que hablar de superestrato. Es sabido que los sistemas de escritura tienen un espectro de dispersión muy grande, por lo que, habiendo nacido para representar el componente fonológico de una lengua, terminan aplicándose al de muchas. Es verdad que el alfabeto mkhedruli sólo se emplea para escribir el georgiano y el alfabeto hebreo para la lengua del mismo nombre, pero lo normal es que un alfabeto sirva para varios idiomas: el cirílico para el ruso, ucraniano, macedonio, etc, el árabe para el árabe, iraní, urdu, etc., el latino para un gran número de lenguas de variados orígenes, desde las derivadas del latín (español, francés…), hasta las germánicas (alemán, inglés…), las eslavas (polaco, checo…) y todo tipo de lenguas no indoeuropeas (húngaro, vasco, indonesio, quechua, bantú, etc.). Es frecuente que una lengua se haya escrito en cierto sistema de escritura y luego cambie a otro: el turco y el wolof se escribieron con el alfabeto árabe y ahora se escriben con el latino; el vietnamita se escribió con caracteres chinos y ahora también usa letras latinas.

---

10   Véanse los trabajos recogidos en K. Zimmermann (1997).

No es necesario ponderar la influencia que un sistema de escritura inadecuado puede ejercer sobre determinadas lenguas: no sólo provocará faltas de ortografía (es decir, afectará a su escritura) sino que también puede tener efectos indeseados sobre la pronunciación de ciertas palabras y sobre su morfología. Esto se aprecia claramente en inglés: un sistema de escritura como el latino, con sólo cinco letras para las vocales, difícilmente puede adecuarse a una lengua con quince fonemas vocálicos. Otro caso paradigmático es el del japonés: aparte de numerosos ideogramas chinos (los *kanji*), mal acomodados a una lengua polisilábica sin tonos, se emplean 51 símbolos silábicos simples y 58 derivados (los *kana*), los cuales se dividen en dos sistemas, el *katakana* para los nombres extranjeros y el *hiragana* para las desinencias gramaticales y para sustituir a antiguos ideogramas caídos en desuso. El resultado de todo ello es que la escritura japonesa, caso único en el mundo, incorpora los tres niveles de contacto aludidos arriba: el sustrato en los kanji procedentes del chino (aunque los japoneses alfabetizados no necesitan ser conscientes de esta procedencia), el adstrato en el hiragana (pues son sustituciones de un ideograma chino) y el superestrato en el katakana (nombres extranjeros, normalmente admirados, que se reconocen como tales).

Las consideraciones anteriores son válidas para cualesquiera lenguas en contacto. Sin embargo, si las incluyo aquí, en el marco del contacto del español con los idiomas amerindios, es porque en este caso las soluciones a las que se llegó son parcialmente diferentes. Y es que dicho contacto surge en una situación especialísima que no se había dado antes en la historia ni es probable que vuelva a darse. En efecto, lo normal cuando dos lenguas entran en contacto es que, directa o indirectamente, lo hayan hecho ya antes:

- Directamente. Por ejemplo, los contactos del español con el árabe de los inmigrantes marroquíes en la costa mediterránea se limitan a reiterar situaciones de mutua interferencia entre el romance y la lengua semítica que ya se dieron en Al-Andalus durante ocho siglos y que, de hecho, no se han interrumpido nunca desde entonces.

- Indirectamente. Es el fenómeno más usual: una lengua recibe elementos de otra con la que ya había trabado contacto a través de un intermediario. Así, la moderna irrupción de anglicismos y la tolerancia del español hacia pronunciaciones como la labiovelar inicial de sílaba (la *web* como la *güef*, *hardware* como *jargüer*) se limita a reiterar soluciones ensayadas mucho antes cuando el latín tardío, primero, y los visigodos, después, trajeron la primera oleada de germanismos (*wardja* como *guardia*, *triggwa* como *tregua*).

En el caso del contacto del español con las lenguas amerindias no sucedió esto. La llegada de los europeos a América supuso el encuentro de dos mundos y de dos culturas que hasta entonces no habían tenido absolutamente ninguna relación entre sí y lo mismo cabe decir de sus lenguas. En cierto sentido, este contacto se puede parangonar a una experiencia de laboratorio. Evidentemente la naturaleza está experimentando en todo momento reacciones químicas: los metales se oxidan, las sales se descomponen y liberan hidrógeno, la urea da lugar a amoniaco y ácido carbónico. Pero estos fenómenos se han dado siempre y los seres vivos lo saben bien, por lo que transmiten su experiencia a las generaciones venideras: es improbable que guardemos los aperos de hierro en un lugar en el que puedan mojarse. En cambio, cuando las reacciones químicas se producen en el laboratorio, el escenario suele ser nuevo y desconocido, por lo que no son de extrañar todo tipo de explosiones y de resultados imprevisibles.

Esta situación de laboratorio se dio, para cada lengua indígena, en la América a la que llegaron los españoles, y no es fácil encontrar fuera de aquí unas condiciones ideales parangonables (tal vez tan sólo en los EE.UU. y en el noroeste de Australia, si bien aquí el inglés nunca se propuso convivir con las lenguas indígenas, sino aislarlas en una reserva, que es diferente). El resultado fue que la conciencia de los hablantes no reaccionó ante el contacto como habría sido de esperar:

A) Aunque, según hemos dicho, las fronteras difusas se dan entre lenguas emparentadas y las fronteras estrictas entre lenguas genética y tipológicamente más alejadas, en Hispanoamérica no siempre ha sido así. Los estudiosos del contacto entre el guaraní y el español, por ejemplo, han mostrado que, entre el idiolecto de los indígenas desconocedores del español que viven en la selva y el de los habitantes de Asunción que hablan el español normativo, hay toda una gama de sutiles transiciones de un idioma a otro, casi como si de portugués y español en la frontera de Brasil con Uruguay se tratara[11]. Se ha llegado a hablar de "guarañol" y W. Dietrich (1995), para una cala empírica en la que se hicieron 29 preguntas de interferencia sintáctica, llega a la siguiente horquilla de resultados (se puntúa con +2 la traducción correcta al español, con –2 la que refleja la estructura del guaraní y con +1 y –1 las situaciones intermedias): + 28 / +19,5 / +13,5 / +10 / –2 / –30,5 / –38. No obstante, aunque el caso de Paraguay es muy especial, no es el único de "difusión de una frontera estricta". Por ejemplo, en la cordillera andina se está desarrollando una modalidad del español que, en realidad, viene a ser una gama de variedades cada vez más próximas al quechua; en Yucatán parece ocurrir algo parecido con el maya yucateco (cf. Rivarola 1989, Calvo Pérez 1995, Lope Blanch 1980.

B) Tampoco los conceptos de sustrato, adstrato y superestrato pueden aplicarse a la situación hispanoamericana como se suele hacer en el resto del mundo. K. Zimmermann (1995: 18, n. 6) escribe, a propósito de este asunto, lo siguiente:

---

11   La cuestión se examina en J. Rubi (1977), G. de Granda (1988). En la actualidad W. Dietrich y
       H. Thun están elaborado un Atlas Lingüístico de Paraguay que, sin duda, ofrecerá nuevos y reveladores datos sobre esta situación de contacto.

«En términos generales me parece que el término de sustrato es poco adecuado para la situación de contactos lingüísticos en Latinoamérica, ya que ha sido acuñado para el caso del desarrollo de las lenguas neolatinas del latín y se refiere a las influencias de las lenguas *extintas* en el proceso de latinización. Esta situación se presenta en América Latina solamente en el caso de las lenguas indígenas de las islas caribeñas con el hecho diferenciador de la eliminación rápida de la población indígena. Las otras importantes lenguas de contacto de ninguna manera han sido extintas [...].»

Aunque con algunas reservas respecto a la necesidad de que la lengua de sustrato esté extinta[12], Zimmermann tiene razón: en Hispanoamérica las cosas son de otra manera. Pero lo son, sobre todo, desde el punto de vista de la conciencia metalingüística. En Hispanoamérica los hechos de sustrato no son inconscientes. Al contrario: la obviedad del contacto y su mismo carácter primigenio han llevado al ánimo de los estudiosos la sensación bien consciente de que casi todas las peculiaridades del español de América son achacables a la influencia sustratística de lenguas indígenas que antaño convivieron con él en el mismo territorio. Sólo así se entiende una absurda polémica académica, iniciada por R. Lenz cuando pretendió atribuir las peculiaridades del español de Chile a la influencia del mapuche[13], y continuada por P. Henríquez Ureña (1921), quien propuso dividir dialectalmente el español de América según las áreas idiomáticas indígenas sobre las que se asienta. Probablemente la reacción a tales extremos es lo que ha conducido en ocasiones a los filólogos a negar la influencia indígena en casos de interferencia que resultan obvios. Digamos en su descargo que en Hispanoamérica los hechos de sustrato son conscientes y bien conscientes y que ello, inevitablemente, tiene una traducción ideológica.

C) Una última cuestión de interés es la relativa a la escritura, porque en Hispanoamérica este código secundario del español no suministra una fuente metalingüística suplementaria para las lenguas indígenas, sino que es su ausencia en estas últimas la que determina una peculiar actitud metalingüística aplicada al español. Adviértase que, cuando las lenguas europeas entran en contacto con idiomas de Asia y de Africa, lo normal es que estos ya posean sistemas propios de

---

12 Más que de lengua "extinta", habría que hablar de lengua que ya no convive con la lengua sobre la que influye en el territorio en el que se produjo la interfereciа. Por ejemplo, los conocidos fenómenos de influencia del vasco sobre el español (aspiración de F-, etc.) se produjeron en un territorio en el que ya no se habla vasco, aunque español y euskera sigan conviviendo en otras partes. Algo parecido cabe decir de la influencia del búlgaro sobre el rumano, responsable, entre otras cosas, de la postposición del artículo.

13 R. Lenz (1893). Este argumento, que en el caso del quechua o del nahua resultaba verosímil, era incongruente en el del mapuche, pues la conquista de Chile se tradujo en el arrinconamiento del pueblo araucano al sur del país, de forma que el español convivió mucho menos con él que con aquellos otros idiomas.

escritura (thai, georgiano, chino, japonés...) o que, antes del contacto, se hayan escrito, siquiera sea parcialmente, con alfabeto latino o árabe (swahili, yoruba...). En América no sucedió así. Es un hecho notable que, pese a lo avanzado de las culturas americanas en otros aspectos, sin embargo carecían de escritura[14]. Más de una vez se ha destacado que esta carencia supuso una ventaja incomparable para el avance del español en la medida en que sólo dicha lengua gozaba de un plus suplementario de prestigio. Sin embargo, hay algo más. La oposición "escritura / no escritura" tuvo como consecuencia secundaria que, mientras el español se concebía como una sola entidad, las lenguas indígenas eran captadas como complejos dialectales en los que existían muchos niveles de variación. Cada uno es lo que es en la medida en la que el otro refleja una contrapartida de nosotros mismos. Al mirarse en el espejo de los idiomas nativos, el español americano, cuyos rasgos definitorios ponía de manifiesto constantemente la escritura, se sintió más uno, precisamete porque dichos idiomas eran notablemente varios. De ahí surge la obsesión unitarista que empieza ya con Simón Bolívar, se continúa con Andrés Bello y no ha cejado hasta ahora en las Academias, en los escritores y medios de comunicación y en las Universidades americanas. En Hispanoamérica el español se considera el instrumento propio de la escritura, con lo que su uniformidad y escasa diferenciación respecto del español europeo meridional están servidas.

¿Qué tienen en común los puntos A, B y C? Por un lado, sucede que la frontera estricta se torna difusa, es decir, que el hecho mismo del contacto se hace visible. Por otro, que los fenómenos de sustrato ya no son inconscientes, sino manifiestos. En tercer lugar, que la ausencia de escritura de la lengua indígena pasa a ser una evidencia en contraste con los omnipresentes textos en español. En otras palabras, se puede decir que el contacto es palpable en cualquier dimensión y que estas sociedades idiomáticas han transferido icónicamente una característica de la sociedad hispanoamericana, el mestizaje, a la situación lingüística misma. No es de extrañar. J. Haiman [(1983)] ha mostrado que la evolución de las lenguas se mueve entre dos polos, uno "icónico", que hace patente la realidad concreta del mundo, y otro, "económico", que la resume en símbolos abstractos. Las situaciones habituales de contacto de lenguas, precisamente porque casi siempre se trata de contactos viejos y repetidos, se suelen inclinar hacia el lado convencional de esta gradación. Salvo en Hispanoamérica: aquí, donde el contacto sólo tiene cinco siglos de antigüedad, la iconicidad predomina aún y confiere al panorama lingüístico un sesgo inconfundible.

---

14   Los ideogramas mayas no pueden considerarse como tal.

Referencias:

BOTTIGLIONI, G.; GAMILLSCHEG, E., y ALONSO, A., (1939): *Substrato, Superestrato, Adstrato*, en *Vme. Congrès International des Linguistes*, Brujas.

CALVO PÉREZ, J. (1995): *Unidad y Diversidad en los Andes*, Valencia, BILCA, anejo 1.

DIETRICH, W. (1995): "El español del Paraguay en contacto co el guaraní. Ejemplos seleccionados de nuevas grabaciones lingüísticas", en K. ZIMMERMANN (ed.), *Lenguas en contacto en Hispanoamérica*, Frankfurt, Vervuert, pp. 203-216.

ELIZAINCÍN, A. (1992): *Dialectos en contacto: español y portugués en España y América*, Montevideo, Arca.

ERVIN-TRIPP, S., y OSGOOD, C. (1954): "Second language learning and bilingualism", *Journal of Abnormal and Social Psychology*, 49, pp. 139-146.

GIVÓN, T. (1986): "Prototypes: between Plato and Wittgenstein", en C. CRAIG (ed.): *Noun Classes and Categorization*, Amsterdam, John Benjamins, pp. 77-102.

GRANDA, G. de (1988): *Sociedad, historia y lengua en el Paraguay*, Bogotá, ICC.

HENRÍQUEZ UREÑA, P. (1921): "Observaciones sobre el español en América", *RFE*, pp. 357-390.

HAIMAN, J. (1983): "Iconic and economic motivation", *Language*, 59, pp. 781-819.

HYMES, D. (ed.) (1971): *Pidginization and Creolization of Languages*, Cambridge University Press.

KLEIBER, G. (1990): *La sémantique du prototype*, Paris, PUF.

LEFEBVRE, C. (1999): "On creole genesis", en M. ALEZA y B. LEPINETTE (eds.), *El contacto lingüístico en el desarrollo de las lenguas occidentales*, Valencia, Cuadernos de Filología, pp. 139-167.

LENZ, R. (1893): "Beiträge zur Kenntnis des Amerikanospanischen", *Z.R.Ph.*, 17, pp. 188-214.

LOPE BLANCH, J. M. (1980): "La interferencia lingüística: Un ejemplo del español yucateco", *Thesaurus*, 35, pp. 80-97.

LÓPEZ GARCÍA, Á. (1985): "Algunas concordancias gramaticales entre el castellano y el euskera", *Philologica Hispaniensia in honorem M. Alvar*, II, Madrid, Gredos, pp. 391-407.

— (1994): "Topological linguistics and the study of linguistic variation", en C. MARTÍN (ed.), *Current Issues in Mathematical Linguistics*, North-Holland, Elsevier, pp. 69-79.

— (1999): "Lengua internacional / lengua puente y construcción de identidades culturales", *Homenatge a Jesús Tusón*, Barcelona, Empúries, pp. 199-210.

— (s/f): "Los conceptos de *lengua* y *dialecto* a la luz de la teoría de prototipos", *La Torre*, Universidad de Puerto Rico, año III, núm. 7-8, pp. 7-19.

RIVAROLA, J. L. (1989): "Bilingüismo histórico y español andino, *Actas del IX Congreso de la Asociación Internacional de Hispanistas*, Frankfurt, Vervuert, pp. 153-163.

RUBI, J. (1977): *National Bilinguism in Paraguay*, The Hague, Mouton, 1968; G. CORVALÁN, *Paraguay: país bilingüe*, Asunción, CPES.

SPITZER, L. (ed.) (1928): *Hugo Schuchardt-Brevier*, Halle.

TAYLOR, J. R. (1989): *Linguistic Categorization: Prototypes in Linguistic Theory*, Oxford, Clarendon Press.

WEINREICH, U. (1968): *Languages in Contact. Findings and Problems*, The Hague, Mouton.

ZIMMERMANN, K. (1995): "Aspectos teóricos y metodológicos de la investigación sobre el contacto de lenguas en Hispanoamérica", en K. ZIMMERMANN (ed.), pp. 9-34.

ZIMMERMANN, K. (ed.) (1997): *La descripción de las lenguas amerindias en la época colonial*, Frankfurt, Vervuert.

TRANSFERENCIAS ASPECTUALES
EN EL ESPAÑOL AMERICANO EN CONTACTO

DANIEL JORQUES JIMÉNEZ
Universitat de València

1. Modalidades del contacto

Uno de los objetivos principales de los primeros indigenistas era eliminar del pensamiento lingüístico todas las teorías y métodos sociológicos que atribuyesen intervención efectiva o influencia, en el transcurso o en el carácter de la vida comunitaria cultural, a fuerzas o cualidades abstractas concebidas exclusivamente en términos de actitudes, usos y enseñanza de lenguas. Estas formas de lingüística 'hipostasiada', ejemplificadas en diversos estudios y llevadas al extremo en los trabajos de los primeros indigenistas, contienen, no obstante, intuiciones de interés que siguen inspirando nuevos desarrollos en la lingüística latinoamericanista. Pero tales explicaciones de los fenómenos lingüísticos, generalmente deducen la necesidad o inevitabilidad de las circunstancias y sucesos históricos de los mecanismos sociolingüísticos y culturales que pretendidamente regulan la vida de las comunidades en contacto de América en general.

La influencia de las lenguas indígenas en el español americano ha de ser considerada un proceso, y no un mero estado. Una revisitación de la teoría de los estratos, exige que la crítica se efectúe desde la sustitución de un enfoque motivacional del análisis de la acción sociolingüística de los contactos por un enfoque metódico del tema: las actividades interferentes por medio de las cuales las lenguas indígenas inciden sobre el español continental producen y manejan las situaciones de las actividades cotidianas organizadas, por eso son un proceso; y en estricta consonancia, los métodos para hacerlas explicables han de ser idénticos: esto es, contextuales y dinámicos. Las situaciones socio-culturales e históricas de contacto no han de entenderse simplemente en el sentido de una mera adaptación pasiva a determinadas presiones ambientales ejercidas desde la norma dominante (generalmente la del castellano, pero no siempre).

En la medida en que el contacto interlingüístico implica intervenciones que alteran o transforman los acontecimientos gramaticales, es decir, que contribuyen a que se produzcan, tiene que existir un aspecto de las prácticas socio-interaccionales y comunicativas que se refiera al modo en que se ejerce esta influencia. Conviene introducir a estos efectos la noción de 'recurso' (cf. Weinreich 1963, Silva-Corvalán 1990). Los recursos son los medios o bases de poder dialectal a los que puede acceder el hablante, y que manipula para influir en el curso de la interacción con otros hablantes de la misma comunidad de habla. Debe entenderse que la manipulación de recursos no ocurre en prácticas comunicativas discretas: en la movilización de los recursos siempre intervienen los aspectos semánticos y normativos de la lengua de base (o lengua contactada). A la inversa, los recursos proporcionan los medios en virtud de los cuales se ponen en efecto estas reglas semánticas y normativas.

A efectos analíticos, los recursos pueden tratarse como una serie de reglas. Como estas reglas se refieren a procedimientos sociales tácitamente entendidos, han de distinguirse de otras reglas formuladas de forma textual y discursiva. Podemos diferenciar dos aspectos de las reglas socio-interaccionales que regulan el discurso lingüístico-gramatical, a sabiendas de que ambos se encuentran complejamente interrelacionados en el conocimiento y en la praxis. El *(a)* aspecto semántico de las reglas atañe al significado cualitativo y metodológico de las prácticas gramaticales, a los lugares relacionados con su realización y a algunos (aunque no a todos) de sus probables resultados. El *(b)* aspecto normativo de las reglas refiere a las mismas actividades, lugares y resultados desde el punto de vista de los derechos y obligaciones que determinan su legitimidad o ilegitimidad social, así como a los medios (pertinencia de los contextos situacionales, regulaciones diastráticas y diafásicas) apropiados o inapropiados para llevarlas a cabo.

Un aspecto destacado de la distinción entre lengua no sometida a contacto y lengua contactada (o multicontactada, para el caso particular del español americano) es que la producción del contacto es una actividad que requiere una suerte de 'realización cualificada' (cf. Sala 1988). Quiere esto decir que las prácticas socio-gramaticales deben entenderse, para el caso exclusivo del contacto interlingüístico, como procedimientos, métodos o técnicas cualificados, apropiadamente ejecutados por los hablantes en calidad de agentes sociales. Implica esta aseveración que la concepción estructuracionista del contacto y de su plasmación gramatical efectiva ofrece razones fundamentales para negar la transposición del principio de la uniformidad lingüística a la vida socio-interaccional. Las prácticas gramaticales que ilustran el contacto llevan a efecto la capacidad de intervención y modifican el curso y el resultado de las actividades socio-comunicativas; actividades que pueden conllevar la organización secuencial e interactiva de numerosas praxis emprendidas por los hablantes de las comunidades contactadas. En la concepción estructuracionista del contacto, desde la que aquí partimos, no hay nada que implique lógicamente el rechazo de los principios de uniformidad. Más bien se trata de trazar, sobre el tapiz de fondo de la uniformidad, las modalidades singulares de la diversidad que supone el contacto.

Trasladar el principio de uniformidad subyacente a las prácticas sociolingüísticas del contacto requiere adoptar un postulado como el siguiente: los hablantes de comunidades sometidas al contacto conocen procedimientos de acción lingüístico-comunicativa similares; interpretan y aplican los aspectos semánticos y normativos de estos procedimientos del mismo modo; y tienen acceso al mismo tipo de recursos. Las necesidades comunicativas pueden cubrirse mediante prácticas diversas, y puede haber considerables variaciones en el grado de plasmación gramatical resultante cuando se llevan a cabo. De modo que los postulados sociolingüísticos uniformistas, lejos de lo que se ha venido postulando hasta el momento, implican en realidad la reducción de la diversidad histórica del contacto a formas fundamentales de conducta gramatical en la producción de la vida social del hablante (cf. Roca y Jensen 1996: v-xi).

Las prácticas gramaticales interferentes que se institucionalizan en el conjunto de un mismo grupo humano de habla, reproducen propiedades estructurales específicas muy extendidas en el conjunto de esa colectividad. Y es posible aprehender las relaciones sociolingüísticas desde estos supuestos. Las relaciones sociales de las grandes comunidades contactadas siempre implican diferenciaciones en el interior de los grupos y entre grupo y grupo. La situación funcional de las prácticas gramaticales que se trate de analizar y poner de manifiesto (en nuestro caso concreto, el caso del aspecto y de su tratamiento diferencial en la comunidad hispana) resulta crucial para esta concepción en varios aspectos, dos de los cuales son particularmente importantes. El primero es la situación de los hablantes en regiones (como la región hispanohablante de América) de grandes colectividades y totalidades. En este sentido, la situación implica la diferenciación e interrelación de prácticas relacionadas con el grado de difusión local; es decir, con las situaciones contextuales en que las transferencias gramaticales tienen lugar en las relaciones sociales.

El segundo aspecto atañe a la consideración de los entornos lingüístico-culturales en contacto como subsistemas funcionalmente especializados que requieren estructuras adecuadas para el cumplimiento de sus funciones interpersonales y comunicativas; además, no son autosuficientes, sino que dependen de las producciones o recursos interaccionales de los demás subsistemas. Para ello, se requiere operar desde el aserto de que el intercambio de producciones intercomunicativas se realiza con la ayuda de medios pragmalingüísticos generalizados, y que se desarrollan subsistemas de mediación en las zonas de interpenetración o contacto de los sistemas lingüístico-gramaticales de los que se trate. Una sociedad en contacto lingüístico y/o cultural representa un sistema social concreto y sólo relativamente autosuficiente. Quiere esto decir que para mantener su unidad, tiene que existir una interpenetración interna entre sus subsistemas, y debe adaptarse a su entorno, es decir, tiene que existir además una interpenetración externa (cf. Zimmermann 1995). En esta línea de premisas constituyentes, es ésta una perspectiva de descripción y análisis que gana partidarios con rapidez y que carece de ciertas reservas en la comunidad sociolingüística europea actual.

Las relaciones entre los subsistemas de acción y entre la sociedad y su entorno varían en función del grado de coherencia de los sistemas y del tipo de orden de los sistemas contactantes o de mediación. De modo que: *(a)* o bien asistimos al desarrollo de interferencias gramaticales de índole estructural que tienen un efecto generalizador sobre otros fenómenos, de manera que todos ellos quedan definidos de manera general sin una configuración concreta (*shifting*); *(b)* o bien asistimos al desarrollo de interferencias gramaticales integrativas que tienen un efecto limitador sobre otros empleos de la misma esfera categorial (*mixing*); *(c)* o bien asistimos al desarrollo de interferencias gramaticales adaptativas que tienen un efecto dinamizador sobre otros empleos, lo que tiene como consecuencia que estos últimos se acomoden a los usos adaptativos correspondientes (*translating*); *(d)* o bien, finalmente, podemos asistir al desarrollo de interferencias gramaticales selectivas que tienen un efecto conmutador sobre el resto de los empleos gramaticales posibles de la misma esfera categorial, lo que tiene como consecuencia que éstos queden compulsivamente dominados en el habla (*switching*).

El interés de esta clasificación, que no es otra que la manejada por una buena parte de la sociolingüística estructural o sistémica –explícitamente vinculada a la teoría de la acción socio-comunicativa–, se cifra en el modo en que se crean, organizan, producen y reproducen ciertas estructuras gramaticales interferentes de acuerdo con las cuales se orientan los hablantes de la comunidad. En lugar de tomar como punto de partida una visión de la estructura social que sirva de punto de referencia a la descripción de los fenómenos lingüísticos, se traza el camino inverso de un análisis que procede de estos últimos hacia aquélla. En el fondo, se trata simplemente de estudiar las propiedades sistémicas de la acción lingüística en contacto desde la inteligibilidad mutua de la acción de habla ordinaria o cotidiana.

2. El aspecto: recursos

El aspecto procede de la interferencia perceptivo-lingüística que sobre el tiempo desarrolla el modo: la imagen cinética propia de la temporalidad es reinterpretada por la imagen contrastiva propia de la modalidad. La aspectualidad opera en primer lugar cualificando modalmente la acción del verbo, validándola, pues se trata de positivar ante todo el anclaje situacional del receptor del enunciado; y opera en segundo lugar cuantificándola temporalmente, es decir, estableciendo las pautas de su inserción en el tipo de cinetismo de la imagen mental propuesto desde la actividad codificadora del hablante en su función emisora.

Para empezar, debemos tener en cuenta que los condicionamientos aspectuales del español refieren a una situación general común en la que se dispone de información previa (sea del tipo que sea). Quiere esto decir que: (i) el aspecto implica un ejercicio pragmático de recuperación informativa, y que, por consiguiente, (ii) se trata de acceder a las distintas posibilidades cronométricas derivadas de un mismo movimiento o cinetismo de la imagen mental del tiempo (cf. Jorques 1997).

La aspectualidad, en la medida en que se establece a partir de la interferencia que la modalidad ejerce en el subsistema temporal, no es sino el reflejo de la estructuración del dominio interior de la acción verbal. Estructuración que consta de la posibilidad de referir a la acción ya desde su interior, ya desde su dominio exterior. Así es como el aspecto se nos ofrece a manera de una radiografía de la acción expresada por el verbo. Cuando afirmamos que la aspectualidad radiografía el interior de la acción verbal estamos implicando que establece su imagen cronométrica (temporal) a partir de su imagen contrastiva (modal). Y esta inspección o intromisión en el seno de la acción predicativa (esto es, en el objeto del enunciado) tiene la capacidad de ser parcial y quedarse en el exterior o, por el contrario, de ser total y proseguir y continuarse hacia el interior de dicha acción.

A esta actividad ponderativa de los dominios de la acción verbal es a lo que llamamos 'aspectualidad', que es un ejercicio de percepción intencional del acto predicativo (cf. Harris 1982). La ponderación aspectual de la acción predicada se debe a una valoración modal de la misma: la mirada que el aspecto implica corresponde a una selección de una de las zonas en juego. Cada uno de estos puntos o zonas de ubicación por las cuales el sujeto de la enunciación se desplaza, se muestra susceptible de corresponder a la posición que mantiene el locutor en tanto que tal en el proceso de interacción y a su inscripción en relación con el objeto del acto predicativo.

Tanto la relación intencional de identidad como la de orientación implican la disposición por parte de los interlocutores de información temporal previa (cf. Gutiérrez Araus 1995, Calvo 1996, Cipria y Roberts 1996, Calvo 1997). Atendiendo a este complejo sistema de interrelaciones, proponemos el siguiente marco de operaciones posibles que define la aspectualidad en español peninsular y americano (Jorques 1997):

1. Aspecto "identificativo". Es una situación que implica que la acción verbal predicada es contemplada desde el exterior, desde la periferia de su clausura, resaltando su propia identidad como tal. Se trata de abarcar el acto de predicación desde su dominio externo inmediato. A estas coordenadas de fijación semántica y pragmática de la acción verbal corresponde la aspectualidad perfectiva del antepresente o pretérito perfecto compuesto, que, al referir a acciones ubicadas en un pasado reciente e implicar simultáneamente la vigencia de sus efectos, pone en funcionamiento el entramado presuposicional de recuperación informativa; mecanismo que permitirá que el hablante coteje tanto la ubicación pretérita del evento como la prolongación de su efectividad hasta el presente, contribuyendo a

clausurarlo en su integridad: *No hemos debido desdeñar el hecho de que los cinco volúmenes apareciesen al mismo tiempo / Ha sido injusto decir que toda esa innovación era falaz / Parece que la ciudad nocturna ha intentado despertarnos al entrar en ella.*

2. Aspecto "orientativo". La acción verbal es presentada por el hablante desde su dominio interior. Esta situación es la que define la aspectualidad imperfectiva (característica del copretérito), que, al orientar la acción hacia el recubrimiento temporal del pretérito, extiende simultáneamente su ámbito de incidencia: puede empezar antes que la del pretérito y acabar después. Si la aspectualidad perfectiva tiene que ver con el entramado presuposicional del acto predicativo, pues recupera el punto temporal original en que la acción se produjo, la aspectualidad imperfectiva se encuentra funcionalmente determinada por el foco situacional de la predicación: no se trata de recuperar la información cronométrica, sino de acceder a ella desde su interior y por medio de la selección informativa pertinente. El imperfecto actúa como un mecanismo de selección o de filtro, pues consiente el desplazamiento de la atención informativa alternativamente hacia el ambiente (*Se presentó en la reunión mientras discutíamos acaloradamente*) o hacia la propia disposición procesual de la acción (*Por entonces salía al cine todos los domingos por la tarde*). La diferencia entre la discriminación de imperfectividad y la de perfectividad parece radicar en la oposición existente entre una forma de abordar la acción verbal en forma de expansión y un modo de hacerlo a manera de condensación.

3. Aspecto "combinado". Es ésta una situación en la que se accede tanto al interior de la acción predicada como a su identidad externa, posibilitando que se presuponga el punto original de partida y que a la vez se focalice el mecanismo interno de producción de la acción, esto es, el mero hecho de producirla. En eso consiste la aspectualidad aorística característica del pretérito perfecto simple o indefinido (cf. Culioli 1980), en señalar el punto complexivo exacto de la bifurcación o doblamiento que lleva por una parte a la identidad de la acción y por otra a su orientación: *Dejó de llamarla por teléfono / Asintió, una por una, a todas sus demandas / La paz ocupó el tiempo en novedades.*

4. Aspecto "alternante". Si la aspectualidad aorística procede desde los extremos hasta el interior de la bifurcación de la imagen mental de la acción verbal, esta cuarta situación traza el camino inverso, extendiéndose desde el centro bifurcador hasta los polos extremos. Una situación como ésta implica que la codificación del icono temporal es precedida de información identificativa y seguida de un campo de información orientativa, haciendo que la acción expresada por el verbo se presente como aspectualmente contingente. Tiene cabida aquí el condicional, que no es realmente ni un verdadero tiempo ni un verdadero modo, sino un empleo temporal interferido modalmente de una forma muy particular: es decir, un aspecto. La aspectualidad alternante que caracteriza al condicional o

potencial resulta explicativa, por un lado, de sus empleos aproximativos de identidad (su uso como futuro del pasado: *El afectado saldría a la ventana y hablarían*), donde se atiende al carácter externo del acto predicativo como función meramente recuperativa, es decir, presuposicional (pues remite explícitamente a un punto del pasado); por otro, de sus empleos aproximativos de orientación (su uso probabilístico: *Tendría unos veinte años cuando le sucedió aquello*), donde la alternancia prima en este caso la aproximación hacia el lado interior de la acción y su carácter focal (atencional).

3. Contacto por desplazamiento *(language-shift)*

El contacto puede adoptar la forma de un proceso de adopción integral (geolectal y sociolectal) de usos gramaticales. Tienen cabida aquí los fenómenos de transferencia aspectual encargados del mantenimiento de la estructura temporal y modal de base, propia de la coiné hispanoamericana. Tienen un efecto generalizador sobre los otros trasvases aspectuales; de modo que todos ellos quedan, en último término, definidos por estos otros.

El subsistema aspectual del español americano (como el de la mayor parte de las lenguas indoamericanas del centro y sur del continente) es informativamente más sensible que su correspondiente en español peninsular general (no dialectal). Por mayor sensibilidad hemos de entender la tendencia (casi sistemática, me atrevería a decir) a marcar el tiempo desde el aspecto; a penetrar la imagen informativa del icono temporal con matices aspectuales; en suma, a filtrar el espacio temporal y su plasmación prototípica en el cinetismo real del presente instantáneo y absoluto (presente de la enunciación) a través del espacio subsidiario aspectual, invadiendo este último los dominios de aquél.

Pero por lo que atañe a las condiciones reales de cualquier proceso comunicacional y perceptivo, lo que se gana en sensibilidad se pierde en variedad del número de elementos; principio de incertidumbre que afecta al núcleo mismo de este proceso de filtración al que aquí aludimos. La intromisión casi sistemática de una parte de la línea aspectual en la línea temporal (disolución consecuente de fronteras categoriales) lleva consigo la necesidad de renunciar a marcar formalmente una parte de las discriminaciones aspectuales propias del sistema verbal del español general.

Y esto es lo que sucede cuando en la mayor parte de Hispanoamérica se emplea el indefinido en casos donde el español peninsular general emplearía el pretérito perfecto de indicativo (cf. Cardona 1979, Escobar 1997):

1   *–Te noté distraído –me observa Goldstein [...]–; –Así que no me reconociste, eh?;*
     No le di mi apellido. Me limité a explicarle que era periodista de Buenos Aires; –Y

de los Etchebarne? Murió mi ex maestra?; –Tuvo un accidente, señor. Está en el hospital; –Todo eso lo pescaste espiando desde la puerta; –Simplemente me asusté y fui hasta su electrómetro; Fue un poco lo que sucedió en aquel tiempo con el surrealismo; –Fue en este momento mismo cuando entré en contacto con Domínguez, a través de Bonasso.

Kany (1970: 200) señala que es un trasvase practicado con menos frecuencia en Perú y en Bolivia. No obstante, es registrable una cantidad notable de ejemplos procedentes de la narrativa de ambas zonas. Este reemplazo panamericano de la perfectividad por la aoristicidad viene a ser la forma que el sistema verbal tiene de compensar en un modo paralelamente distribuido este incremento de la sensibilidad informacional. Así es que lo que se gana en sensibilidad aspectual se pierde en variedad funcional discriminatoria y en sensibilidad temporal.

El rasgo panamericano de la sustitución prácticamente sistemática del perfecto por el indefinido no resulta comprensible (pues no habría motivos para que no sucediera lo propio en el caso del registro central del español peninsular) si no tenemos en cuenta la conculcación de los límites informativos impuestos desde la esfera temporal del presente (cf. Moreno de Alba 1974). Al sobrepasar el débito informativo del presente, éste se convierte en español americano en una suerte de "aspectoide", es decir, de tiempo aspectualmente recubierto o solapado; una función que se ve obligada a actuar por encima de su nivel de adaptación y que, como respuesta a este estímulo excesivo, pasa a desempeñar las funciones de su espacio aspectual más cercano; que es el correspondiente al pretérito perfecto.

Existe una tendencia, igualmente catalogable como panamericana, a concebir el movimiento real y la ausencia de enmascaramiento que el presente de la enunciación implica como una tensión temporal de largo alcance que penetra los dominios aspectuales de la prentericidad y que comienza adoptando (en riguroso orden secuencial, insisto) los valores de una acción verbal que se percibe como presupositivamente retenida desde el objeto del enunciado. Una parte del presente hispanoamericano actúa, en efecto, con el sentido de una función retentiva permanente:

2   *No dejan de elaborar cadáveres; Durante todo el día se comporta con indignación; Sux no me pregunta todavía sobre el asunto del uranio; Nunca María quiere decir quién le arrojó ácido en los ojos; Hoy todavía no voy a verlo; Los chicos no jugamos entre los arbustos y las palmeras; He estado corriendo y me encuentro hacia la casa de los Etchebarne; –Y resulta que... oye, hoy por fin le largo la pregunta que he estado rumiando durante años; Le hago una serie de preguntas triviales; Sabato siente malestar durante todos estos años porque piensa que los reflectores no perdonan detalle; Ni tiene un respiro hasta que no se lanzan las tandas de avisos porque sigue en exhibición.*

Este desentenderse de la imagen real del presente es un desentendimiento del mensaje que lleva a una especie de superestimulación de las coordenadas de variación aspectual. Kany (1970: 193) ha señalado que esta situación afecta de forma preeminente al presente cuando es precedido de negación. No creemos, sin embargo, que la negación condicione el proceso de filtración aspectual. Se trata, como mucho, de un hecho puramente estilístico: el deseo por parte del hablante de resaltar el valor negativo del mensaje, focalizándolo. La tendencia hispanoamericana es, pues, la de aprovechar esta sobrecarga cognoscitiva del presente (esto es, la sobrecapacidad del sujeto de la enunciación para producir información) y proyectar el exceso de débito informativo en la línea de la variación aspectual del sistema. Así la situación, al presente como forma se lo dota de una estrategia de supervivencia consistente en proyectar su incidencia más allá de las fronteras puramente temporales de la enunciación (i.e., del diálogo).

4. Contacto por amalgama *(code-mixing)*

El contacto puede adoptar la forma de un sincretismo de empleos gramaticales: los hablantes optan en esta ocasión por fusionar los códigos de expresión, surgiendo así empleos característicos, definitorios de la criollización de una parte del español americano. Tienen cabida aquí los fenómenos de transferencia aspectual encargados de la integración de usos; detentando un efecto limitador sobre el resto de los trasvases aspectuales posibles; lo que tiene como consecuencia que éstos queden encadenados.

Un indefinido, interlingüísticamente contactado, como el hispanoamericano, que resulta apto desde el sistema para la expresión de la función perceptiva de retención estacionaria propia del perfecto, no es un indefinido cognoscitivamente sobrecargado, pues su naturaleza inflexiva le permite convertirse en soporte de exponencias funcionalmente cumulativas. Notemos sin más que el empleo peninsular del indefinido por el pretérito no es sólo ocasional, sino que no se halla en ningún caso motivado desde la hipotética sobrecarga informacional del presente de la que aquí hablamos y que hemos manejado como hipótesis de trabajo.

Esto implica que la línea de fuerzas que va desplazando el subsistema temporal hacia el aspectual filtrándolo por él, vuelve a sobrepasar la línea de variaciones propiamente aspectuales y proyecta esta vez el subsistema aspectual sobre el temporal (aspecto → tiempo), sentido inverso al de la proyección primera (tiempo → aspecto). El espacio sobrecargado del presente será asumido por la categoría aspectual más cercana en este juego de continuidades espaciales: por el imperfecto.

4.1. Así es como encontramos en Hispanoamérica en general esta tendencia a sustituir el presente por el imperfecto, a tenor de tal continuidad de efectos y sobreefectos de arrastre y encadenamiento. Tampoco se trata aquí de una mera sustitución, sino de un trasvase generado desde trasvases anteriores condicionantes. Un desplazamiento continuo en la forma [tiempo → aspecto → tiempo] que no sólo garantiza la isotopía de partida de cada uno de los subsistemas en juego, sino que además explota las posibilidades de su conexión interna (cf. Klee y Ocampo 1995).

Así las cosas, el imperfecto hispanoamericano es un imperfecto que adjuntará, a la posibilidad expresiva de la función atencional (focal) de duración de presencia que le corresponde de forma natural o intrínseca, la función temporal del presente:

> 3   *Hace ya que lo tomaba con calma; A la legua se notaba que Carlos se toma más de una mulita de pisco en aquella mítica chingana frente al Cementerio del Presbítero Maestro; –Hace siete meses que cotejaba datos con Carlos, y me explicaba que en efecto ese dinero no se lo ha ganado el Papa Guido Sin Número, en su fabulosa época de publicista; –Hace mucho que lo curaban hasta dejarlo fresco como una rosa, lozano e italiano como Caruso porque él mismo les diseñaba, entre amables sonrisas de convaleciente de mártir; –Cuántas horas que deseaba volver a poder tocarte y sentir, al mismo tiempo, una pena horrible; Al cabo de un rato me llamaba y me decía cosas despreciables; Desde hace un tiempo para acá me sentía culpable por culpa de sus interrupciones.*

Notemos que no se trata, como en el caso del indefinido, de una exponencia cumulativa regresiva (←), sino de una cumulación estrictamente progresiva (→); de ahí que no se necesite renunciar a una función (en este caso, la de duración de presencia) para expresar otra; hecho que hubiese anulado automáticamente la posibilidad del imperfecto para expresar su función propia; como sí sucede, en cambio, con el pretérito perfecto.

La tendencia del presente a sustituir al pretérito perfecto se ve homologada a la tendencia inversa. Homologación que sólo puede ser parcial si tenemos en cuenta que la tendencia natural del sistema hispanoamericano, como en la mayor parte de las lenguas indoamericanas en contacto con él, es la de filtrar el tiempo a través del aspecto, y no viceversa. Esta restricción queda plasmada en el empleo dialectalizante de la forma *ha sido* con el sentido de *es*:

> 4   *Y ahora, a los veinte años, ha sido mi palabra más feliz; –A ver si de nuevo sembrás la confusión en las filas, si has sido vos el que te aparecés para estropearles la vida a gentes tranquilas; No hemos sido vanidosos; –Agua destilada. Y resulta que al final ha sido morfina; El Papa Romano ha sido el cerdo más grande de la historia, pero de ninguna manera ha sido el representante de Dios; En estos momentos he estado más próximo al centro que muchos que viven convencidos de ser el eje de la rueda.*

Hablaremos en este caso de un trasvase regresivo parcial. Kany (1970: 206) explica el fenómeno en los siguientes términos:

> "[...] el pretérito perfecto expresa un doble aspecto: 1) una acción pasada, 2) la extensión presente de dicha acción pasada. Ahora bien, es posible que uno de los dos aspectos se conciba como más importante que el otro. El sentido de la extensión presente de la acción pasa a predominar sobre la propia acción. De esta forma, cuando el aspecto predominante 2) ha reducido al aspecto 1) a la insignificancia, el pretérito perfecto como tal pasa a equivaler a un presente en su sentido y para todos los fines prácticos."

Por su parte, Calvo (en p.) ha sabido ver con especial acierto el fenómeno socio-interaccional de fusión o sincretismo (amalgama) que estos empleos aspectuales conllevan, señalando que:

> "es obvio, pues, que el presente en el mundo andino tiende a confundirse verbalmente con el presente acabado, y que para indicar el presente real del habla tal vez no es necesario ningún tiempo (lo que sucede en guaraní, por ejemplo), o tal vez es preciso marcar de algún modo que existe coincidencia entre el mundo y el uso lingüístico del emisor en un momento dado."

4.2. A la vista de este notable hecho resultan plenamente comprensibles otros dos fenómenos de trasvase que caracterizan el sistema aspectual del español americano en contacto: me refiero a la sustitución en algunas zonas del continente del pluscuamperfecto por el imperfecto:

5   *Antes de que vinieras, uno de nuestros participantes nos hacía saber que el diputado guardaba los dólares y las joyas en una caja fuerte; Almeida, diputado de la mayoría y millonario de yapa, sufrió una crisis cardíaca cuando ya era camarada nuestro;*

y del presente por el indefinido:

6   *—Se fueron todos a la mierda —aconsejó Susana—; —Seguro que a estas horas ya estuvieron todos enojados; —Venga, que nos fuimos ya, llevamos prisa; Su asesinato o su secuestro con fines políticos fue un crimen particularmente grave por su posible incidencia sobre las relaciones internacionales si no lo remediamos a tiempo.*

Es éste un fenómeno de cierta extensión geográfica: Argentina, Guatemala, Ecuador, Chile, Cuba, Paraguay, Colombia, Perú, México. No se trata, como en los casos precedentes, de trasvases estrictamente lineales, sino de subducciones, es decir de trasvases practicados desde niveles diferentes: bien desde niveles diferentes de la misma línea aspectual (caso del imperfecto por pluscuamperfecto), bien desde niveles diferentes de líneas diferentes, la temporal y la aspectual (caso del indefinido por presente). En este último caso asistimos a una suerte de sub-ducción de primer grado, en el primero a una subducción de segundo grado.

Cuando la intromisión se efectúa en los términos de una coaparición con el espa-cio aspectual de la aoristicidad obtenemos una forma tan singular como *hubo de* + infinitivo con el sentido de "estar a punto de" (la perífrasis *haber de* en español americano), que resulta especialmente documentable en Argentina y Uruguay:

> 7   —*En aquel mismo momento, te juro Nidia, hube de armar una bronca; Yo no le veía salida, hube de venirme para acá; —Allá no había trabajo, hube de venirme, pero al final no lo hice, me quedé y aguanté todo lo que fue necesario; —Entonces él y la mujer se arrepintieron, pero seguro que hubieron de venirse hace unos años; —Mejor dejame, que hube de vomitar hace un rato, y me encuentro franca-mente mal.*

Asistimos aquí a una suerte de mantenimiento indirecto del tan desusado en espa-ñol general (tanto peninsular como continental) pretérito de anterioridad; forma que, por su proximidad funcional con el espacio aspectual aorístico, tiende a ceder el paso al empleo del indefinido.

Sólo desde el peculiar subsistema hispanoamericano contactado o interferido se fomenta la pervivencia funcional de esta forma. Fusionado en el nivel precedente el pretérito anterior (una suerte de pretérito indefinido compuesto) con el pretéri-to indefinido simple, el sistema americano recurre al último de los niveles de dis-criminación aspectual para restaurarlo en relación con el espacio aorístico.

4.3. En algunas ocasiones, y siguiendo con ello la tendencia previsible de este tipo de subducción a extenderse hacia el dominio de la posterioridad, el indefini-do llega a invadir el ámbito temporal del futuro. Resulta especialmente frecuente este empleo con las formas verbales *estar, ser* e *ir: Los preciosos dólares nos fue-ron muy útiles para equiparnos más adelante.* En la mayor parte de los casos se alcanza una solución intermedia y el indefinido posee el sentido de un presente momentáneo, de un presente enmascarado proactivamente hacia el futuro o, sim-plemente, de la forma de conexidad *ir a* + infinitivo. Como señala Kany (1970: 203), "en estas expresiones, el indefinido anticipa realmente la acción, a la mane-ra de un futuro, pero la describe expresamente como ya cumplida e irrevocable". Esta invasión anticipatoria del ámbito del futuro no es tanto un filtraje temporal (no puede serlo dada la profundidad del nivel de distinciones aspectuales en que nos hallamos), como más bien una intromisión en el ámbito de la modalidad peri-frástica de acción prosecutiva ("ir a").

En este sentido, no coincidimos con Kany (1970: 193-194), para quien esta susti-tución es estrictamente correlativa de la del pretérito perfecto por el presente. No olvidemos que nos hallamos en niveles de discriminación aspectual distintos: lo que en este último caso se presenta como un filtraje aspectual del tiempo debido a una sobrecarga del débito informacional, es en la sustitución del pluscuamperfecto por el imperfecto un trasvase subductivo practicado en el interior del espacio aspectual aorístico y en relación de concomitancia negativa con él. Entre la sustitución del pretérito perfecto por el presente y la del pluscuamperfecto por el imperfecto existe una relación causa-efecto practicada en niveles distintos.

En este último caso, notemos que el sistema verbal hispanoamericano viene a equilibrar el carácter monario que detenta el sistema general y el peninsular en particular, pues desaparecen por completo las formas compuestas de indicativo: pretérito pluscuamperfecto y pretérito anterior, subsistiendo este último en la forma perifrástica *hubo de* + infinitivo; con lo cual, la creciente complejidad interna de la línea de variaciones aspectuales redunda en una simplificación de las discriminaciones más específicas realizables en su interior.

También aquí debemos notar que el sistema americano ha desarrollado la posibilidad de un trasvase subductivo parcial de carácter regresivo. Me refiero a la sustitución, inversa, del imperfecto por el pluscuamperfecto; trasvase resultante de un contacto interlingüístico que revierte el orden lógico y más natural de sustituciones subductivas, en este caso, el reemplazo del pluscuamperfecto por el imperfecto (cf. Schumacher de Peña 1980); de ahí que haya sido reservado para algunos casos muy particulares: *había sido* con el sentido de *era*:

8   *–¿Había sido ella, tú crees?; –Había sido un sartencito de latón; –Había sido una disolvencia al mismo dibujo, pero tal como había servido para la presentación de títulos de cabecera; –Estoy seguro: había vuelto a ella constantemente y no la había dejado en paz; –Con que había sido su padre, vaya, vaya; Todo había sido tan terrible cuando te marchabas, las cosas volvían a su cauce.*

En ocasiones, la forma *había sido* se proyecta incluso hacia el presente *es*: *–Tu hermana había sido una conchuda, eso es lo que dicen por acá.* Fenómeno previsible si pensamos que el que hemos denominado 'trasvase terciario' afecta a la sustitución del presente por el imperfecto. Tiscornia (1930: 260-265) afirma que se trata de un uso característicamente gauchesco; pero lo cierto es que se halla documentado en la mayor parte del continente.

No es casual que el trasvase *es* → *ha sido* tenga su correlato en la subducción *era* → *había sido*, pues si existe la posibilidad de una torsión en el nivel superior de discriminaciones aspectuales, lógico es que esto mismo suceda en el nivel inferior. Ahora bien, esto no debe llevarnos a trazar entre ambos fenómenos de traslación regresiva una relación absolutamente simétrica como la que pretenden algunos autores; entre ellos, Kany (1970: 205-208), Tiscornia (1930: 264 y ss.) y Toscano Mateus (1964). Se trata simplemente de permitir la continuidad semántica del sistema desde dos puntos del mismo: desde el correspondiente al filtraje aspectual del presente y, en segunda instancia, desde el relativo al espacio aspectual de la no-coaparición con el indefinido. Sólo desde este sobreefecto funcional cabe hablar de analogía entre estos dos empleos particulares.

Kany (1970: 206) traza una analogía morfosintáctica en los siguientes términos:

> "Tal vez por analogía con el futuro *ha de ser* surgieron *había sido* y *ha sido* (= *es*). Ya que en numerosas regiones *ha de ser* toma el lugar de *será*, el presente de *haber* (*ha*, etc.) se ha concebido como futuro. Consiguientemente, para reflejar el presente, los demás tiempos han retrocedido un paso, habiendo sido asociados vagamente con el presente el imperfecto *había* o el pretérito perfecto *ha sido*. Además, al mitigar la expresión por medio de un tiempo al que se le ha hecho dar un paso atrás, se puede haber llegado al imperfecto de modestia corriente (*¿qué deseaba usted?*, etc.), en el cual se atempera psicológica y acústicamente la brusquedad del presente, terminante y apretado, manteniéndose más pausadamente sobre la forma misma: la forma *deseaba*, más larga, ofrece sobre la brusca forma *desea* la ventaja de una cortés morosidad."

Al margen de esta conexión con el sistema personal e interaccional que Kany pone de manifiesto, lo cierto es que el sistema analógico pretendido por el autor prescinde, por una parte, de las implicaciones nocionales y pragmáticas del fenómeno aludido (implicaciones que creemos incontestables) y, por otra, de la pluralidad de niveles aspectuales que aquí entran en juego. La supuesta analogía con el futuro *ha de ser* sólo es concebible en el plano de las relaciones de coaparición y no-coaparición y, por tanto, con la forma *hubo de* + infinitivo; forma esta última que, en todo caso, justificaría la aparición de *había sido* por *era*, pero no la de *ha sido* por *es*.

5. Contacto por transposición

El contacto puede darse en la forma de empleos gramaticales resultantes de un proceso traslaticio o traductor, que evidencia relaciones muy estrechas entre las comunidades contactada y contactante. El hablante codifica aquí en su sistema (contactado), pero procediendo a traducir el mensaje del código contactante. Tienen cabida aquí los fenómenos de transferencia aspectual encargados de la adaptación de usos. Son empleos del aspecto gramatical que poseen un efecto dinamizador sobre el resto de los trasvases aspectuales dialectales, lo que tiene como consecuencia que éstos se acomoden.

Por lo que atañe a la forma de aspectualidad representada en el condicional simple del español general, los llamados condicionales 'periodísticos' e 'irónicos' del español americano vienen a definir los usos interferidos o contactados por traslación o transposición (cf. Kany 1970: 198-199, Amado Alonso 1967: 94 y ss.). Si los primeros aparecen con frecuencia en la prensa escrita de gran parte de Hispanoamérica y poseen el significado de "se rumorea, se presume, se dice que", los segundos forman más bien parte del registro oral de la lengua. Estos últimos resultan documentables en textos narrativos, en momentos en los que se emulan las características del lenguaje oral en su registro familiar e incluso coloquial.

Si el aspecto condicional irónico es una variedad desarrollada por el español americano en contacto sobre el modelo funcional del condicional de posterioridad, el aspecto condicional periodístico, propio también del español continental, ha sido desarrollado a partir del patrón probabilístico del potencial (condicional de posibilidad) en español general. Nos hallamos aquí ante dos posibilidades, ausentes en español peninsular general, de expresión funcional del condicional: una polarización condicional de perfectividad orientada prosecutivamente para el caso del aspecto condicional irónico; y una polarización condicional de imperfectividad orientada retrospectivamente para el caso del aspecto condicional periodístico.

5.1. El condicional 'irónico' es un empleo aspectual interaccionalmente enfatizador. A través de este empleo interferente, la instancia de enunciación es proyectada en sentido ficticio hacia el futuro en una suerte de ejercicio pseudopredictivo:

9   *—A ti te gustan las mujeres si no me equivoco, ¿mentira? —No, te equivocas, ya no,*
    ¡me gustarían!; —Lo hace muy bien, muchísimo mejor que vos, y más seguido, es
    una sensación maravillosa. —¡Te lo haría, a mí no me engañas!; —Andá a ver que
    no hagan una estupidez. —El viejo tiene como ochenta años y está cuerdo, la harí-
    an; —Me encantó el planteo del anuncio: ¡seguro que les parecería regio!; —¿Que-
    rés decir realmente que te acordás de mí?: ¡acordarías!; —En realidad ya es segu-
    ro que acepto, ya te lo dije. —Sí, seguro que aceptarías. Andá y dejate de ser un
    boludo inmenso; —No es una tontería... pero iría a pasar.

Se trata de una manipulación cognitiva e informativa donde el discurso es sometido a una operación aspectualmente autorreflexiva. Hablar de la posterioridad desde la propia posterioridad que puede ofrecer uno de los empleos alternantes del condicional ha de desembocar necesariamente en la gestación de un discurso circular que efectúa el acto de presuposición desde el propio entramado presuposicional. Presuponer lo presupuesto vale por diagnosticar el mensaje y la forma de su eventualidad futura.

Mediante este ejercicio lingüístico particularmente complejo, el hablante puede predecir un resultado, pero siempre con sentido negativo, pues se trata de una información diagnóstica que no permite, al ser efectuada desde el propio tejido presuposicional de partida, estimar como probable el cumplimiento de la acción representada por el verbo en forma condicional. Dicho de otra manera, al añadir elementos presupositivos al propio subconjunto de presuposiciones, la predicción sobre el eventual o potencial cumplimiento de la acción se ve irremisiblemente afectada en sentido negativo, diluyéndose la posterioridad inicial de la acción y ubicándose el momento de enunciación bajo los parámetros de una potencialidad prospectivamente orientada.

Desde esta perspectiva, este empleo característicamente hispanoamericano (y argentino en particular) del condicional produce el efecto de desvío de cierta lógica habitual e interna del lenguaje, pues tiene como resultado, de una manera aparentemente paradójica, el que el presente deje de ser por un momento el punto de ubicación natural y primario (básico) del acto de enunciación para ceder paso al futuro como punto de origen de tal acto.

Este fenómeno ha sido considerado desde una perspectiva pseudosociolingüística un vulgarismo. Señala Kany (1970: 199) al respecto:

> "Esta extravagancia lingüística, escuchada por primera vez en Buenos Aires en 1928 y de allí extendida hasta Paraguay, ha caído actualmente en un desuso que en nada perjudica: tal es sino la mayoría de los caprichos lingüísticos de este tipo."

En realidad, hay aquí un juego de instancias enunciativas a través del cual el sujeto de la enunciación es desdoblado: el mecanismo pragmático del llamado 'condicional irónico o sarcástico' del español americano en contacto impone una ruptura con la lógica habitual de un único sujeto de enunciación; o mejor, de un sujeto de enunciación monovalente.

5.2. El condicional 'periodístico' es un empleo aspectual de atenuación pragmalingüística. Empleo éste que coloca el acto y el momento mismo de enunciación como ficticiamente retrotraído hacia el pasado por medio de una suerte de ejercicio pseudoperformacional. También nos hallamos aquí ante un mecanismo cognitiva e informacionalmente manipulativo, desde el cual el acto real de enunciación es ubicado esta vez en el pasado. Se trata del esquema pragmático lógicamente complementario del anterior. Frente al carácter predictivo del acto de enunciación que favorece un empleo como el detallado para el condicional de diagnóstico, nos encontramos aquí con el sentido indirectamente referido de la acción, con su carácter histórico.

El hablante que recurre a este tipo de empleo del condicional no pretende ya diagnosticar la acción, sino registrarla; pero registrarla desde su contingencia, es decir, desde la viabilidad del acto locucional que le da vida. Es éste un condicional que sondea (de ahí nuestra denominación del empleo) la ocurrencia de la acción verbal, que habla de la posibilidad desde la anterioridad; es más, de la posibilidad desde la propia posibilidad.

Los usos del pluscuamperfecto de indicativo por pretérito perfecto de indicativo o pretérito indefinido, constituyen una parcela de los empleos reportativos andinos (resultantes del contacto con quechua y aymara) que cabe considerar como antesala de este desplazamiento particular en el uso del condicional simple (cf. Calvo 1994). Es este uso performacional diferido desde el cual el hablante procede a distinguir y marcar la acción no presenciada o no conocida directamente (esto es, sólo conocida por fuentes referenciales externas), el que subyace al funcionamiento tanto del denominado 'reportativo' andino como del que denomino condicional de 'sondeo'. Respecto al primero de estos empleos, Calvo (1999) señala: "[...] el hablante se sorprende del hecho que sucede sin su voluntad y su control". De modo que:

USOS ASPECTUALES REPORTATIVO-ATENUANTES	
aspecto identificativo (1)	condicional de sondeo
aspecto identificativo-aorístico (1+3)	pluscuamperfecto sorpresivo

Puga (1997: 52 y ss.) y Klee (1996: 84 y ss.) han señalado el carácter pragmáticamente atenuante de este tipo de empleos del condicional influenciados por la peculiar estructura verbal de algunas lenguas indígenas mesoamericanas. La atenuación a la que refieren las autoras resulta correlativa de este desdoblamiento peculiar del punto de enunciación al que aquí aludimos: una posición ficticia enfrentada desde el presente a una posición real ubicada en el espacio aspectual de la anterioridad. De ahí el efecto comunicativo de atribución a otros que se desprende del mismo acto de enunciación de la acción verbal referida por el hablante. También aquí el sujeto de la enunciación resulta internamente escindido, pues participa simultáneamente del presente y del pasado, ficticio el primero, real (o mejor, dado por real) el segundo.

Esta divergencia atribucional existente entre el sujeto de la enunciación real (referido) y el sujeto de la enunciación ficticio (emisor real) –es decir, entre la función emisora como función observacional y la misma entidad como función actancial– reside nuevamente en una ruptura del orden lógico de producción informativa. En primer lugar, el sujeto de la enunciación en cuanto sujeto ubicado en el espacio real de la anterioridad aspectual es concebido como un sujeto actancial (siempre referido, insisto, pues forma parte del pasado) que dispone de información más amplia y precisa acerca de la producción efectiva de la acción referida por el verbo en forma condicional.

Se trata de formalizar a través del condicional el hecho de que desde la posición real del sujeto enunciador y desde su posición ficticia se produce la recepción de la información crítica con diferente grado de saliencia o accesibilidad cognitiva. Si desde la posición real del punto de enunciación se dirige la atención hacia el medio, constatando su carácter dinámico y prestando escasa atención a sus estados internos –por eso se percibe como relativamente reactivo a las demandas ambientales–, desde la posición ficticia del mismo acto enunciativo se gesta la observación de una conducta ajena que percibe tanto la actancialidad real del punto de enunciación referido como la situación que lo envuelve, destacando al primero como figura y a la segunda como fondo.

Esta diferencia de orientaciones perceptivas e informativas (cognitivas) es la que justifica que estos condicionales presupongan el acto performacional implícito (real) que los activa; de ahí su parafraseabilidad inmediata por secuencias del tipo "se ha comunicado que", "se sabe que", etc., relativizando en todo momento la producción efectiva del hecho referido y primando su aspectualidad contingente:

10   *La solución chilena para restaurar la confianza de los inversores sería la de una unión monetaria; En un marco de lógica reserva, se desarrollaría la investigación que se practica en la órbita policial y de los servicios de seguridad del Estado, con el fin de aclarar los móviles reales del asesinato del hacendado; Toda semejanza entre los personajes de esta película y personajes reales sería pura casualidad; Este privilegio sería consecuencia de la confianza que se le tenía; La sobrevaluación del peso habría llevado a la acumulación de un déficit exterior por cuenta corriente equivalente al 8% del PIB; En este espectáculo estaría acompañada de varios bailarines; Los habitantes de un barrio de emergencia habrían estado recibiendo un reparto gratuito de carne; Una pantalla elíptica y un círculo serían los contenedores de la fiesta urbana.*

Kany (1970: 198) afirma de este peculiar empleo del condicional en español que se trata de un extranjerismo construccional:

"[...] se trata probablemente de un galicismo, un reflejo del uso francés (también, posiblemente, italiano), en el cual el potencial indica frecuentemente afirmaciones o informaciones dudosas. Mientras la práctica española exige el futuro en casos de conjetura para el tiempo presente y el potencial en casos de lenguaje indirecto, expreso o implícito, ello no es frecuente en los sumarios periodísticos, como lo es en francés."

La posición del lingüista norteamericano no aclara en ningún caso la identidad real de este fenómeno ni la naturaleza de su funcionalidad pragmática.

Debido a que se trata, en forma de circularidad viciosa, de atender desde el propio acto atencional de focalización enunciativa al devenir efectivo de la acción verbal, el sujeto de la enunciación real no puede verse a sí mismo mientras enuncia; mientras el sujeto de la enunciación ficticio (paradójicamente) sí puede contemplar su propia posición comunicativa y la del sujeto actancial real, ubicado como está en el centro del campo visual de producción y reconocimiento informativos.

6. Contacto por conmutación *(code-switching)*

El contacto puede asumir la forma de una sustitución ocasional de códigos, en el sentido de una alternancia de variedades en el discurso y/o en la conversación. Son empleos del aspecto gramatical que poseen un efecto selectivo, lo que tiene como consecuencia que tengan una dimensión minoritaria, cuando no residual. El código contactado recurre a la totalidad de los elementos que posee como disponibles, mientras el código contactante procede a la inclusión en aquél de elementos extraños de carácter interferente. Tienen cabida aquí los fenómenos de transferencia aspectual que muestran un cambio súbito (i.e., no gradual) en el paso de un empleo gramatical a otro.

6.1. Desde la arquitectura modal del subjuntivo, el español americano no sólo procede a la expresión aorística de la función pragmática de retención permanente (i.e., indefinido por pretérito perfecto) en el espacio de la indicatividad, sino que aprovecha igualmente la naturaleza funcionalmente híbrida o mixta del presente de subjuntivo; para, como en el caso del indefinido, proceder a sustituir una de las funciones pseudoaspectuales del espacio modal de subjuntividad.

En algunas regiones del área continental de habla hispana es relativamente frecuente encontrar que la función pseudoaspectual de probabilidad previa (imperfecto de subjuntivo) es reemplazada por la función subjuntiva más compleja correspondiente al presente (cf. Keniston 1937: 456):

11   *Sin embargo, ahora estoy complacida de que las cosas sucedan de ese modo, a cambio de que él abandonara nuestra casa; Lo hizo para que yo, sentada tres puestos más allá, vea al hombre que un año después sería el padre de mi hijo y a quien no me vinculaba ni siquiera una amistad superficial; Por primera vez desde mi nacimiento sentí miedo de que empiece a anochecer.*

Es natural que la extensión geolectal (y presumiblemente sociolectal) de este fenómeno no sea en ningún caso equiparable a la de la sustitución del pretérito perfecto por el indefinido en el modo indicativo; pues si allí se trataba de una traslación resultante de la generalización de un proceso de sobrecarga informacional por contacto interlingüístico desplazador *(shift)*, aquí nos encontramos ante una sobrecarga generada por imitación interna, esto es, por reiteración autosemejante producida desde la permutación *(switch)* de códigos expresivos; hecho que limita notablemente la extensión del fenómeno, esporádicamente registrable en textos de procedencia argentina y centroamericana.

6.2. Existe otro trasvase aspectual que pone en marcha una de las funciones de aspectualidad del nivel básico de discriminación –imperfectividad vs. perfectividad vs. aoristicidad vs. potencialidad– y otra de las funciones aspectuales del nivel secundario, más profundo, de distinciones –coaparición vs. no-coaparición.

En este caso, la función pseudoaspectual de probabilidad previa (imperfecto de subjuntivo) es sometida a un proceso interactivo con el espacio modal de la indicatividad, dando lugar al reemplazo del imperfecto de subjuntivo por el potencial (cf. Navarro 1990):

> 12   *–Viste, pibe? Siempre la misma historia. No piensa a otra cosa. Siempre el pueblito. Si yo tendría guita...; –Ay, viejo, me parece que se me agujerean las tripas. Si podría pedir puerta para el baño. Seguro que no me empezarían a joder con la enfermería; –¿Pero qué pasa?, ¿Hay algo que me ocultás? –No, ocultarte no... Pero es que... –¿Es que qué? Si saldrías de acá, estarías libre, conocerías gente, si querés podés entrar en algún grupo político; –Sí, tengo amigas locas como yo, pero pasar un rato, para reírnos un poco. Pero si nos pondríamos dramáticas... nos huiríamos una de la otra; –Ves, ahí no estoy de acuerdo, pienso que a lo mejor si pensaríamos, se nos ocurriría alguna salida, Valentín.*

Proceso desde el que se regula una parte de las entradas y de las salidas que el sistema le depara a esta forma verbal en esta modalidad geolectal del español. El fenómeno ha sido registrado sobre todo en Argentina. También se halla, si bien de forma residual, en zonas del norte de la Península (cf. Espinosa 1930, Ridruejo 1975, 1991, Calvo 1999).

La expresión aspectual de la función de probabilidad previa implica que cuando numerosas regiones hispanoamericanas proceden, por contacto directo o indirecto con lenguas indoamericanas, a sustituir el imperfecto de subjuntivo de las cláusulas de condicionalidad por el potencial (cf. Keniston 1937: 412, Kany 1970: 197, Meier 1970: 613, Calvo 1999), no hacen sino llevar a sus últimas consecuencias, sistematizándola, una de las propiedades de la potencialidad como función aspectual "alternante". Cuando la función pseudoaspectual de probabilidad previa, representada de forma estable en el imperfecto de subjuntivo, forma parte de cláusulas protácticas –esto es, de la parte condicionante del período condicional– de condicionalidad, aporta información de 'posibilidad'. El hecho de que en tales cotextos el condicional asuma tanto la porción informativa de 'posterioridad' que le corresponde por principio como la porción informativa de 'posibilidad' propia del imperfecto, resulta de una forma de establecer la aspectualidad global del enunciado desde cada una de las funciones polares o extremas que definen la línea de variaciones (imperfectividad vs. perfectividad).

6.3. El sistema hispanoamericano ha desarrollado también el proceso inverso al descrito en § 6.2, estableciendo esta vez como *input* diversas funciones de aspectualidad básica (del primer nivel) y como *output* al propio imperfecto de subjuntivo, siempre en *-ra*; elección ésta que no es casual si pensamos que la forma en *-ra* deriva etimológicamente del pluscuamperfecto latino de indicativo (cf. Navarro 1990). Se da aquí una tendencia a la expresión pseudoaspectual de la función de duración de presencia: el imperfecto de subjuntivo como sustitutor múltiple:

13   *Nunca olvidara el roce accidental de sus manos cuando ambos trataron torpemente de tomar la misma charola al mismo tiempo; –Eso también fue un castigo de Dios. En eso de que la sacáramos de donde sus padres la estaban matando de hambre, la atendiéramos, le diéramos techo, alimentación y nombre, también intervino la mano de la Providencia; En Pekín fuimos recibidos por Tien Ling, quien presidiera el comité de escritores designado para acogernos a Jorge Amado y a mí.*

Este proceso de contacto o interferencia comienza en la función aspectual de imperfectividad, desempeñada de forma natural por el imperfecto y el pluscuamperfecto de indicativo: sustituciones del imperfecto y del pluscuamperfecto de indicativo por el imperfecto de subjuntivo; y se extiende incluso hasta la aoristicidad (indefinido): sustituciones del indefinido por el imperfecto de subjuntivo (cf. Keniston 1937: 191, Kany 1970: 208-211, Wright 1928: 280, Spaulding 1929: 374-376, 1931: § 44).

No es casual que sea el imperfecto de subjuntivo (cf. Mallo 1947, 1950) la forma seleccionada por el sistema para plasmar el contacto, si pensamos que la pseudoaspectualidad propia del parámetro modal de probabilidad previa es una actividad naturalmente poliaspectual, una suerte de comodín de aspectualidad. En este sentido, es parcialmente inadecuada la tradicional calificación del imperfecto de subjuntivo hispanoamericano como forma polícrona y errante, pues no es forma que desempeñe casualmente el oficio de varios tiempos, sino forma que desempeña estructuralmente el oficio de varios aspectos.

La poliaspectualidad de la forma de imperfecto en *-ra* se daba ya en la Península en el siglo XV, época en que se la consideraba tanto con valor aspectual indefinido (pretérito simple) como con valor imperfectivo (imperfecto de indicativo). Con este sentido poliaspectual se encuentra, residualmente, en algunas zonas de España (Galicia, Asturias). Es documentable con cierta frecuencia de empleo tanto en textos narrativos como en textos periodísticos hispanoamericanos.

6.4. En hablas de inscripción geolectal rioplatense (argentina, uruguaya y paraguaya) y chilena es frecuente encontrar un subjuntivo interrogativamente empleado con valor exhortativo marcado en los formantes personales de primera persona del plural:

14   –¿*Comamos langosta marina? El vino blanco es color ámbar; –¿Nos levantemos muy temprano...? –Depende del día. Hay mañanas en que no me quisiera despertar más, nunca; –Pero yo digo, ¿abandonemos? ¡No es una lástima!; –Siempre te gustó la daga esa. –¿Trabajémosla?; –No, gracias. ¿Escuchemos tranquilas su radio?; –¿Andemos descalzos? Estas piedras no lastiman; –¡Ah!, se me olvidaba que detrás de la puerta de la entrada hay una escopeta. ¿Tengámosla junto a su cama, así es mejor?; –¿Te busquemos algún abrigo...? Vamos adentro; –¡Por lo que más quieras... que nadie sepa que vine! ¿Se lo pidamos?*

El control interaccional al que lleva este proceso de trasvase aspectual subsidiario, conduce a la expresión del espacio dialógico propio de la imperatividad por medio de un efecto de atenuación modal derivada directamente del sentido de confidencialidad en el trato interpersonal que el subjuntivo posee de forma inherente. En definitiva, la pseudoaspectualidad de probabilidad previa del imperfecto de subjuntivo y, desde ella, la imperfectividad verdaderamente aspectual del indicativo son reconducidas semióticamente por el carácter anti-aspectual del imperativo, explotándose al máximo las posibilidades de torsión del sistema sobre sí mismo.

También es posible instaurar unívocamente la función antiaspectual característica del imperativo como entrada que desemboca en una salida de indicativo (futuro). En este caso, es el entorno modal imperativo el que dota de sentido al espacio modal de indicativo de forma directa, dando lugar a la sustitución del imperativo por el futuro (cf. Niño-Murcia 1992):

15   –¡*Beberáslo! –gritó, alzando demasiado su copa–; –Entonces, prepararáste; –Acordaráste de nosotros; –Escribirás pes; –Tendránle bien, a lo mejor me muerde; –Es que sólo me quedaba para uno –dije–. ¿Vos traerís otro?; –Llevarís su vaso –me dijo, sonriendo afirmativamente–; –¡Cuidarás al guagua!; –Casharáste, perra corrompida; –¿Me darás el reloj de tres tapas? –comentó con desprecio–; –¿Me terminarás la película?; –No pararás vos, sigue todavía.*

Afirma Kany (1970: 195) al respecto:

"Esta práctica, que da al mandato un matiz narrativo, se mantiene en la actualidad, pero, al parecer, en ninguna parte como en el Ecuador, en donde, bajo esta forma, el pronombre complemento ha conservado su antigua posición enclítica (salvo cuando el verbo es negativo), y no sólo en el lenguaje popular, sino asimismo en el habla familiar de las clases cultas. Da la sensación de un imperativo mitigado."

El valor de un empleo aproximativo de anterioridad (futuro del presente) se combina aquí con el sentido exhortatorio derivado del entorno imperativo. El resultado es que la significación interaccional marcada propia de este entorno modal es atenuada por la significación más neutra inherente al espacio indicativo.

7. Resumen

La acción lingüística concertada, interferente o 'contactada' implica que existen ciertas comunidades de habla que comparten percepciones simultáneamente comunes y diferenciales de las situaciones empíricas en que se encuentran. Es, por lo demás, una concepción de la relación entre acción interlingüística y contexto socio-cultural e histórico. Acción interlingüística y contexto social son categorías que se elaboran y determinan mutuamente por medio de una fórmula (el propio contacto) que los hispanohablantes están continuamente resolviendo con objeto de determinar la naturaleza de los acontecimientos lingüísticos en que se ven permanentemente envueltos.

En este sentido, la arquitectura modo-temporal del verbo hispanoamericano resulta de esta extrema complejidad interna de las relaciones de aspectualidad del modo indicativo (imperfecto, pretérito perfecto, pretérito indefinido y condicional simple), que actúan como el basamento del sistema y de sus posibilidades dinámicas de interacción. A la luz de estos hechos, no resulta dificultoso darse cuenta de que la sustitución del presente por el indefinido característica de una parte de Hispanoamérica no viene sino a marcar, por una parte, la condición de pseudoaspecto que esta última forma posee; y por otra, el carácter de espacio temporalmente instantáneo e inmediato que recubre, al ser equisimétrica de la función temporal de presencia en el nivel superior de la enunciación.

Las variaciones aspectuales que explota el español americano desde las invariantes generales del español peninsular se deben a complejos procesos interferentes resultantes del contacto mediato o inmediato con las lenguas aborígenes americanas y de su influjo consiguiente. Interferencias que son otras tantas formas de abordar sociodialectalmente la acción y explotar las propias limitaciones de la misma; pues el español americano pone especialmente de manifiesto tales límites de traslación.

La arquitectura aspectual del español continental es como es por el hecho de establecer su estructura sobre un patrón de alteración o trasvase que no es casual. Pues se halla determinado a nivel sistemático o paradigmático, esto es, por los propios condicionamientos traslaticios del aspecto en español general; y a nivel sintagmático, por un repertorio de interferencias indoamericanas particulares tipificables en cuatro categorías: *shifting, mixing, translating y switching*. A su vez, este patrón alterador primario repercute en el resto de trasvases posibles y agota una parte de las posibilidades de interacción entre las funciones de aspectualidad.

La tendencia del sistema verbal hispanoamericano es la de sensibilizar el marco temporal del diálogo desde las coordenadas de variación aspectual de la situación. Existe una suerte de relevo dinámico de las funciones aspectuales; relevo estrictamente ordenado, secuenciado y en ningún caso arbitrario. Este relevo se engendra en el ámbito del tiempo y a través de la línea aspectual vuelve a desembocar en el marco temporal, recorriendo el segmento pertinente de conexiones.

En español americano, la elección aspectual en el pasado obedece necesariamente a un nivel más profundo (subducido) de organización lógica. Organización que permite posicionar la acción del verbo no sólo por relación al espacio temporal de la enunciación, sino por relación al propio espacio aspectual del enunciado. La arquitectura aspectual del español americano interferido por influjo indoamericano obedece a tal subespecificación lógica que regula la forma de intromisión del sujeto de la enunciación en la acción enunciada y que permite el paso de un pasado "directo" a un pasado "indirecto".

Se ha pretendido, en un evidente intento simplificador, ver en el trasvase de los valores de duración instantánea hacia los valores de retención permanente una neutralización del indefinido con el perfecto. No es cierto, sin embargo, que el español americano neutralice la oposición eliminando el perfecto compuesto, pues la función de retención permanente característica de este último es asumida por el presente.

Si el presente invade el ámbito de la función retentiva (presuposicional) de la percepción de la acción verbal representada por el pretérito perfecto al adentrarse en los dominios del aspecto, es lógico esperar que la función de retención sea asumida ahora por la categoría más cercana en la línea de avances aspectuales hacia el interior de la acción verbal; es decir, por el indefinido, que de forma efectiva posee en Hispanoamérica la doble función de asumir en forma exponencial sincrética tanto los valores de duración instantánea que le corresponden por naturaleza como los de retención permanente propios del perfecto. No se trata de un mero reemplazo arbitrario e inmotivado, sino de un trasvase o traslación consecutiva originada en el exceso de sobrecarga informacional y cognoscitiva que presenta el espacio temporal del presente dialógico.

Por otro lado, existe una gradación en la frecuencia de los fenómenos registrados con respecto a tal arquitectura aspectual, algo que resulta en cierta forma previsible desde el tipo de alteraciones observadas y que, por tanto, ratifica la validez de un análisis plurinivelado como el aquí efectuado.

Junto a las tendencias casi panamericanas que caracterizan a los trasvases propiamente dichos (en especial el reemplazo del pretérito por el presente y por el indefinido), nos encontramos con las tendencias más minoritarias de las subducciones, que se encuentran más localizadas y restringidas a áreas específicas del continente sometidas a contactos interlingüísticos indoamericanos menos integrales y más esporádicos. Es una tendencia estadística que podemos catalogar de natural si consideramos que los primeros afectan a los desplazamientos más generales y superficiales del sistema, y las segundas a traslaciones más internas y específicas (escondidas). Del trasvase a la subducción se observa, en definitiva, el trayecto que procede de lo más generalizado a lo más particular y de lo inmediato a lo mediato.

Recordemos, en definitiva, que: a) el subsistema aspectual del español americano sometido a contacto, en contraste con el del español peninsular, se halla más sensibilizado a nivel informativo; b) la elección aspectual del español americano en el ámbito temporal-aspectual del pretérito obedece necesariamente a un nivel más profundo (i.e., subducido) de organización lógica en la forma coaparición / no-coaparición(posterioridad / anterioridad).

La arquitectura aspectual del español americano sometido a interferencia sustratística y/o adstratística obedece a tal subespecificación lógica que regula la forma de intromisión del sujeto de la enunciación en la acción enunciada. Semejante organización, que permite posicionar la acción del verbo no sólo por relación al espacio temporal de la enunciación, sino por relación también al propio espacio aspectual del enunciado, afecta a la totalidad del sistema triádico de partida: el constituido por la terna opositiva perfecto / indefinido / imperfecto.

8. Referencias

ALEZA, M.; FUSTER, M., y LÉPINETTE, B. (eds.) (1999): "El contacto lingüístico en el desarrollo de las lenguas occidentales", en *Cuadernos de Filología. Estudios Lingüísticos,* IV. Valencia, Universidad de Valencia.

ALONSO, A. (1967): *Estudios lingüísticos. Temas hispanoamericanos*, Madrid, Gredos.

BARRERA VIDAL, A. (1972): *Parfait simple et parfait composé en castillan moderne*, Munich, Hueber.

BEJARANO, V. (1977): "Sobre las formas del imperfecto de subjuntivo y el empleo de la forma en -se con valor de indicativo", *Strenae*, pp. 185-192.

BERSCHIN, H. (1980): "Futuro analítico y futuro sintético en el español peninsular y americano", *RFR*, 4, pp. 301-308.

BOLINGER, D. L. (1946): "The future and conditional of probability", en *Hispania,* 29.

BUESA OLIVER, T. (1972): "Sobre algunos tiempos y modos verbales en el español virreinal peruano del siglo XVIII", en *Homenaje al Profesor Carriazo, 2*, Sevilla, Facultad de Letras de Sevilla,, pp. 83-90.

BULL, W. E. (1947): "Modern Spanish -ra verb form frequencies", en *Hispania,* 30.

—. (1960): *Time, tense, and the verb. A study in theoretical and applied linguistics with particular attention to Spanish*, Berkeley, University of California Press.

CALVO PÉREZ, J. (1994): "Quechua y aymara, lenguas en contacto", en J. CALVO (ed.), *Estudios de lengua y cultura amerindias,* I, Valencia, Universidad de Valencia, pp. 95-112.

– (1995): "El castellano andino y la crónica de Guaman Poma", en M. T. ECHENIQUE, M. ALEZA y M. J. MARTÍNEZ (eds.): *Historia de la lengua española en América y España*, Valencia, Tirant lo Blanch, pp. 31-39.

– (1996): "Para un nuevo paradigma del verbo español", en *Verba*, 23, pp. 37-65.

– (1997): "Un problema peculiar del español: la oposición imperfecto / pretérito", en *EA*, 67, pp. 51-64.

– (en p.): "Caracterización general del verbo en el castellano andino y la influencia de la lengua quechua", en *Actas de las I Jornadas sobre Indigenismo en la Lengua y la Literatura Españolas*, Madrid, Universidad Autónoma.

CARDONA, J. (1979): "Pretérito simple y pretérito compuesto: presencia del tiempo / aspecto en el habla culta de San Juan", en *Boletín de la Academia Puertorriqueña de la Lengua Española*, 7, pp. 91-110.

CERNY, J. (1970): "El petérito español y la categoría del aspecto", en *Actes du XIIème Congrès International de Linguistique et Philologie Romanes*, 1, pp. 787-792.

– (1971): "Dos niveles temporales del verbo español y la doble función del pretérito imperfecto", en *Estudios Filológicos*, 7, pp. 173-195.

– (1972): "Tiempos pretéritos compuestos y la estructura del sistema verbal", en *EA*, 22, pp. 1-10.

CIPRIA, A., y ROBERTS, C. (1996): "Spanish *imperfecto* and *pretérito*: Truth conditions and aktionsart effects in a situation semantics", en *Papers in Semantics. Working Papers in Linguistics*, 49, pp. 43-70.

COLE, P., G. HERMON y M. D. MARTIN (eds.) (1994): "Language in the Andes", en *Latin American Studies*, 4, Newark, Delaware, University of Delaware.

CULIOLI, A. (1980): "Valeurs aspectuelles et opérations énonciatives: l'aoristique", en DAVID y MARTIN (eds.), *La notion d'aspect*, Paris, Klincksieck, pp. 181-193.

ESCOBAR, A. Mª. (1993): "Epistemic modality in Spanish in contact with Quechua in Peru", en SMITH y ZÉPHIR (ed.): *Proceedings of the Mid-America Conference on Linguistics*, pp. 137-151.

– (1997): "Contrastive and innovative uses of the present perfect and the preterite in Spanish in contact with Quechua", en *Hispania*, 80, pp. 856-867.

– (1998): "Las relaciones hablante-enunciado y hablante-oyente como fuerzas discursivas en el español en contacto con el quechua", en J. CALVO y D. JORQUES (ed.), *Estudios de Lengua y Cultura Amerindias. II: Lenguas, Literaturas y Medios*, pp. 122-144, Valencia, Universidad de Valencia.

ESPINOSA, A. M. (1930): "The use of the conditional for the subjunctive in Castilian popular speech", en *M.Ph.*, 27, pp. 445-449.

FIGUEROA ESTEVA, M. (1986): "Uso cubano del sistema verbal: estudio cuantitativo preliminar de la prosa periodística y literaria", en *Anuario L/L*, 17, pp. 26-42.

FONTANELLA DE WEINBERG, Mª.B. (1979): "La oposición *cantes / cantés* en el español de Buenos Aires", en *Thesaurus*, 34, pp. 72-83.

GARCÍA, R., *et al*: (1977): "Frecuencia del uso del pretérito simple y el pretérito compuesto en el habla de San Miguel de Tucumán", en *Primeras Jornadas Nacionales de Dialectología*, Tucumán, Universidad de Tucumán, pp. 303-314.

GRANDA, G. de (1968): "Formas en -*re* en el español atlántico y problemas conexos", en *Thesaurus*, 23, pp. 1-22.

– (1995): "La expresión del aspecto verbal durativo. Modalidades de transferencia lingüística en dos áreas del español de América", en *NRFH*, 43/2, pp. 341-354.

GUITART, J. M. (1986): "Sobre el uso del subjuntivo en hablas del Caribe: teoría y datos", en *Actas del V Congreso de la ALFAL*, pp. 348-356, Caracas.

GUTIÉRREZ ARAUS, Mª. L. (1995): *Formas temporales del pasado en indicativo*, Madrid, Arco/Libros.

– (1996): "Relevancia del discurso en el uso del imperfecto", en *RSEL, 26/2*, pp. 327-337.

HARRIS, M. (1982): "The 'past simple' and the 'present perfect' in Romances", en VINCENT y HARRIS (eds.), *Studies in the Romance Verb*, London, Croom Helm, pp. 42-70.

IULIANO, R. (1978): "La expresión de acción venidera (idea de futuro) en el habla culta de Caracas", en *Actas del IV Coloquio Internacional de Lingüística Funcional*, Oviedo.

JORQUES JIMÉNEZ, D. (1997): "Las formas temporales primarias de indicativo y pasado en español: caracteres generales de empleo", en *EA*, 67, pp. 65-76.

KANY, Ch. E. (1970): *Sintaxis hispanoamericana*, Madrid, Gredos.

KENISTON, H. (1936): "Verbal aspect in Spanish", en *Hispania, 19*, pp. 163-176.

– (1937): *Spanish Syntax List*, New York, Henry Holt & Co.

KLEE, C. A. (1996): "The Spanish of the Peruvian Andes: The Influence of Quechua on Spanish Language Structure", en ROCA y JENSEN (eds.), *Spanish in Contact. Issues in Bilingualism*, Somerville, Cascadilla Press, pp. 73-91.

KLEE, C. A., y OCAMPO, A. (1995): "The expression of past reference in Spanish narratives of Spanish-Quechua bilingual speakers, en SILVA-CORVALÁN (ed.), *Spanish in Four Continents. Studies in Language Contact and Bilingualism*, Washington D.C., Georgetown University Press, pp. 52-70.

LEDEZMA, M. de (1986): "El uso del pretérito y antepretérito en el habla de algunas regiones de Venezuela", en *Actas del V Congreso de la ALFAL*, Caracas, pp. 376-383.

LOPE BLANCH, J. M. (1961): "Sobre el uso del pretérito en el español de Méjico", en *Homenaje a Dámaso Alonso, 2*, pp. 373-385.

LOPE BLANCH, J. M. (1969): "La reducción del paradigma verbal en el español de Méjico", en *Actas del XI Congreso Internacional de Lingüística y Filología Románica*, Madrid.

LÓPEZ GARCÍA, A. (1994): "El método etnolingüístico y el estudio de las lenguas amerindias", en J. CALVO (ed.), *Estudios de Lengua y Cultura Amerindias, I*, Valencia, Universidad de Valencia, pp. 55-63.

– (1998): *Gramática del español. III. Las partes de la oración*, Madrid, Arco / Libros.

MALLO, J. (1947): "El empleo de las formas de subjuntivo terminadas en -*ra* con significación de tiempos de indicativo", en *Hispania, 30*, pp. 484-487.

– (1950): "La discusión actual sobre el empleo de las formas verbales en -*ra* con función de tiempos pasados del indicativo", en *Hispania, 33*, pp. 126-139.

MARÍN, D. (1980): "El uso moderno de las formas en -*ra* y en -*se* del subjuntivo", en *BRAE, 60*, pp. 197-230.

MEIER, H. (1970): "Sintaxis verbal española e hispanoamericana", en *Actas del III Congreso Internacional de Hispanistas*, Méjico, pp. 611-633.

MIGUEL APARICIO, E. de (1992): *El aspecto en la sintaxis del español: perfectividad e imperfectividad*, Madrid, Universidad Autónoma.

MONDÉJAR, J. (1970): *El verbo andaluz*, Madrid, CSIC.

MONTES GIRALDO, J. J. (1962): "Sobre la categoría de futuro en el español de Colombia", en *Thesaurus,* 17, pp. 528-536.

MORAVCSIK, E. A. (1978): "Language contact", en J. H. GREENBERG (ed.), *Universals of Human Language. 1. Method and Theory*, Standford, Standford University Press, pp. 93-122.

MORENO DE ALBA, J. G. (1972): "Frecuencias de las formas verbales en el español hablado en Méjico", en *Anuario de Letras,* 19, pp. 175-189.

– (1974): "Transposiciones temporales y modales en las formas del indicativo", en *Anuario de Letras,* 12, pp. 205-219.

– (1978): *Valores de las formas verbales en el español de Méjico*, Méjico.

MOURIN, L. (1955): "La valeur de l'imparfait, du conditionnel et de la forme en -*ra* en espagnol moderne", en *Romanica Gandensia,* 4, pp. 251-278.

NAVARRO, M. (1990): "La alternancia -*ra/-se* y -*ra/-ría* en el habla de Valencia (Venezuela)", en *Thesaurus,* 45, pp. 481-488.

NIÑO-MURCIA, M. (1992): "El futuro sintético en el español nor-andino. Caso de mandato atenuado", en *Hispania,* 75, pp. 705-713.

OTÁLORA, G. (1970): "El perfecto simple y compuesto en el español actual peninsular", en *EA,* 16, pp. 24-28.

PORRERO MARÍN, N. (1980): "Notas sobre el empleo del pluscuamperfecto de indicativo en el teatro cubano actual", en *Islas,* 65, pp. 79-89.

PUGA LARRAÍN, J. (1997): *La atenuación en el castellano de Chile: un enfoque pragmalingüístico*, Estudios Iberoamericanos, III, 2, Valencia, Tirant lo Blanch.

RIDRUEJO, E. (1975): "*Cantaría* por *cantara* en La Rioja", en *Berceo,* 89, pp. 125-134.

– (1991): "*Cantaría* por *cantara* en el español de Buenos Aires. A propósito de una interpretación sociolingüística", en *Actas del III Congreso Internacional sobre el Español de América*, Salamanca, Junta de Castilla y León, pp. 1193-1201.

ROCA, A., y JENSEN, J. B. (eds.) (1996): *Spanish in Contact. Issues in Bilingualism*, Somerville, Cascadilla Press.

RONA, J. P. (1973): "Tiempo y aspecto: análisis binario de la conjugación española", en *XVIII Congress of the International Linguistic Association*, Perú, pp. 211-223.

SALA, M. (1988): *El problema de las lenguas en contacto*, Méjico, UNAM.

SALAÜN, C. (1972): "Estudio sincrónico de las formas en -*ra*, -*se*, -*re*", en *EA,* 23, pp. 14-25.

SÁNCHEZ, V. (1981): "Un problema de semántica: la neutralización presente / pasado en castellano", en *Revista de Filología y Lingüística de la Universidad de Costa Rica,* 7/1-2, pp. 93-99.

SCHUMACHER DE PEÑA, G. (1980): "El pasado en el español andino de Puno / Perú", en H. Dieter BORK *et al.* (eds.), *Romanica Europaea et Americana. Festschrift für Harri Meier*, Bonn, Bouvier Verlang Herbert Grundmann, pp. 553-558.

SILVA-CORVALÁN, C. (1990): "Current Issues in Studies of Language Contact", en *Hispania,* 73, pp. 162-176.

SPAULDING, R. K. (1929): "An inexact Analogy. The -*ra* form as a substitute for the -*ría*", en *Hispania,* 12, pp. 374-376.

– (1931): *Syntax of the Spanish Verb*, New York, Henry Holt & Co.

– (1933): "On the Introduction of the Preterits in Spanish (*hubo* and congeners)". en *Hispanic Review,* 1, pp. 161-166.

TERRELL, T. D. y C. SILVA (1992): "Notas sobre la expresión de futuridad en el español del Caribe", en *Scripta Philologica in Honorem Juan M. Lope Blanch, II, Lingüística Española e Iberoamericana*, Méjico, pp. 757-772.

TISCORNIA, E. F. (1930): *La lengua de "Martín Fierro"*, BDH, III.

TOSCANO MATEUS, H. (1964): "El español hablado en el Ecuador", en *Presente y Futuro de la Lengua Española, I*, Madrid, OFINES, pp. 111-125.

VALDÉS BERNAL, S.: "Panorámica histórica de las lenguas en contacto en Cuba", en M. ALEZA, M. FUSTER y B. LÉPINETTE (eds.) (1999): *El contacto lingüístico en el desarrollo de las lenguas occidentales, Cuadernos de Filología, Estudios Lingüísticos, IV*, Valencia, Universidad de Valencia, pp. 223-238.

WEINREICH, U. (1963): *Languages in Contact*, The Hague / Paris, Mouton.

WILSON, S. M. (1980): *The '-ra' and '-se' verb forms in Mexico: a diachronic examination from non-literary sources*, Michigan, UMI.

WRIGHT, L. G. (1928):*The history of the '-ra' verb form in Spain*, California.

– (1929): "The indicative function of the -ra verb form". *Hispania* 12: 159-278.

ZAGONA, K. (1991): "Perfective *haber* and the theory of tenses", en CAMPOS y MARTÍNEZ-GIL (eds.), *Current Studies in Spanish Linguistics*, Washington D.C., Georgetown University Press, pp. 379-404.

ZIMMERMANN, K. (ed.) (1995): *Lenguas en contacto en Hispanoamérica. Nuevos enfoques*, Frankfurt am Main / Madrid, Vervuert-Iberoamericana.

NÁHUATL Y ESPAÑOL EN CONTACTO: EN TORNO A LA NOCIÓN DE SINCRETISMO

CARLOS HERNÁNDEZ SACRISTÁN
Universitat de València

Cuando hablamos de sistemas lingüísticos en contacto debemos tener presente que la única realidad con la que en términos empíricos cuenta el investigador es –aunque decir esto pueda parecer una obviedad– la de hablantes que en determinado entorno sociocultural, y a fin de satisfacer determinadas praxis conversacionales, se debaten entre dos códigos lingüísticos. Es por ello el análisis de estos entornos socioculturales y de los marcos conversacionales que los caracterizan una labor imprescindible que debería preceder, o al menos acompañar, a las consideraciones sobre los efectos que la situación de contacto presenta en los sistemas lingüísticos considerados como tales (Cf. al respecto la noción de saber natural contrastivo en Hernández Sacristán, 1994: 13-26). Los sistemas lingüísticos son conjuntos de normas solo parcialmente definidas y en muchos casos contradictorias o ambiguas, que exigen de los hablantes una continua labor de interpretación y remodelación. Las situaciones de contacto lingüístico propician de una manera especial esta actividad interpretativa y remodeladora. Los pidgins y criollos son buena muestra de lo que decimos.

Este último supuesto, que valora en términos creativos el fenómeno del contacto, es compartido también por Hill y Hill (1986) en un estudio realmente notable, amplia y reiteradamente comentado, en el que se somete a análisis el habla mexicana, náhuatl, de la Malinche (México Central). En la comunidad lingüística de la Malinche se ha generado una modalidad de náhuatl altamente influida por el español, no ya solo en los aspectos léxicos, sino también de forma especialmente significativa en aspectos de su morfología y su sintaxis. Y esto último hasta el punto de que la referida modalidad supone una modificación drástica del tipo lingüístico de partida, donde se ven modificados aspectos fundamentales de las relaciones de orden de palabras, rectivas y de concordancia. Esta situación no es desde luego excepcional, sino al parecer bastante común para las situaciones de contacto entre el español y las lenguas amerindias.

La situación descrita por Hill y Hill (1986) para el náhuatl de la Malinche parece encontrar al menos estrechos paralelismos en el náhuatl del Alto Balsas, como ha mostrado Flores Farfán (1992, 1999). Los paralelismos se refieren tanto al tipo general de efectos que generan las situaciones de contacto en uno y otro caso, como a la valoración sociolingüística que merecen. Los paralelismos se refieren igualmente, en términos metodológicos, a la necesidad de abordar la problemática del contacto desde la perspectiva propia de una sociolingüística interaccional. El supuesto de Hill y Hill, básicamente compartido por Flores Farfán, es que la generación de modalidades lingüísticas híbridas ha sido un factor decisivo para la propia supervivencia y la vitalidad del náhuatl al menos durante un largo período de tiempo. Según Hill y Hill, estas modalidades lingüísticas darían expresión en términos de Burke (1966) a una retórica social de la continuidad, que permite a la comunidad indígena sentirse parte integrada del proyecto nacional mexicano. Hill y Hill, en su defensa de lo que denominan modelo sincrético de lengua, apelan en los siguientes términos a la posición ecológica defendida por Haugen:

> "An ecological approach to language may include a 'therapeutic' concern for its 'cultivation and preservation' (Haugen 1972: 329), but has no room for purist rigidity. Instead, an ecological perspective can see linguistic syncretism as having a positive, preservationist effect on a language when its speakers must adapt rapidly to changing circumstances. The bridgework of bilinguals is seen not as a sympton of degeneration, but as a sign of the fundamental vitality and adaptability of their traditions" (Hill y Hill, 1986: 59).

1. En lo que sigue, nuestro interés sería realizar una precisión sobre el supuesto genérico de que toda lengua se enriquece gracias al contacto con otras y sobre el supuesto también de que una modalidad sincrética representa una expresión de capacidad creativa y vitalidad lingüística con efectos preservadores para la misma. Nuestros comentarios se refieren de forma directa al estudio de Hill y Hill, aunque pueden sin dificultad hacerse extensivos a los estudios de Flores Farfán. El problema estriba aquí en el grado con el que determinada modalidad lingüística sometida a una situación intensa de contacto preserva o adquiere una identidad que la erige en interlocutora válida dentro de esta situación. Si este último es el caso, el contacto y, en su caso, el sincretismo son sin duda factores de vitalidad. Si, por el contrario, la referida identidad no se preserva o no se adquiere, la situación de contacto lo que pura y simplemente describiría es una fase en un proceso de absorción lingüística o "glotofagia", aspecto que, desde luego, no deja de ser tenido en cuenta por los autores que comentamos, pese a la valoración en general positiva que el proyecto sincrético les merece.

Conviene tener presente, entre otras cosas, cuál es la situación "topológica" de partida. La lengua sometida a contacto puede mantener relaciones con una pluralidad de lenguas en la situación que podemos designar como encrucijada (este sería el caso del holandés o el del hebreo tal como se cultiva en el actual estado de Israel), puede encontrarse básicamente en relación con otras dos, funcionando en este caso como espacio transicional (situación bien descrita por la dialectología clásica), puede finalmente encontrarse en relación con otra a la que incluye o por la que es incluida (situaciones propias del español en su relación con el náhuatl y otras lenguas amerindias). Estas circunstancias y otras asociadas a la relación topológica pueden ser decisivas a la hora de decidir el futuro a corto o largo plazo de una modalidad lingüística sometida a una relación intensa de contacto con otra u otras.

Ciertamente, el carácter polisistemático de una lengua transforma ya de entrada al purismo en una opción metodológica incorrecta, en el sentido de que se aviene difícilmente con la realidad histórica de los hechos. Los orígenes de una lengua no son puros, como tampoco lo son las bases territoriales sobre las que una cultura se construye. En definitiva, ni el espacio simbólico que asignamos a una lengua, ni el físico o geográfico que asociamos con una cultura, presentan de hecho fronteras predeterminadas. Si en algún momento estas fronteras se proponen o defienden, la apelación a los orígenes constituye, eso sí, un discurso ficcional con el que se ofrece cobertura a un proyecto de identidad lingüística o cultural. Consideremos que la identidad, tanto individual como grupal, tampoco constituye nunca una realidad de hecho, algo de lo que sencillamente disponemos, ni resulta ser algo que de hecho tuvimos y hemos perdido, sino que se trata siempre de una realidad *in fieri*, en continuo proceso de negociación y elaboración.

El discurso propio del purismo, intrínsecamente ideológico –esto es, no científico– puede, sin embargo, valorarse justamente en términos de acción simbólica en la medida en que resulta coherente con un proyecto necesariamente también ficcional de construcción de identidad. El reconocimiento de este hecho resulta fundamental para la argumentación que sigue. Conviene tener presente la diferencia entre purismo como discurso científico no justificable y purismo como discurso ideológico que cumplirá determinada función social, con independencia ahora de su legitimidad o falta de legitimidad. No ignoramos las dificultades intrínsecas a este tipo de diferenciación, pero defendemos con firmeza la necesidad de establecerla.

Dicho esto, se entenderá que el análisis científico del discurso ideológico no puede limitarse a descubrir su falsedad (aunque esta pueda ser también parte de su labor), sino más bien a desvelar el tipo de función que cumple, el tipo de acción social que propugna, y la congruencia o falta de congruencia respecto a un proyecto de realidad, que puede ser legítimo o ilegítimo, coherente o incoherente, pero no propiamente verdadero o falso. Como bien supo ver Burke (1966), en el discurso ideológico la función representativa del lenguaje es accesoria, lo que importa para el mismo es su carácter de acción simbólica, esto es, de acción social promovida por el uso de los símbolos. Es fundamentalmente en este terreno donde un discurso ideológico debe ser evaluado: su legitimidad no puede considerarse normalmente en relación directa con su objetividad, aunque esta última no pueda tampoco en último término ser ignorada por el discurso científico.

Geertz (1973: 201), comentando esta perspectiva de Burke sobre el discurso ideológico, ilustra con el siguiente ejemplo el concepto de acción simbólica:

"Recuerda uno el cuento, probablemente *ben trovato*, según el cual Churchill dijo sus famosas palabras a la aislada Inglaterra: 'Lucharemos en las playas, lucharemos en los lugares de desembarco, lucharemos en los campos y en las calles, lucharemos en los montes [...]' y volviéndose hacia un ayudante habría susurrado, 'y les romperemos la cabeza con botellas de soda porque no tenemos armas'."

La defensa del ideal de pureza para las lenguas resulta incongruente para el discurso científico y puede admitir severa crítica desde esta perspectiva. Ello no quiere decir, sin embargo, que, por ejemplo, la propuesta de una unidad ortográfica por la que se ignora decididamente la variabilidad fonética y fonológica de un dominio lingüístico, carezca de sentido. Aunque una propuesta de esta naturaleza pueda exhibir argumentos científicos, ello no la exime de una notable cuota de arbitrariedad que el propio sentido común percibe. Los argumentos últimos trascienden o pueden llegar incluso a ser contradictorios con un discurso basado en la objetividad, en lo que sería una realidad de hecho. Son sin duda parte de un discurso ideológico, entendido como acción simbólica en el sentido anteriormente comentado, y cuya referencia es siempre una realidad *in fieri* o proyectada. La crítica, positiva o negativa, de este discurso, si alguna nos merece, deberá centrarse en el tipo de acción social que promueve, más que en la fidelidad de lo representado por el mismo.

2. Resulta sorprendente la manera en que, desde un código purista, la identidad lingüística del náhuatl se mantiene en las comunidades de la Malinche. Con independencia del enorme grado de sincretismo con el español que esta lengua manifiesta, determinadas palabras se elevan a la condición de marca de frontera, son palabras *shibbólet* (palabra hebrea que significa 'espiga' y 'río'), que constituyen las marcas simbólicas de un territorio lingüístico-cultural y con cuyo uso el hablante defiende su condición de sujeto perteneciente al mismo (Cf. Hill y Hill, 1986: 122ss.) No está de más recordar el pasaje bíblico en el que se introduce este término y su función:

"Galaad cortó a Efraím los vados del Jordán y cuando los fugitivos de Efraím decían: 'Dejadme pasar', los hombres de Galaad preguntaban: '¿Eres efraimita?' Y si respondía: 'No', le añadían: 'Pues di Shibbólet.' Pero él decía: 'Sibbólet', porque no podía pronunciarlo así. Entonces le echaban mano y lo degollaban junto a los vados del Jordán. Perecieron en aquella ocasión cuarenta y dos mil hombres de Efraím" (*Jueces*, 12, 5-6, Citado por *Biblia de Jerusalem*)..

Dejando aparte la crudeza del relato bíblico, que se explica en su particular contexto cultural, la arbitrariedad de este procedimiento de adscripción no anula el efecto simbólico que presenta. A modo de ejemplo, la palabra para "tren" en un supuesto legítimo mexicano sería según Dakin y Ryesky (1979) (*apud* Hill y Hill, 1986: 123):

1   *tepozpocatetlahuilanaloni* "hierro humeante con el cual se llevan cosas".

No deja de ser curioso observar con Hill y Hill que aquellos sujetos que exhiben o requieren el uso de este tipo de palabras, marcas de frontera lingüística, manifiestan, sin embargo, un uso general del náhuatl no menos hispanizado que el resto de miembros de la comunidad lingüística. Esta circunstancia refuerza el carácter eminentemente simbólico de estas palabras clave, en general arbitrariamente seleccionadas. La misma perspectiva ecológica debe hacernos entender que si la supervivencia de una lengua requiere el desarrollo de su capacidad adaptativa respecto al entorno de otras lenguas con las que convive, ello no está reñido con la defensa de unas marcas de frontera gracias a las cuales el territorio propio se define. Sobrevivir presupone siempre una dialéctica según la cual algo necesariamente se transforma para que también algo, algún tipo de identidad, aunque esta sea siempre de naturaleza ficcional, persista.

En parecido sentido las retóricas de la continuidad y la diferencia, propuestas por Burke (1966), no pueden ni deben entenderse como valores entre los que quepa optar en términos dicotómicos, sino más bien como un par de valores antagónicos que se requieren uno al otro, por más que determinadas circunstancias históricas puedan inclinar la balanza de un lado o de otro. La dinámica de la evolución social supone oscilaciones en la prevalencia relativa de estos valores, sin que en ningún caso uno de ellos pueda reducir su presencia a cero. Es más, la prevalencia o dominio relativo de uno de los valores produce normalmente una resistencia del otro a que esta reducción a cero se consume, una resistencia que puede ser paradójicamente tanto más fuerte cuanto más intensamente se manifieste la referida reducción. De esta forma queda así germinalmente anunciado un próximo cambio en la relación de prevalencia. Es esta férrea ley de los sistemas de valores la que nos permite asegurar que un universo monolingüe o monocultural resulta inviable. Allí, como sucede en el momento actual, donde las presiones hacia el monolingüismo y la monoculturalidad se incrementen, es previsible una construcción —sea esta ficcional o no— de las diferencias que haga finalmente a las diferencias una realidad con la que debemos contar.

Las palabras o fórmulas *shibbólet* permiten marcar un territorio lingüístico mucho antes incluso de que dicho territorio se encuentre objetivamente diferenciado. Esto es lo que sucede en la generación de argots, que pueden consistir en una serie de palabras o locuciones con la que se consigue definir una identidad grupal. Esta última, una vez constituida, puede promover la diferenciación objetiva de un espacio lingüístico. En el caso del náhuatl de la Malinche, y lo mismo cabría decir para el caso del Alto Balsas, el proceso ha sido justamente el inverso y lo que queda en determinadas situaciones es tan solo esas palabras mojón que delimitan un espacio objetivamente no diferenciable en términos lingüísticos.

Lo que Hill y Hill denominan opción purista no consideramos que pueda sencillamente considerarse, por lo anteriormente comentado, una causa o factor que contribuye a la desaparición del náhuatl, como estos autores llegan a afirmar:

> "Since purism attacks particularly the Mexicano power code with its heavy Hispanicization as somehow not authentic, purism indirectly facilitates the intrusion of Spanish itself into elevated public discourse. Since no formal education about Mexicano is available in the Malinche towns, it is unlikely that young speakers can be educated to a purist standard, and when young speakers feel that their Mexicano is inadequate, they may choose to use only Spanish.
>
> [...] by questioning ways of speaking which are hundreds of years old in the Malinche towns, purism becomes a contributing factor in the forces which are driving Mexicano underground at best, or to extinction at worst" (Hill y Hill, 1986: 141).

Pese a lo explícitamente formulado se desprende de la anterior cita que no es propiamente la opción purista, sino más bien la inexistencia de una educación formal en el náhuatl lo que, al dejar sin apoyo social a un discurso preservacionista, transforma a este último en inoperativo y como consecuencia de ello tal vez también en disuasorio para el uso de la lengua. Entendemos que la valoración negativa del propio uso lingüístico, si debe basarse en algún criterio comparativo, no debería ignorar que las manifestaciones sincréticas náhuatl-español cuentan no solo con la conciencia de una norma referida al correcto o legítimo mexicano, sino también con otra relativa al correcto español. Esta última, como parece obvio, no actúa con un efecto disuasorio para el uso del español, sino muy al contrario, como ha visto Flores Farfán, como estímulo para el abandono de modalidades sincréticas:

> "Por último, es importante señalar que el análisis de las interferencias invita a una reflexión final sobre el español que los propios hablantes denominan 'cuatrero'; una reflexión que tiene que ver con la distinción que ellos mismos hacen entre español 'correcto' e 'incorrecto'. Estas representaciones de los hablantes, en torno a la definición diferencial de las variedades del castellano a las que se enfrentan, constituyen un núcleo fundamental de la conciencia lingüística que incide claramente en las estrategias y expectativas lingüísticas de las comunidades. Por ejemplo, en la comunidad de Xalitla el mayor contacto con la sociedad "nacional" ha producido un fuerte proceso de desplazamiento del náhuatl por el español, en el cual, como una estrategia integrativa a la sociedad dominante, la mayoría de los padres de familia hablan exclusivamente en castellano a sus hijos. Con esto se intentan superar las limitaciones de un español 'cuatrero', altamente estigmatizado, y así nivelar la desigualdad social percibida a través de la diferenciación lingüística" (Flores Farfán, 1992: 52).

Parece obvio que las razones por las que una norma lingüística puede tener efecto disuasorio para el uso de una lengua o, por contra, valor de estímulo para el uso de la misma, derivan de circunstancias propiamente extralingüísticas. La conciencia relativa a la existencia de más de una norma y la valoración que de la propia práctica lingüística deriva de dicha toma de conciencia, entendemos que se observará implícitamente (como parte de un saber común) para todo hablante de una modalidad sincrética. Esta toma de conciencia y la valoración que de ella deriva tendrá efectos de muy superior alcance a los propios de un discurso purista explícito que determinados sujetos pueden exhibir. Tal vez el discurso purista en el caso del náhuatl cabría explicarlo justamente como el sujeto que lo exhibe pretende hacerlo, esto es, como consecuencia y no como causa de la progresiva disolución o "colapso" del proyecto sincrético a favor del español. El discurso purista, que manifiesta ya una total incoherencia y arbitrariedad, expresaría simbólicamente una última reacción de defensa ante la pérdida inminente de una identidad lingüística.

3. Que no existe identidad sin diferencia (al menos ficcional) se observa en la naturaleza misma del proyecto sincrético, donde valores antagónicos son repartidos entre el español y el náhuatl. La situación propia del proyecto sincrético transmuta los valores asociados a los recursos expresivos, polarizándose las opciones más próximas (o así consideradas) a las normas propias de alguna de estas dos lenguas. Dentro de los recursos expresivos interesa especialmente destacar aquellos con los que se regula la función interactiva del lenguaje, esto es, los medios lingüísticos portadores de funciones pragmáticas. La praxis lingüística referida a estos últimos es a un tiempo praxis social, pero no solo un tipo más de praxis social, sino más bien un tipo de actividad en la que cristalizan y se condensan simbólicamente las normas generales que presiden el conjunto de los intercambios sociales. Estas normas generales definen lo que los antropólogos (Cf. Geertz, 1973: 118-130) conocen como *ethos* cultural, o estilo de vida propio de una cultura, y que nos permitimos definir de forma más precisa en los siguientes términos:

> "*Ethos* cultural: actitudes y normas generales sobre la praxis cultural que sobredeterminan o son sobredeterminadas por la función comunicativa del lenguaje u otros sistemas semióticos, por nuestra competencia comunicativa en los mismos o por las normas generales de uso del sistema. Estas actitudes y normas se encontrarían subsidiariamente asociadas a determinados hábitos experienciales" (Hernández Sacristán, 1999: 35-36).

Pues bien, lo que la situación de contacto entre náhuatl y español ejemplifican, como en otras muchas situaciones en las que el contacto se expresa en términos de colonización de una cultura por otra, es un proceso de ideologización del *ethos* cultural. Un *ethos* cultural constituye un entramado de normas reguladoras de la acción social que es compartido a modo de denominador común por una cultura. Ello no le exime por supuesto de fisuras, que podrían explicar su carácter no estático, sino evolutivo o adaptativo a las circunstancias históricas. Pero cuando nos referimos a *ethos* cultural o estilo de vida pensamos en aspectos de las praxis social que nos permitirían caracterizar globalmente a una cultura. Las situaciones de contacto debidas a procesos de colonización suponen la brusca creación de una relación de naturaleza competitiva y socialmente discriminatoria entre *ethos* culturales, de normas y principios reguladores de la acción social divergentes. Pero esto equivale a afirmar que los *ethos* culturales, así puestos en contacto, se ideologizan, si asumimos la función social discriminatoria del discurso ideológico y la naturaleza competitiva que normalmente presenta respecto a otro u otros discursos ideológicos en el seno de una misma cultura.

Un proyecto cultural es sincrético solo en la medida en que no ignora, no ha perdido plenamente la conciencia, de las posiciones sincretizadas, o sistemas normativos llamados bruscamente a convivir. Otra situación diferente sería –si se nos permite este uso del término– la de la neutralización, por la que finalmente los referidos sistemas normativos se resuelven en uno nuevo que ha perdido ya conciencia de los factores que intervinieron en su gestación. La situación de contacto de náhuatl y español en la Malinche y en el Alto Balsas representa ciertamente un caso de sincretismo, pero no de neutralización. Antes de sacar las conclusiones que de esta distinción cabe derivar a la hora de esclarecer el confuso término del mestizaje cultural, veamos de nuevo volviendo al estudio de Hill y Hill cómo se concreta en un caso particular la reconversión de medios expresivos definitorios de *ethos* cultural a los términos propios de un discurso ideológico.

4. Nos referimos al tema del sistema de honoríficos del náhuatl. En la lengua clásica sabemos que este sistema es especialmente rico tanto por lo que se refiere a su capacidad de graduar la distancia reverencial, como por lo que se refiere al destinatario de esta toma de distancia por parte del hablante. El destinatario ante el que se expresa en diferentes grados distancia reverencial es, por supuesto, el interlocutor, pero son también terceras personas entre las que se incluyen no solo seres humanos sino también otras entidades antropomórficas. El español que en su día estableció contacto con el náhuatl y el que en nuestro momento actual sigue manteniéndolo, dispone comparativamente de un sistema de honoríficos muy reducido e inestable, como la historia de la lengua ha venido demostrando. El español, aparte de reducir drásticamente la escala en la que la distancia reverencial se manifiesta, expresa esta última solo en el uso interlocutivo, pero no en el referencial. Es previsiblemente la situación de contacto con el español la que ha generado dos normas de uso del sistema de honoríficos en el náhuatl de la Malinche, aunque las razones para ello puedan no estar en una simple interferencia del español sobre el náhuatl, sino en razones de índole sociocultural, según

Hill y Hill. Las dos normas de uso del sistema de honoríficos son descritas por estos autores en los siguientes términos. La norma de uso ampliada contiene hasta cuatro niveles a la hora de graduar la distancia reverencial y las modalidades tanto interlocutiva como referencial. La norma reducida conserva los cuatro niveles en el uso interlocutivo, pero presenta simplificaciones de diverso grado en el uso referencial. La explicación que del fenómeno ofrecen Hill y Hill es una muestra clara de la habilitación como instrumento de expresión ideológica de recursos definitorios en su origen de un *ethos* cultural:

> "Communities which are dominated by narrow-honorific usage are also those which are in closest contact with the Spanish-speaking world; narrow-honorific usage is probably a defensive reaction to this contact. It is not in itself a sign of the moribundity of Mexicano. Instead, it indicates that a speaker is using Mexicano as a language of solidarity, which emphasizes the equality and sameness of all townspeople, and using Spanish as a language of power, in order to express dominance and social distance. Because of the potential for giving insult to interlocutors, contraction of the system in direct address does not occur. A speaker who whises to evade honorifics in direct address will simply use Spanish [...]" (Hill y Hill, 1986: 152).

No deja de ser interesante destacar el hecho de que, como afirman Hill & Hill, son justamente las comunidades que mantienen un contacto más estrecho con el español aquellas en las que la defensa de un principio de solidaridad y de identidad cultural diferenciada del español y de lo hispánico se manifiesta con más rotundidad y aquellas también en las que paradójicamente se impone el código reducido de honoríficos, por una parte, y se manifiestan, por otra, las actitudes más puristas en defensa del náhuatl. La necesidad de una identificación solidaria diferenciada del ámbito cultural hispánico, como se afirma en la cita previa, sería la causa por la que se rebaja la función discriminatoria que el sistema de honoríficos presentaba originalmente y con ello se tiende lógicamente a reducir las distinciones que ofrecía. El uso del español por contraste al uso del náhuatl suple, parece derivarse también de la propuesta de Hill y Hill, la función discriminatoria que el sistema de honoríficos del náhuatl pierde en esta circunstancia.

De lo anterior se deriva que en situaciones próximas a la absorción lingüístico cultural es previsiblemente donde cabe esperar manifestaciones más acérrimas del discurso ideológico purista, que propone ficcionalmente diferencias con tanta más fuerza cuanta mayor es la presión integradora. Por esta razón cabe nuevamente afirmar que el discurso purista debe valorarse más como consecuencia en términos de reacción defensiva ante una situación próxima a la absorción que como causa propiamente dicha de la misma, aunque ambas cosas puedan finalmente no ser incompatibles.

La naturaleza misma de un proyecto sincrético en la que los polos normativos que lo definen siguen existiendo sin que se alcance una verdadera neutralización entre los mismos, contiene una inestabilidad intrínseca que lo hace enormemente vulnerable. Asociar a estos polos valores sociales diferentes del tipo:

solidaridad (náhuatl) vs. discriminación social (español)

o graduar entre los mismos principios como el de autenticidad, el de ceremonialidad, el de afectividad o el de relación fiduciaria, hace muy compleja la constitución de un sistema de valores unitario, que fusione *ethos* culturales en contacto neutralizando la carga ideológica de naturaleza disgregatoria que contienen. Resulta finalmente tan inviable el hacer depender la función de discriminación social del uso del español, con exclusión del náhuatl, como el hacer depender la expresión de solidaridad del uso del náhuatl, con exclusión del español. Una modalidad sincrética, una vez homogeneizada y neutralizados los polos entre los que se constituye, debería poder expresar el rango completo de valores que definen un *ethos* cultural no competitivo con otros. De no ser así el *ethos* cultural, o el sistema de valores que presupone y la identidad social que lleva asociada aparecerán como necesariamente escindidos entre los polos, normativamente reconocidos, del legítimo mexicano y el legítimo español

De hecho, como contradictoriamente observan Hill y Hill (1986: 402ss.), el proyecto sincrético se ve abocado al colapso desde el momento en que la condición de pertenencia a la comunidad no puede hacerse dependiente del dominio de esta modalidad sincrética en los medios expresivos de una cultura, que reparte o gradúa valores sociales por relación a los referidos polos. Sucede en efecto que ante la heterogeneidad con que se manifiesta el dominio relativo de esos peldaños de la escala que lleva del náhuatl al español, nos vemos finalmente obligados a reconocer que, por ejemplo, también un valor como el de la solidaridad podría expresarse en español y, en general, que los valores culturales asociados al uso del náhuatl también pueden finalmente asociarse al español. En otros términos, la condición de monolingüe español, que correspondería en determinadas comunidades a los jóvenes, no puede, por razones obvias, implicar en último término una atribución de incapacidad para expresar el rango de valores que definen una identidad cultural. También cabría en principio plantear justamente lo inverso, esto es, que al náhuatl, y a sus hablantes monolingües, se les atribuyera capacidad para dar cuenta del referido rango de valores que incluye los propios de la cultura occidental hispánica. Pero la situación del monolingüimo español y el monolingüismo náhuatl son notablemente asimétricas, tanto por lo que a la realidad de su práctica se refiere, como por el tipo de valoración que merece. El monolingüe náhuatl está condenado al aislamiento, y corre el peligro de que su identidad, dentro incluso de la propia comunidad a la que históricamente pertenece, pueda peligrar, en particular desde el momento en que esta identidad llega a ser posible definirla también en español. No es de extrañar por este motivo lo observado por Hill y Hill, esto es, que las valoraciones más negativas acerca del uso del náhuatl provengan justamente de los hablantes monolingües (o próximos al monolinguismo) en esta lengua.

5. El fracaso del proyecto sincrético se debe conjuntamente al hecho de que se mueve entre polos cuyo valor normativo heterogéneo se sigue reconociendo, y al hecho, por otra parte, de que la posición relativa de los mismos es claramente asimétrica. Un proyecto sincrético de esta naturaleza no representa en términos de dinámica evolutiva más que una fase inestable dentro de un proceso que lleva, de forma inevitable, al desplazamiento de una lengua por otra. Esta modalidad sincrética de lengua difícilmente puede ser estandarizada, ya que desde la perspectiva de sus hablantes carece de una norma propia y se debate, por contra, entre dos normas que le serían ajenas, que se encuentran polarmente enfrentadas y donde, por circunstancias históricas, una de ellas resulta claramente dominante sobre la otra. Es difícil que un proyecto planificador o modernizador exógeno pueda generar dirigiéndola desde fuera una estandarización de la modalidad sincrética cuando para sus hablantes no existe propiamente una norma interna subyacente a su uso. Se trataría, en efecto, de una modalidad de uso lingüítico sin norma propia.

Lo dicho para la modalidad lingüística sincrética nos serviría *mutatis mutandis* para la verdadera caracterización del mestizaje cultural e incluso del mestizaje biológico. Al menos en América Latina tanto uno como otro son sin duda proyectos de naturaleza sincrética, que se fundamentan en realidades de hecho, pero que no se resuelven neutralizando o anulando la tensión que se genera entre los polos normativos o modélicos que teóricamente son la fuente del proyecto sincrético. Ello equivale a decir que el ser mestizo es una realidad con la que debemos naturalmente contar, pero que carece propiamente de un modelo cultural, como también carece de modelo o norma propia el uso lingüístico sincrético. En términos culturales, el mestizaje representa también una fase en el proceso de absorción de las culturas amerindias por la cultura hispánica. Otra cuestión bien diferente, y que supone desde luego una visión novedosa de la problemática que aquí se aborda, es la capacidad que al español y a la cultura hispánica se les puede atribuir como marcos de identificación para una sociedad lingüística y culturalmente muy heterogénea en su origen. Sobre lo que podría denominarse una capacidad normalizadora del español y la cultura hispánica ante situaciones mestizas de hecho nos remitimos aquí al estudio de López García (1991).

Se dirá que lo que aquí presentamos es una visión extremadamente negativa sobre la supervivencia de las lenguas y culturas amerindias. Los estudiosos del problema, y nos remitimos por ejemplo aquí al reciente estudio de Zimmermann (1999: 62, 122), parecen coincidir en que sin una intervención externa, ya no sólo nacional sino internacional, esta supervivencia será a muy corto plazo inviable.

Conviene tener presente, con todo, que a las dificultades intrínsecas a la normalización o estandarización de modalidades lingüísticas tan fragmentadas, se añade el hecho de que cualquier política lingüística o cultural no puede concebirse al margen de una política socioeconómica. Parece difícil que esta última pueda combatir al menos en México el flujo migratorio y la dependencia casi unidireccional de las comunidades indígenas respecto a un mercado laboral externo a las mismas. En cualquier caso solo en la medida en que las leyes por las que se rige la economía y el mercado laboral puedan propiciar políticas que frenen el referido flujo y permitan cierto grado de autogestión de la comunidades indígenas, se cumplirían las condiciones necesarias, aunque posiblemente no suficientes, para que proyectos lingüístico-culturales sincréticos como los de la Malinche o el Alto Balsas alcancen lo que podemos considerar una norma propia que permita preservarlos.

Referencias

BURKE, K. (1966): *Language as Symbolic Action*, Berkeley, University of California Press.

FLORES FARFÁN, J. A. (1992): *Sociolingüística del náhuatl. Conservación y cambio de la lengua mexicana en el Alto Balsas*, México, Ediciones de la Casa Chata.

– (1999): *Cuatreros somos y toindioma hablamos. Contactos y conflictos entre el náhuatl y el español en el sur de México*, Tlalpan D.F., Ciesas.

GEERTZ, C. (1995 [1973]): *La interpretación de las culturas*, Barcelona, Gedisa.

HAUGEN, E. (1972): *The Ecology of Language*. Stanford, Stanford University Press.

HERNÁNDEZ SACRISTÁN, C. (1994): *Aspects of Linguistic Contact and Translation. The Natural Perspective*, Frankfurt, Peter Lang.

– (1999): *Culturas y acción comunicativa. Introducción a la pragmática intercultural*, Barcelona, Octaedro.

HILL, J. H., y HILL, K. C. (1986): *Speaking mexicano. Dynamics of syncretic language in central Mexico*, Tucson, University of Arizona Press.

LÓPEZ GARCÍA, Á. (1991): *El sueño hispano ante la encrucijada del racismo contemporáneo*, Mérida, Editora Regional de Extremadura.

ZIMMERMANN, K. (1999): *Política del lenguaje y planificación para los pueblos amerindios. Ensayos de ecología lingüística*, Frankfurt am Main, Vervuert.

PARTÍCULAS EN CASTELLANO ANDINO

JULIO CALVO PÉREZ
Universitat de València

A Inés Pozzi-Escot, respetada amiga peruana,
condolido por su muerte

1. El ámbito de las partículas

El panorama lingüístico andino es de una gran complejidad. Así lo mostró Inés Pozzi-Escot (1998), en su último trabajo. Las convergencias y divergencias producidas entre sus tres lenguas más importantes, el español, el quechua y el aimara[1], a veces dos a dos, a veces en trío, determinan una serie de variedades caóticas, de las que hace tiempo viene resultando un español nuevo, si nos atenemos a la primera de las lenguas citadas. El trabajo de Pozzi-Escot se centra en Perú, pero el comportamiento idiomático es similar en Bolivia, Ecuador o en el Noroeste argentino (Justiano de la Rocha 1986, Toscano 1953, Fernández Lávaque y Valle Rodas 1998).

Todos los niveles del español se ven afectados por el influjo de las lenguas prehispánicas. En ocasiones los fenómenos apuntan al núcleo organizativo de la lengua, es decir, a su morfosintaxis, de donde resulta que un determinado orden de palabras o una arealización diferente de los sufijos, entre muchísimos fenómenos más, se conforman de manera divergente a los del español peninsular. La periferia del sistema tampoco se ve libre de influencia: fonéticamente, la entonación y el ritmo castellano-andino son diferentes de los de la península (u otras áreas latinoamericanas), con una impronta en que la oralidad predominante se deja sentir, cuando no es la diferente organización del impulso sílabico o la valoración temporal de las

---

[1] Generalmente ejemplificaré con el quechua (q.); cuando lo haga con el aimara (ai.), lo indicaré expresamente. En algunas citas aparecen abreviaturas; son éstas: "**Q**.", cuantificador; (**evid**.), evidencial; (**lim**.), limitativo; (**suf**.), sufijo; (**dim**.), diminutivo; (**pron**.), pronombre; (**adv**.), adverbio; (**adj**.), adjetivo; (**fut**.), futuro; (**sust**.), sustantivo; (**v**.), verbo); (**pers**.), personal.

vocales lo que cambia (cual es el caso del español paceño); pragmáticamente, la utilización de ciertas fórmulas de uso, las presuposiciones nuevas inherentes a las partículas y decenas de fenómenos más que están por estudiar, acarrean la incomprensión entre los hablantes de la misma lengua, cuando éstos proceden de áreas geográficamente alejadas. Así lo cree igualmente Cerrón-Palomino (1996):

> "[...] muchas veces no se quiere decir lo mismo aun empleándose formas y expresiones similares una vez confrontados un hablante de castellano general con otro de la variedad andina, produciéndose verdaderos desencuentros comunicativos" (p. 120).

Esta es la razón por la cual el estudio pragmático de las partículas, ya iniciado en Calvo (1999) con las de ámbito temporal, tiene que derivar en un aporte de interés para la mejora de la comunicación entre los pueblos hispanohablantes.

Me ceñiré a una zona de contacto permanente quechua-español o aimara-español, la que se viene considerando como del español o castellano andino, el estudio del cual, para no variar (pero sí ampliar) el objetivo de Calvo (1999):

> "[...] tiene que ver con el uso diferencial que se hace en castellano de ciertas partículas quechuas o aimaras (morfemas aglutinantes), las cuales se transfieren a nuestra lengua como partículas invariables (adverbios u operadores invariables libres), pero no en su materia fónica precisa, sino como calcos estructurales. He utilizado el concepto de partícula, porque considero que es lo suficientemente amplio y difuso (ya desde la gramática greco-latina como ha mostrado Zwartjes [...] como para que abarque las dos categorías correspondientes" (p. 40).

Estas partículas vendrían a coincidir distribucionalmente con la posposición según fue caracterizada por Domingo de Santo Thomas ya en el siglo XVI. Un par de ejemplos podrían ser los que siguen:

1   *Waliq-LLA, Imataq kaykuna?* "Bien NO MÁS. ¿Qué son estos?" (en que a una partícula quechua corresponde una palabra, o dos según la ortografía, con valor limitativo)

2   *Chay-PAS chakray-RAQ-mi* "ésa TAMBIÉN es mi chacra INCLUSIVE" (en que hay dos partículas no separables en quechua relacionadas con dos separables en español).

Lo que en quechua y aimara, dado su carácter aglutinativo, son sílabas ubicadas como sufijos (enclíticos) en la periferia de la palabra, en español son palabras adverbiales o paradverbiales, fijadas en una posición distinta de la usual, que hacen de operadores de las palabras que caen en su ámbito y modifican el contenido intencional de las mismas.

Las partículas son en sus usos de muy distinto cariz. En ocasiones funcionan como ilativos especiales (el caso de *y*), en otras potencian la actitud del emisor (el caso de *todavía*) y, por lo general, matizan la palabra o grupo de palabras a las que impregnan con su injerencia (el caso de *no más*). Junto a esos nuevos usos, los universalmente reconocidos siguen actuando de consuno. Todos reconoceríamos prontamente la diferencia entre las frases de a) y b), ambas posibles en la zona de referencia:

3a *Iré* **no más** *cuando lo diga mi mam*á   3b *Haces lo mismo que yo,* **no más**.

4a *¿Te acuerdas* **y***?*   4b *Te lo dije* **y** *te lo repito*

5a *Yo* **todavía** *comeré*   5b **Todavía** *es hora de comer*

En a) las palabras en negrita funcionan de un modo particular, que en el caso de 5 es asombrosamente diferente del uso hispano: *yo todavía comeré* se usa para <yo comeré antes de hacer cualquier otra actividad> y no, contra lo que puede suponerse <yo seguiré comiendo, actividad que ya he iniciado>; en b) los usos son los corrientes: *no más* constituye un grupo de dos palabras y no una sola ("NO haces MÁS que yo"), *y* es coordinante copulativo y *todavía* señala que el paréntesis temporal no se ha cerrado.

Hecha esta somera introducción, pasaré a estudiar cada partícula o grupo de ellas en el conjunto de los usos tradicionales, para mostrar, entre otras cosas, que hay una predisposición, y en ocasiones un uso larvado, en el español peninsular (del siglo XVI al actual) que posibilitan que la influencia quechua y aimara no sea estructuralmente rompedora de los esquemas propios, sino incentivadora de los mismos. Con los usos nuevos, las viejas formas se complementan y saturan, abriéndose de ese modo el esquema cognitivo de las mismas a áreas desconocidas. Dicho en otras palabras: el contacto de las lenguas andinas con el español enriquece a esta lengua y la positiviza, por lo que no tiene sentido teleológico negar que esas lenguas, por muy empobrecidas que a algunos les parezcan, carecen de la supuesta fuerza transformadora que no se le discute a ninguna lengua de cultura.

2. Partículas temporales

Para la revisión de las partículas temporales partiré del estudio anteriormente señalado (Calvo 1999), al que remito al lector para mayor amplitud y comodidad en el manejo de los argumentos. Es el grupo más importante de partículas, el cual se constituye con *todavía, ya, siempre, nunca, ahora, entonces*.

Mientras *nunca* indica el vacío Ø y *siempre* el todo U (dos elementos necesarios en toda topología), *ya* señala el comienzo a partir de una discontinuidad (*ya llueve* <no llovía>, *ya no llueve* <llovía>) y *todavía* el desarrollo a partir de la continuidad (*todavía llueve* <llovía>, *todavía no llueve* <no llovía>), lo que equivale al 0 y al 1 de la representación binaria de los circuitos y, por ende, al sistema diferencial de la manifestación de los fenómenos mentales (**a** y **a'**). Estos cuatro elementos constituyen de por sí una topología básica, o si se prefiere, un esquema cognitivo mental en que la señalización de los tiempos del discurso se hace posible o imposible, se continúa o se corta. Compárese: *todavía llovía / todavía llovió / todavía llueve / todavía lloverá* y se comprenderá cómo la continuidad, el 1 del binario, se ofrece para cualquier tiempo medido desde el presente del discurso. Lo mismo sucede con los otros tres adverbios. Pese a lo dicho, la objetividad total no existe en las lenguas, porque tampoco es posible en los individuos que las hablan: cuando un hablante dice *ya llueve*, porque antes no llovía –de llover, hubiera dicho *todavía llueve*–, lo dice impregnado de una subjetividad inmediata, la de que había previsiones de que la lluvia cayera. En otro caso, diría simplemente *llueve / está lloviendo*, con una apertura cognitiva mayor. Es decir, que es la proximidad del cambio y no sólo el momento del cambio lo que se tiene en cuenta para el uso de *ya*. Igual, pero al revés, sucede con *todavía*: *todavía llueve* es un aserto hecho sobre el conocimiento y evaluación de que la lluvia comenzó en un instante dado o bien de que puede terminar en otro instante dado (Garrido 1991). Y es que una segunda presuposición, o premonición, impulsa al hablante, una suposición general sobre el evento (Calvo 1994a). Así diremos *todavía llueve, no te vayas hasta que escampe* o *todavía llueve, ya llevamos así una hora*, para materializar esa intención operativa de aproximación a **a** (interrupción) y a **a'** (continuación) que la mera objetividad nos presenta.

Esa necesaria presencia de lo subjetivo en el habla es la que también nos autoriza a introducir en el esquema *ahora* y *entonces*. Ambos adverbios temporales asumen la referencia a un punto móvil en el tiempo, un punto que se manifiesta no en un tiempo fijo del desarrollo temporal (**a, b, c...**), sino en aquél que tiene que ver con el momento subjetivo del habla ($\alpha, \beta, \gamma\ldots$): *dispara ahora, ahora y ahora* es una frase que pretende captar el instante huidizo de su transcurso. Pero *ahora* puede ser tanto un punto (**a**) como un intervalo acotado ([**a, c**]) tal que $a \leq b \leq c$: *ahora (= hoy) hace calor / ahora (= este año) estudio osteopatía*, etc., pero siempre en el ámbito referencial del habla. En ese sentido, *entonces* equivale al **−1** matemático (o si se prefiere a la **i** de los números imaginarios), se mide respecto a una **a** del momento del evento: *llovió, entonces salí / vengo ahora, entonces tú sales / iré a la tarde, entonces será mejor…* En un ejemplo como *Si se eleva la hipotenusa al cuadrado, entonces sale el problema*, el valor de **i** es aplicado a cualquier instante del tiempo secundario (negativo en la representación del **−1**): la condición no es sino un ahora virtual expandido a cualquier tiempo[2].

---

2 Es lo que sucede entre el *cuando* temporal (*Lo hice cuando me quedé solo*) y el *cuando* condicional (*Cuando estudies con más ahínco, te aprobaré la asignatura*). Lo mismo se tendría con cualquiera de las partículas estudiadas, pero especialmente con *siempre*, que ya encierra en sí misma

Ésta es la topología básica de los seis adverbios temporales señalados. No obstante, la topología no se acaba ahí, sino que se desdobla, armónicamente, en una serie de usos derivados, en una topología segunda más sutil, que se puede completar en las lenguas con una totalidad, reconocida analíticamente, de esos usos, pero que normalmente deja huecos estructurales. Y en esa defectividad propia de todo ente real (de la lengua como realidad, no de la gramática ideal sin excepciones ni huecos) es donde se amplia en castellano andino el conjunto de usos ya detectados en español peninsular. Un repaso por ellos bastará para mostrar lo dicho.

2.1. *Siempre* y *nunca*

Siempre tiene relación directa con el quechua *-puni* y las glosas se hacen usualmente con "siempre" o con "mismo", identificador pronominal (como señala Lee 1997: 152). Los ejemplos en aimara para *-puni* coinciden con los del homólogo y homófono quechua a la perfección, como se puede comprobar en este ejemplo de Cerrón (1994: 135), cuya traducción es la de "precisamente" con funcionamiento de partícula:

6   *Juma-puni-wa luranta* (ai.) / *Qam-puni-m ruranki* (q.) "Tú precisamente [= siempre] lo harás[3].

Según Cusihuamán (1976: 256-257), los valores observados en la partícula son los siguientes:

1) Valor de temporalidad absoluta: *Mayu killapiqa qasamun-puni-n* "En verdad que en mayo siempre hiela". En mayo siempre hiela puede entenderse como que el hielo aparece constantemente en mayo (valor durativo[4]) o bien como que en

---

ese factor de totalidad. Cf. el siguiente ejemplo quechua y su traducción española: *nuqanchis qhiswata yachachishanchis, chaytataq panay lluqsisqa rantiq*, "siempre que nosotros estudiamos quechua, mi hermana se va de compras" (en que *chaytataq* es "entonces, mientras tanto, siempre").

3   *-puni* no tiene sólo las equivalencias citadas. Lee (1997) recoge entre otras "ciertamente, usualmente, de costumbre, todavía, aún, puntualmente, definitivamente, bastante, mismo...". Así, *Qayna ancha wayra-puni karqa* "Ayer hizo bastante ventarrón" o *Nuqanchis-puni ruwanchis* "Nosotros mismos (= siempre) lo hicimos" son dos ejemplos que el autor recoge de Gómez y Arévalo (1988).

4   Se produce también este valor en quechua con la ayuda del perdurativo *-raya-* , que se puede traducir por "siempre", en cuanto que supone una hipérbole interpretativa de la continuidad: *Panayta nini 'watu-raya-y'* "A mi hermana le he dicho: –Recuérdalo siempre [= te mantendrás recordándolo]" (Calvo, en prep.).

cada mes de mayo existe la seguridad de que hiela alguna vez (valor frecuentativo[5]), según se entienda el temporalizador como universal o existencial o, si se quiere, como general frente a particular. Este es el uso ortodoxo, primario, de *siempre*.

Los demás valores son los que constituirían la topología más sutil a la que he hecho referencia. Son éstos:

2) Valor de preeminencia sobre el objeto: *Manachus wasaparuyman-puni kay llank'asqaytari?* "¿Y por qué no podría concluirlo siempre (= de todas maneras) este trabajo?" En este caso, *siempre* se entiende "no como un conjunto de realidades o entidades que cumplen una condición fija, sino como un conjunto único de realidades en que no hay resquicio para otras interpretaciones" (*op. cit.*, p. 47). El valor de *siempre* se hace externo, como el de la recta infinita en que siempre hay un punto más allá de cualquier acotación posible.

3) Valor de preeminencia del sujeto: *Qan-puni-yá riki churachikuranki!* "Seguramente tú siempre (= mismo) te has hecho designar". "Se trata de la misma interpretación que antes, pero ahora es el propio sujeto el que copa todas las posibilidades del continuo." (*Ibíd.*, p. 48)[6].

Aparte de los significados acotados por Cusihuamán, existen otras glosas disponibles. Una es que *siempre* se puede manifestar también mediante el limitativo -*lla*, indicador de reducción exclusiva, que no permite otras posibilidades y que es concomitante, en el verbo, con el valor de infinitud de *siempre*. En Calvo (en prep.) se lee: *Chay warmi millachikuspalla kashan* "esa mujer está siempre con náuseas".

7	*Chay*	*warmi*	*milla-*	*-chi*	*-ku*	*-spa*	*-lla*	*kashan*
	esa	mujer	náusea	CAUS.	REFL.	GER.	LIM.	AUX.

"Esa mujer está no más [= eso sólo, sin hacer otra cosa = siempre] con náuseas"[7]

Otro matiz reconocido en *siempre* es el de "todavía". *Todavía* muestra una infinitud interna, la de que entre dos puntos existe siempre otro punto, por lo que puede

---

5 El valor frecuentativo se da cuando *siempre* puede traducirse por "cada vez"; en estos casos de intermitencia, la glosa con *sapa* en quechua es la más apropiada: *sapa niwaqtin, pantachiwan* "siempre [= cada vez] que me habla, me desfigura [la realidad]" (Calvo, en prep.).

6 En español peninsular lo corriente es que *mismo* potencie a los nombres, pronombres y adverbios (*en el patio mismo*), que los precise (*yo mismo, María misma, ahora mismo*) o identifique la referencia (*en el mismo patio*); en Latinoamérica, sin embargo, el identificador se extiende, como partícula, a lugares menos esperados: *¿Y dónde mismo estabas, ah? ¿Siempre mismo te vas mañana? ¡Te largas ya mismo de mi casa!*

7 Las abreviaturas que anteceden corresponden respectivamente a causativo, reflexivo, gerundio, limitativo y auxiliar.

equipararse con la infinitud de *siempre*, de carácter externo como he dicho. Así tenemos que *Tú siempre queriéndola* significa, en realidad, "tú queriéndola todavía" o "de verdad que tú queriéndola", sin que haya perspectivas de que ese amor se menoscabe o subrayando el carácter asertivo de la frase.

Por último, véase que *-puni* puede significar también mero énfasis: *pruphitakuna karan-puni* "¡Siempre ha habido profetas!", lo que indica una realidad modal productiva, incuestionable desde la perspectiva del emisor[8].

Nunca no ha establecido en el ámbito quechua y aimara excesivas modificaciones sobre los usos peninsulares. En ambos lugares su significado queda siempre muy a expensas del contexto. Lo usual es que sea la negación de *siempre*, tanto si éste es absoluto como si es relativo. De suyo es conocido que el español rehúsa concretar la cuantificación: *ya se han ido todos* puede tener el sentido tanto de que <no queda nadie>, como de que <apenas si hay ya gente>, mientras que la principal lengua andina tiene seis u ocho cuantificadores (Calvo 1994b) para precisar las múltiples circunstancias cuantificables o no cuantificables como *tukuy, lliw / lluy, q'ala*, etc. como se ve sumariamente en la siguiente entrada del diccionario (Calvo, en prep.):

> TODO, TODOS [gen.] "**Q**.", *tukuy (tutuy)*; {el conjunto entero}, *llapa (llipi)*; (entero [±cant.], la mayoría), *lliw (lluy)*; (sin excepción), *q'ala*; (así, en conjunto), *hinantin*; <gram.> (**evid**.) (en verdad), *-mi (-n)*; (**lim**.) (sólo), *-lla* / todos (cada uno), *sapa*[9].

Parece, sin embargo, que el exceso quechua ha servido en este caso de freno, más que de aliciente, para potenciar usos diferenciales, ya que éstos vienen directamente dados por las expresiones en carácter de implicaturas generalizadas, que en quechua son naturalmente convencionales (es decir, léxicas) si nos atenemos a las fórmulas de Grice (1975). Lo mismo es aplicable a *nadie*, así como a *siempre* y *nunca*, puesto que su valor cuantificacional puede consistir, como en el caso de *todo*, en una apreciación relativa: *nadie me quiere, nunca salgo, siempre enfadada...* necesitan generalmente la interpretación con "casi".

Los usos principales de *nunca* tienen que ver muchas veces con *no*, al que potencia enfáticamente (quechua *mana / ama ... -chu*): *manachu hina kay simi taqi ruwayta tukuwaqchu*, "tengo la impresión de que nunca [= no] acabarías este dic-

---

8   Otros muchos contextos morfológicos permiten traducciones con *siempre*. Por ejemplo la duplicación quechua: *llaki* "ansia, congoja", *llaki llaki* "siempre ansia": *imatan llaki llaki purinki*, "¿cómo se te ve siempre con esas ansias?"; el potenciador *arí* "sí": *chay warmiqa arí niyuyanmi*, "esa mujer siempre es condescendiente"; el sufijo emulativo *-kapu*: *tukukapuy*, "terminarse {para siempre}", etc.

9   Las abreviaturas nuevas se corresponden con general, cuantificador, cantidad, gramática, evidencial. {...} indica adición de semas y (...) explicación o glosa.

cionario", aunque en ocasiones el uso sea el recto: (quechua *ama / mana hayk'aq*) *wawayki ama hayk'aqpis rikuchunchu llank'anaykita*, "que tu hijo nunca vea tu trabajo". No obstante, la potenciación natural viene dada en quechua por el aditivo *-pas / -pis*, unido a la negación básica: *mana riqsinichu pitapas palachakita*, "nunca he visto a nadie [= no he visto a nadie también] abierto de dedos". En aimara la nitidez del temporal negativo es mucho mayor, ya que *hani-puni* "no verdaderamente" aporta la forma *-puni* potenciadora de la negación.

En otros casos *nunca* es producto de una ponderación o limitación fuerte de alguna partícula restrictiva. Es el caso de *-lla* (que trataré después): *khuchillaña* "más guarro que nunca [= ya guarro y nada más], el cual se puede traducir en frases positivas –como vimos–, con "siempre": *ch'inlla ruwanki*, "lo haces siempre a la chita callando". La razón cognitiva es la misma.

Por último, *nunca* puede ser producto de una interpretación experiencial. En *mana allintachu chay chunpa tupasunki*, "no te sienta bien [nunca] esa prenda", la adición de *nunca* viene motivada porque, si no, deduciríamos que se trata de una prueba circunstancial (en la tienda antes de comprar, por ejemplo).

2.2. *Todavía, ya*

Cerrón-Palomino (1996) ha examinado el funcionamiento pragmático-semántico de partículas como *también, todavía* y *ya* en el ámbito andino. Las dos últimas tienen una funcionalidad pragmática similar en quechua (*-raq* y la semiautónoma *(-)ña*) y en aimara (*-raki /-ra* (en parte) e igualmente *(-)ña*) y como tales se proyectan en español. Los usos que se pueden deducir, inspirados en su estudio, son los siguientes:

Todavía:	*Ya:*

Ortodoxos:
    Continuativo / durativo
    Valor enfatizador inclusivo / aditivo
    Valor concesivo
	Ortodoxos:
	    Discontinuativo / inminencial
	    Distributivo
	    Valor enfatizador / constatativo
	    Valor causal

Heterodoxo:
    Prioridad
	Heterodoxo:
	    Sustitución / delegación / reemplazo

En español peninsular (y andino) la interpretación de *todavía* y *ya* es la que he enmarcado arriba, coincidente con los valores continuativo-durativo y discontinuativo-inminencial expuestos. Es el caso de los ejemplos siguientes familiares al lector:

8   *Ya ha salido el sol* (antes no hacía) / *Ya no ha salido el sol* (antes salió)
9   *Todavía hace sol* (el sol brillaba con anterioridad) / *Todavía no hace sol* (antes el sol estaba igualmente oculto)

Ciñéndonos a *todavía*, observaremos que la partícula presenta un valor aditivo o, mejor dicho, expansivo (*Él es todavía [= incluso] más inteligente que su hermano*) y un no exento juego adversativo-concesivo (*He trabajado más que nadie y todavía [= sin embargo / pese a ello] me riñe*) como se aprecia en los ejemplos, tomados de María Moliner. La explicación es sencilla: el recorrido por el continuo nos lleva a infinidad puntos seguidos en que el evento o la percepción continúan. Si se añade un punto más (valor aditivo puro) el significado se sigue cumpliendo (*¿Tienes todavía [= más] chicha?*); si nos aproximamos a un límite, el sentido se vuelve enfático, se produce una 'acumulación' matemática, que no llega, sin embargo, a su punto límite o de cierre. En caso de darse éste, estaríamos ante la 'adherencia' atribuible, por último, a *ya*. En ejemplos como *¡Ya, ya, vosotros a la vuestra!*, parece darse una contradicción: el hablante observa que la situación vital no ha cambiado (por lo que esperaríamos *todavía*: *Todavía seguís mostrando vuestro egoísmo*), pero acaba de percibir una vez más la situación, reconociéndola *ab ovo* (*¡ya ya!* muestra esa percepción continuada y nueva al mismo tiempo[10]). En la producción frecuentativa, cada situación repetida se puede valorar en el conjunto de la continuidad que expresa o puede mirarse en sí misma como muestra individual separada. Esta convivencia de usos opuestos, en que *ya* y *todavía* se necesitan y conjugan, es la misma que describen los físicos en mecánica cuántica para explicar el espín (*spin*), por lo que en casos como éste hablaremos de comportamiento espínico de las partículas.

Ateniéndonos a los usos descritos para *todavía* en el ámbito quechua (o sus glosas: Cusihuamán 1976, 257-258), reconocemos que todos ellos cuadran con los correspondientes andinos. En concreto, se aprecian seis usos de *-raq*, en que los dos últimos presentan novedades añadidas por el énfasis expresivo que añaden:

1) Continuación de la acción (como en español continental: *Parashallan-raq-mi* "Todavía / Aún[11] sigue lloviendo").

---

10   En un ejemplo como *¡Ya, ya! A mí me la vais a dar*, la partícula muestra rechazo y cumple, por tanto, con la discontinuidad.
11   Como dije en Calvo (1999, p. 43): "Está por determinar la diferencia entre *todavía* y *aún* en español peninsular. Son dos ejemplos en que la sinonimia se hace fundamentalmente precisa,

2) Prioridad o anterioridad (solución novedosa: *Nuqa-raq-mi unutaqa hap'isaq* "Yo tengo que coger todavía [= primeramente / primero] el agua" (ejemplo de Cusihuamán) / *Todavía no me bautizan [= no me han bautizado (aún)]*, ejemplo de Kany).

3) Ocurrencia simultánea o alternada (con ruptura) de acciones: *Chaqay urquta qhawarinkichus, paráy!, yanayarun-raq yuraqyarun-raq, paráy!* "Ves aquel cerro, oh lluvia, por ratos [= todavía] se opaca, por ratos [= todavía] se aclara, oh lluvia!"[12].

4) Transferencia a un tiempo señalado: *Kunan-raq-chá huñakuy kanqa!* "Recién hoy día [= todavía hoy] se realizará la asamblea" (con mezcla de sentidos 1 y 2).

5) Enigma o duda: *Ima-raq mana kanchu kay pachapi!* "!Qué todavía no hay en este mundo!".

6) Amenaza o desafío: *Q'asurusayki-raq-mi má!* "¡Yo te puedo dar paliza (todavía)!"[13].

Los usos, como se podría matizar, son reconocibles: la sorpresa que produce el mundo o la amenaza de castigo continúan (5 y 6)[14]. La prioridad se da con distin-

---

aunque *aún* presenta un rasgo de mayor grado de sorpresa o violencia, ya que la proximidad al límite se hace más inminente con él que con *todavía*. Por eso *aún llueve* parece más extremado (más cerca del límite) que *todavía llueve*." Esta es la razón, en efecto, de que su conjugado átono *aun*, unido o no al subordinador general del español *que*, constituya la conjunción del condicional incumplida al límite, es decir la de la oración concesiva (*Aunque salgas, ya no lo verás / aun cuando lo hizo, le suspendieron*).

12   Aquí se aprecia el comportamiento espínico citado. El elemento continuativo presenta los eventos cambiantes, aspecto que tendría que reflejar *ya*: *ya llueve, ya sale el sol...* El hablante percibe, en efecto, el cambio de situación, pero reconoce que esa alternancia se da siempre, por lo que no renuncia al uso de *todavía*: <todavía se está en la misma situación cambiante>. Lo mismo sucede en: *Come todavía, habla todavía [= ya come, ya habla, sin deber hacerlo] / Con la Juana todavía, con la Estela todavía está* <anda enamorado ya de una, ya de la otra, pero debería decidirse por una de ellas>, en donde las repeticiones se deben a la doble presencia del continuativo *-raq (-raq... -raq)* en quechua. Por cierto que en el último ejemplo la suposición de una solución *in extremis* exigiría *aún* en el español peninsular.

13   Obsérvese que aquí, como en el ejemplo de Kany, cabe mejor *aún* que *todavía*. Puede decirse que el primero reclama un matiz compulsivo sobre el segundo, que en quechua podría manifestarse con alguno de los sufijos aspectuales o eventuales: *Q'asu-**ru**-sayki-raq-mi-má!* "¡Yo aún [= todavía + compulsión] te puedo pegar!"

14   En Calvo 1999 (p. 44) se lee: "Los dos últimos ejemplos muestran la incapacidad del hablante para sugerir soluciones confirmadas a las expresiones. Es decir, que la presuposición no existe. Este uso es concomitante con el ya mostrado por Dahlin de Weber (1976) y Calvo (1993: 102 y 1995: 26), en que la oposición entre el contrastivo *-taq* (en aimara *-sa*) y el continuativo *-raq* (y sus asociados etimológicos del aimara *-ra / -raki*) conlleva diferencias presuposicionales como en los ejemplos siguientes: *Hayk'aq-**taq** kutimunki?* "¿Cuándo volverás? <dímelo, tú que lo sabes>" / *Hayk'aq-**raq**-mi kutimunki?* "¿Cuánto tiempo pasará para que vuelvas? <tú tampoco me lo lo podrías decir / ambos sabemos que no hace falta decirlo>. En estos ejemplos, por lo que

tos matices (2 y 4) y el espín (caso de 3) es una contrarréplica del avanzado sobre *ya*. Si acaso, cabrá hacer algunas precisiones sobre 2, ya que el significado de prioridad de *todavía* del español andino es, para Cerrón-Palomino (1996), el más divergente respecto a los usos del español peninsular. Él aporta los dos siguientes ejemplos y sus glosas:

10   *Yo todavía comeré [= comeré yo antes] / Juan todavía pudo abrir la puerta [= sólo Juan, y no otro, pudo abrir la puerta]*

que muestran, en efecto, la citada divergencia. Pero divergencia, ¿hasta dónde? En el primer caso el elemento del conjunto es prioritario, "es decir, presenta una adscripción ordinal primaria, de anticipación" (Calvo 1999: 42) y en el segundo "esa prioridad se traduce en exclusividad, por la razón de que nadie se suma al conjunto abierto con la entidad representada" (*ibíd.*). La adscripción conjuntística de la continuidad, exige pensar que para que ésta no vacile es preciso que cada elemento del conjunto se presente cuando le toque, nunca después, ya que su hueco produciría una ruptura inaceptable: en ese sentido, aunque el conjunto no esté formado por elementos necesariamente ordenados, la prelación existe. Cuando la sucesión se agota, o parece agotarse (caso de *aún*), el elemento del conjunto aparece individualizado, transformándose en una especie de operador equivalente a *sólo* (como en *Sólo Juan lee novelas policiacas* o *Juan sólo lee novelas policiacas*), pero en ubicación generalmente pospuesta (*Sólo Juan = Juan todavía...*). En el desarrollo perceptivo cada suceso continuado es trascendental, porque podría ser único.

Cuando la situación dramática anterior no se da, *todavía* ostenta su valor inclusivo "en que el proceso de adscripción a un conjunto se hace sin solución de continuidad, remitiendo entonces la glosa a *incluso* (como en *Incluso Juan lee novelas policiacas* o *Juan incluso lee novelas policiacas*)" p. 43). Ahora *todavía* vale distendidamente por *además* o *igualmente* (o más peyorativamente al espacial *encima*), con un empleo similar en ambos castellanos, pero con mayor frecuencia en el andino en detrimento de los sinónimos citados:

11   *Ese muchacho es mi hijo todavía [= incluso es mi hijo] / El horno es todavía herencia de mi abuelo [= también / igualmente]*

Obsérvese, como corolario, que al no salir *todavía* de los límites posibles del conjunto, cuando su carácter es aditivo, confluye de manera natural con *también*.

---

se deduce, la continuidad de la situación actual implica que la pregunta (retórica) que hace el hablante no puede tener respuesta, ya que ésta supondría cambio o novedad en el conocimiento y, por tanto, ruptura en relación con los hechos actuales. Cognitivamente, el resultado es creativo y novedoso, pero no incompatible con los presupuestos semánticos de la oposición continuativo / discontinuativo."

El análisis de *ya* ha de centrarse en los usos enmarcados más arriba. De ellos, el discontinuativo es el primigenio psicológicamente hablando y no puede ser esquivado en ningún dialecto del español. Otra cosa es que pueda quedar potenciado como sucede en el Altiplano con el empleo sinónimo de *ahora* (*Desde ya me olvido* = *Por ahora me olvido*). Este uso es fácilmente evaluable: si *ya* indica la ruptura, una vez producida ésta lo que comienza es una nueva continuación, un 'todavía' que puede durar más o menos tiempo y que, centrado en el momento del habla, no es sino un 'ahora' (*Ya llueve* implica *ahora llueve* y en consecuencia *por ahora llueve*, hasta que se produzca un nuevo cambio, una nueva discontinuidad). Una consecuencia de lo anterior es el uso de *ya* como sinónimo de *inmediatamente*: *El que no trabaja me desocupa, pero es ya, ¿entienden?*

El distributivo en correlación (*Ya compra, ya vende y así gana*) no es sino la consecuencia de una ruptura multiplicada que se manifiesta en la sucesión de los cambios.

Enfáticamente, es decir al límite del significado de la partícula, puede suceder que el hablante desconfíe del resultado veritativo de la acción señalada emotivamente en la frase. Esto es, que la discontinuidad se traslade al nivel presuposicional, a la enunciación de la frase. Ello suele suceder en quechua cuando -*ña* se refuerza con el contrastivo -*taq*:

12   *Nuqa-ña-taq kutiruyman chairí!* "¡Qué tal si yo ya también voy <tengo la idea de que no me dejarán ir>" (Cusihuamán, p. 260).

Por otra parte, la partícula *ya*, de por sí, es un incentivador presuposicional que indica que en momentos anteriores al cambio los hechos eran de otra manera. De *Juan ya se sabe la lección* se presupone que <Juan antes no se sabía la lección>, por lo que la presencia de -*taq* en este tipo de oraciones quechuas lo que hace es enfatizar el resultado negativo contrario de la presuposición que enmarca la frase. Así tenemos también:

13   *Hamuy* "ve" / *hamuy-taq* "ve, pues" <él no pensaba ir> [= ve y no hagas otra cosa] [= no dejes de ir]

En otros casos la partícula *ya*, unida a *que*, produce usos causales: *Aprovecharé para trabajar en casa, ya que hace frío*. La explicación cognitiva es igualmente clara: la oración causal implica una decisión sobre algo que, de ser de otra manera (discontinuidad) no la implicaría. O sea que dados dos sucesos:]No hace frío[/]Trabajar en cualquier lugar[, el cambio discontinuo de uno de ellos, produce una modificación en el otro como muestra la oración compleja anterior[15].

---

15   Otras conjunciones causales se explicarían a base de lo mismo: *puesto que llueve, no saldré* implica discontinuidad psicológica en *puesto que*, algo inmediatamente ofrecido a la mente del hablante. En *No saldré, porque llueve* no es posible la sustitución con *ya que*, a diferencia de

Ateniéndonos a los valores heterodoxos de *ya (ña)*, en cuanto a que se suponen novedades generadas por influencia de otra lengua, hay que ver si son también extensiones previstas por el sistema temporal que marca el discontinuativo. Este uso que indica "sustitución o reemplazo", por "delegación" o no, parece que es de los más previsibles por el sistema, ya que en todos los casos se implica el cambio de una entidad por otra y por tanto del estado de cosas advertido con anterioridad. Sean las siguientes frases:

14   *Yo ya te compraré tus zapatos [= Mejor yo, no otro, te los compraré] / Me dormiré ya [= en vez de hacer otra cosa]*

En ellas alguien realiza una acción en vez de que otro la realice, dado que es el sujeto quien carga con la modificación directa de *ya* (*Yo ya...*), o bien la acción es tal, que no se sustituye por otra ni reemplaza a otra, puesto que es el verbo el que se supone modificado. En ambos casos la concepción es la misma, aunque la interpretación difiera. Completando la idea, se lee en Calvo (1999: 45):

"En el primer ejemplo hay una prioridad, próxima cognitivamente a la que ofrece *todavía*, en un comportamiento en que las partículas unidas en el conocimiento implican un sistema espínico conjugado: *todavía* indica anterioridad sobre el conjunto e imperiosa necesidad de adscribirse al mismo y *ya* preferencia, es decir necesidad imperiosa de que no se adscriba otro. En el segundo, el reemplazo se produce: es lo otro y no lo uno lo que predomina, la parte consecuente en vez de la antecedente, pero de igual modo implica la discontinuidad a que fuerza toda elección."

Cuando la partícula –como tal funciona dada la diferente operatividad que se deduce de su posición móvil– se ve reforzada por la presencia de *también*, que es un corroborador afirmativo del estado de cosas previo, el resultado es de contraste o alternancia aún más marcados. El ejemplo

15   *Su mamá ya también es buena (= por el contrario su mamá es buena)*

parte de la idea de que la madre es, antes que nadie, buena, idea que refuerza *también*; pero aplica además el contraste o reemplazo con respecto a otras personas que en verdad no lo son, idea que aporta *ya*. Ello da, creemos, como resultado una acepción ampliamente positivizada (equivalente a "especialmente") que de

---

puesto que, en razón de que la causa se produce sobre la continuidad del fenómeno: *por de porque* es un prolativo de la serie *también / todavía / siempre...* En este sentido, se podría hablar de dos tipos de oraciones causales: las continuativas (o de causa continuada) y las discontinuativas, distinguiéndose entre las segundas las que manifiestan toma de conciencia previa (de discontinuidad psicológica) de las que no presentan ninguna continuidad (o de causa discontinua).

otro modo quedaría sólo en "preferentemente , mejor" como en *Llank'ayña* "mejor trabaja". Ahí, entre "prefentemente" y "especialmente" es donde *también* aporta su significado, aunque lo más común sea que señale la mera adición: *¿Qué tal si yo ya también voy?*, pregunta simplemente si "yo, a mi vez / a mi turno voy", en sustitución o por delegación de alguien y junto con otras personas.

Por último, la asociación de *ya (ña)* con *todavía* [= "primeramente"] (*-raq*), frente a la de *ya* con *todavía* [= "en cambio; igualmente, también"] (*-taq*) produce la siguiente confluencia de matices, que se observa en la traducción que dan los lexicógrafos: *ñaraq* "ya todavía [= ya poco falta]" / *ñataq* "ya otra vez; también". En el primer caso la continuidad prosigue aunque se hace inminente el cambio, en el segundo el aporte aditivo-contrastivo ofrece con claridad un nuevo evento.

2.3. *Ahora* y *entonces*

El español andino hace usos aparentemente similares a los del peninsular en cuanto a *ahora* se refiere. Pero hay diferencias. En quechua *kunan* significa tanto "ahora" como "hoy; día, actualidad" igualando la experiencia del hablante, el momento de su emisión enunciativa, con el momento natural astronómico, es decir, con el día. Lo mismo sucede en jaqaru, una de las lenguas aimaras, en que *akisha* vale por "ahora; hoy" (< *aki* "encontrar"), aunque la forma *asha* "ahora" hace funciones meramente adverbiales. Si a eso se añade que la confusión *ahora / hoy* se producía ya en castellano antiguo, el resultado es previsible (Kany 1994: 328); por ejemplo: *desde hoy [= ahora] te vino a buscarte el carretero*. Para compensar la polisemia, en aimara *hichhüru* "hoy día" está directamente relacionado con *hichha* "ahora", lo que las hace homoléxicas semánticamente hablando: lo mismo que en quechua *kunan* "ahora, hoy" con *kunan p'unchay* "hoy día". Ello provoca la necesidad de especificar más en todo el ámbito andino, desde el sur de Colombia a Argentina (Lee 1997: 148-151): *Hoy día estamos a siete de mayo / Hoy día iremos al cine*, lo cual provoca, a su vez, que para atender al ahora de la enunciación sea preciso recurrir a *ya*: *Desde ya [= ahora] me obligo*.

Ahora puede indicar tanto el presente (puntual) como el pasado o el futuro próximos (agrandado). Por ejemplo: *Kunan rantikuy* "compra tú ahora" es un presente vertido al futuro. El momento de la enunciación alargado directamente al futuro necesita que el verbo esté en tal tiempo (*kunanqa ña samasaqña wawaykunamanta* "ahora ya me desahogaré de los hijos"). Para indicar el presente real de habla la frase quechua se completa con el progresivo *-sha-* unido al verbo (*kunan huñunapi kashani* "tengo reunión ahora [= en este mismo momento]") o simplemente en un contexto durativo (*kunanqa paray tiyinpu*, "ahora [es] la época de lluvias"). Para indicar el vector de pasado se emplea la forma verbal del presente acabado (*kunan riqsichiyku* "ahora le hemos hecho entender").

Por este lado, por el de la confluencia "ahora / hoy", la extensión del uso de *ahora* parecería de mayor frecuencia en América Andina, lo que parece deducirse también de los usos diminutivos derivados como *ahorita* y *ahoritita*, en relación de cortesía. Sin embargo, ejemplos como *puñurayashan qaraywaqa* "el lagarto se aletarga [ahora]", suelen responder más bien a "se está aletargando", por lo que un uso mucho más frecuente del gerundio compensa la aproximación citada.

A los usos referidos de *ahora* como marcador de un tiempo real, de enunciación, más o menos separado del presente pero incluyéndolo o puntualizándolo (*¡Ahora caigo!*) se deben añadir otros en ambos continentes. Uno de ellos es el valor distributivo o disyuntivo (*Ahora canta, ahora calla*) en que el hablante parece ir recorriendo la línea del tiempo y descubriendo el momento del suceso, por lo que se aproxima a *ya* discontinuativo, ante la neutralización evidenciada entre éste y un *ahora* con rasgo de principio.

Por último, en una coincidencia que tiene mucho que ver con la polaridad negativa (valor espínico) del español, *kunan* "ahora" se puede identificar también con *mana hayk'aqpas* "nunca" en casos como: *kunanmi kunanaqa kanqa* "ahora sucedió lo que nunca" (lit.: "ahora sucedió lo de ahora [en un momento irrepetible]"). Este uso es compartido en todos los dialectos y variedades del español.

Por su parte, *entonces* remite a un ahora virtual, es decir a un momento de superposición con otro tiempo, el referido por el enunciado y no el anclado por la enunciación. Por ello, en quechua se organiza tanto con los deícticos *chay* "eso", *haqay pachapi* "en aquel tiempo"[16] o el modal *hinaspa* "siendo así", como con el ilativo *ichaqa* "por fin" en entornos negativos:

ENTONCES [pas.] (en aquel tiempo), *haqay pachapi*; [fut.] (luego), *chaypiqa*; [+lim.] (por fin), *ichaqa*; [+t.] (siempre que; si), *chaytataq*; «fig.» (siendo así), *hinaspa* (Calvo en prep.)[17].

En aimara la construcción es la misma que en quechua: *uka-pacha(na)* "(en) ese tiempo", lo mismo que *haqay pachapi*. Fuera de los usos rectos, *entonces* puede tener un valor corroborativo, pero no constatativo, en cumplimiento de su programa semántico virtual: *¿Entonces vienes [= vas a venir]?* / *¡Pues entonces no te quejes!*, lo que sucede tanto en español peninsular como en andino. Esto le aproxima a *ahora*, aunque no pueda identificarse con su efecto de realidad; compárese con *¿Ahora vienes [= estás viniendo]?* en que el corroborativo se hace constatativo y el presente intencional deviene en presente real. Del mismo modo, *ahora* puede desplazarse, en un reflejo de virtualidad a otros usos. Así, *Yo conozco su versión; ahora... [bien],*

---

16   El cambio de deíctico a partícula temporal tiene su réplica en ejemplos como *kunan wata* "ahora año" [= "este año"], donde sucede al contrario.

17   Donde [pas.] es pasado, [fut.] futuro, [lim.] limitado, [t.] durativo temporal y "fig." figurado.

eso no es todo, desplaza el tiempo enunciativo a un modo de función adversativa, con proximidad a *pero*. Por esta vía puede acercarse al uso de *entonces*, sin que llegue a identificarse totalmente con él: *Yo ya te lo he dicho, ahora / entonces tú verás*, donde *ahora tú verás* se muestra como una yuxtaposición que indica continuidad temporal en el presente, mientras que *entonces tú verás* muestra preferentemente cierta virtualidad consecutiva (con equivalencia de *así que*). Por eso, la primera frase puede alcanzar un matiz de amenaza por la proximidad real del mensaje, lo cual se evita en la segunda por su ambigüedad temporal: lo inminente de *¡la solución, ya!* deja paso a lo lejano de *¡vételo pensando!* según uno de mis informantes. Estos usos son igualmente posibles tanto en el dialecto andino como en el peninsular.

3. Partículas copulativas

Son aquellas que indican suma en el campo de la coordinación. La más universal es *y*, conjunción que explica a las demás, las cuales son *ni, también, tampoco*, etc. Me fijaré especialmente en sus usos diferenciales respecto al español peninsular, por lo que tengan de partícula como proyección de una lengua aglutinante y en función de la claridad del mensaje que se obtenga tras su conocimiento diferencial sistemático.

3.1. *Y* y *ni*

Las partículas adscriptivas básicas son *y* y *ni*. Justiano de la Rocha (1986: 31-32) aduce ejemplos como los siguientes, en relación con el español de Bolivia (Mendoza 1992: 437 los centra solamente en Potosí y Chuquisaca, pero creo que el fenómeno está más extendido):

16 *¿Estás yendo y?* [= ¿Estás yendo, no?] / *¿Te acuerdas y?*, [= ¿De verdad te acuerdas?], en que se presiente el responsivo *-ri* del quechua (o bien *-sti* del aimara).

que no se dan ni en español peninsular ni en registros cultos del español andino. En quechua existe una invitación pragmática a hablar, a responder a una pregunta, impulsada por el responsivo, así llamado, que es el que pretende captar el ilativo *y* español, aquí constituido como partícula, el cual puede hallarse también en posición inicial: *phayna-ri qanqachus* "¿Y han dicho que habrá faena?" Curiosamente, *-ri* (mejor todavía *-rí*) es resultado de una aféresis de *arí* "sí" y el español andino registra con frecuencia la traducción del adverbio inicial: *¿Sí está Juan? / ¿Este bus sí sabe llegar a Quito?* (Lee 1997: 129)[18].

---

18 Sólo circunstancialmente el ilativo puede ser *pues* inicial: *Ñachu wakata-ri wataranpurankiña?* "¿Pues, ya has amarrado a las vacas?" (Cusihuamán 1976: 239), donde el citado autor recoge la mayoría de los usos de *-ri*).

Junto a este uso, *y* tiene la función universal de coordinador no marcado y reversible (*Juan viene y yo me voy / Yo me voy y Juan viene*) tanto en español andino como en cualquier otro dialecto de la lengua.

Aparte del uso corpuscular detectado, hay otro más en castellano andino que identifica -*wan* "y; con" con "también": *Kaytawan qusqayki* "te daré esto y [= también]", lo cual viene explicado porque hay una confluencia muy curiosa entre quechua -*wan* y español *y* ≈ *con*: *K'aspi-wan maqawarqanku* "Nos pegó con un palo", pero *Kapulita-wan durasnuta-wan apamusayki* "te traeré (y) capulíes y duraznos" / *Luis se casó con ella = Luis y ella se casaron*. La diferencia está en que el instrumental *con* indica cierta subordinación al elemento inicial puesto, lo que lo convierte de hecho en un elemento interstancial[19]. En quechua, el instrumental puro tiene la misma base semántica que en español. Compárese: *Le pegó con un palo* no se puede formular como **Él y un palo le pegaron*, como consecuencia de que la potencia controladora del /Humano/ y la del /Material/ no pueden equipararse. Por lo dicho, es bastante natural que la fórmula *Fueron con su esposa al cine* [= Él y ella fueron...], conocida ya siglos atrás, haya perdurado en el castellano andino.

Respecto a *ni* hay que destacar en principio su significado aditivo negativo "y no". Se emplea tanto en coordinaciones con elemento negativo antepuesto (*Juan no vino ni yo quiero que venga / Ni Juan ni Luis vendrán*) como supuesto (*¡Ni que fueras tú su padre!* <que no lo eres>, ofreciendo, además, las acostumbradas interpretaciones enfáticas de otros aditivos (*¡Ni te cuento!*). Los usos en castellano andino estimo que son los mismos, distinguiendo los que son enfáticos de los que no lo son. De ahí que se pueda utilizar en quechua *manan* "no en verdad" y *manaña* "no ya" o las formas correspondientes al yusivo: *aman / amaña* "no hagas / ya no hagas", pero que se prefiera el calco desde el español: *ni-raq*, etc.

3.2. *Más, además*

Más es el aditivo puro (sobre unidades previas o subconjuntos irreversibles) marcado en español –frente al coordinativo *y* no marcado– y refleja directamente las estructuras quechuas de -*wan* / -*puwan* "y, con". *Además*, por su parte, es el aditivo parcial (sobre un conjunto global previo) también marcado y se glosa a través del quechua -*pas* / -*pis* (el conjuntivo y definitivo aimara -*sa* y, más propiamente,

---

19   Esto sucede en todo sintagma: si se trata del sujeto, el resultado será un sujeto interstancial *(Lo hizo Juan con su nuera)*; si de un objeto, un objeto interstancial (*Juan toma leche con miel*) y así sucesivamente. Esta interstancialidad produce las lógicas restricciones: *Juan bebe leche con miel* no se puede parafrasear ortodoxamente como **Juan bebe leche y miel*, etc.

el agregativo *-raki*) con la glosa "además, también, en adición a...". Respecto al primero, las facilidades para posicionarse en último lugar de la frase son idóneas, como se aprecia en los ejemplos quechuas (*P'unchay tutantinpuwan* "lit.: el día junto con su noche más" / *Tiyuytawan ñuqatawan pasachiwanku* lit.: "nos condujeron a mi tío más, a mí más"[20]) o en los correspondientes castellano-andinos:

17 *Vino con su hermano más / trajo pan más* (citados por Cerrón, 1996).

Cusihuamán (p. 134) no se decanta por estas traducciones, que le parecen más bien vulgares, y acepta *también* (el otro aditivo) en algunas glosas, con resultado menos literal: *Kachita-wan qumuway, allichu!* "también déme sal, por favor", equiparable a "déme sal más" y no a "déme más sal". Estos resultados indican que *más* queda anquilosado en distribución posposicional.

3.3. *También* y *tampoco*

Todas las lenguas disponen de partículas afirmativas y negativas como las anteriormente descritas, las cuales se potencian con las llamadas confirmativas o ratificativas. Es el caso de *también* ("y sí") y *tampoco* ("y no") en la lengua española. Éstas se manifiestan como adverbios que, colocados en determinado lugar de la frase, operan desde ese lugar en un ámbito determinado, al tiempo que presuponen que en contextos o situaciones anteriores existe de modo explícito o implícito alguna afirmación o negación previa. *Yolanda también vino* supone que <alguien vino antes>; *¡También Yolanda dice unas cosas!...* implica que, de modo virtual al menos <alguien dice cosas similares a las suyas>, etc. Eso mismo vale para *tampoco*: *Yolanda tampoco vino* <alguien dejó antes de venir> / *¡Tampoco seas tan terco!...* <no seas terco, ni otras cosas / no seas tan terco, que algunos no lo serían en esta circunstancia / no te ratifiques en tu terquedad>. La fuerza de lo implícito es tanta que en ejemplos ambiguos como el andino *Ya también ve* (q. *Riyñapas*) no se debe entender que alguien haya ido antes, sino que se autoriza buenamente, ante la posible insistencia, a que el apelado vaya: "está bien: vete si quieres". El español peninsular no está exento de esta interpretación de *también*; al contrario, abunda cada vez más en ella.

Cerrón-Palomino (1996) ha estudiado parcialmente la partícula adverbial citada, encontrado para ella valores consabidos, a los que me adhiero[21]. *También* y *tam-*

---

20 Este ejemplo, tomado de *Ñuqanchik runakuna*, relato recogido por C. Escalante y R. Valderrama (CERA "Las Casas", 1992: § 81) nos ha sido traducido así por un informante, a imitación de como suele decirse frecuentemente en el Altiplano.
21 Difiero del investigador peruano en algún aspecto menor, como el que *también* no exprese en español peninsular los matices de inclusión andinos. Véase: *Allí tiene el perro con sus padres;*

poco (en quechua *-pas / -pis*, en aimara *-sa* y en quechua *manan / manapas*, en aimara *haniraki* "no además / pero / pues", respectivamente) pueden resumir sus usos en el siguiente esquema:

También / (tampoco):
Ortodoxo:
Aditivo / inclusivo
Valor de ratificador
Valor de enfatizador inclusivo
Heterodoxo:
Indefinido
Valor de enfatizador de probabilidad y duda
Valor de alternante o exclusivo

Los usos que tales adverbios tienen en español peninsular están aún en algunos casos por elucidar como en *También tú, ¿qué cosas le dices al niño?*, que no implica, contra lo que parece, que un alguien anterior haya dicho, al menos de modo explícito, algo al niño. En ortodoxia de uso, con cambio de orden de las palabras, *Tú tambien* sí implica que hay un alguien anterior adscrito al mismo conjunto (*Juan irá a Irlanda y tú también*), lo que presupone siempre una frase afirmativa previa coimplicada en los hechos, al contrario que *tampoco* que la supone negativa (*Juan no irá a Irlanda ni tú tampoco*). Pero en el ejemplo de referencia –y abundando en lo dicho más arriba– ese *también* no lleva necesariamente asociado un proceso afirmativo repetido, sino una enfatización del emisor sobre un receptor incluido a duras penas en el conjunto de los que dicen cosas no frecuentes o inapropiadas que no deben oír los menores. En ese sentido, *también* vendría a ser una variante de los operadores lógicos del tipo *hasta* y *entre* no preposicionales (*Hasta Luis lo vio / Luis hizo hasta la cabra para que no llorara el niño // Entre los dos lo subiremos*), lo que le aproximaría al uso inclusivo de Cerrón-Palomino.

Existen, por tanto, en el Altiplano tres valores considerados usuales en castellano peninsular y al parecer algún matiz más en usos no alcanzados en la península. Esos usos, más los valores más sedimentados, tienen mucho que ver con las par-

---

allí come (también) y duerme también. Ciertamente, la repetición del aditivo *-pas / -pis* no se realiza abundantemente en la península con *también*, ya que hay una preferencia por *y*: *Ve a moler el maíz y a comprar el trigo y a encargar las almortas; no olvides nada.*

tículas quechuas (y aimaras) comentadas. Incluso el orden cambiado de su aparición en las frases o el anquilosamiento final y esquemático que presentan nos
fuerzan a considerar que su incidencia es a manera de una posposición, es decir,
como partículas propias también (aunque se escriban separadas).

Voy a reflexionar sobre ese comportamiento para mostrar directamente cuál ha
sido el calco operado por influencia subyacente amerindia. *También* indefinido se
encuentra en interpretaciones como las siguientes:

18   *¿Qué también se llamará? / ¿Qué también está hablando?* (= ¿De qué modo se
     llamará? / → Habla de cualquier cosa, de todo)

y responde claramente al aditivo *-pas/-pis* (aimara *-sa*) por cuanto este aditivo se
añade a pronombres de base para formar indefinidos: *pi* "quien", *pipas* "alguien,
quienquiera" / *mayqin* "cual", *mayqinpas* "cualquiera, cualquiera que sea" / *imay-
na* "como", *imayna-pas* "como sea, comoquiera que sea" / *hayk'aq* "cuando",
hayk'aq-pas "cuando sea, cuandoquiera que sea" / *hayk'a* "cuanto", *hayk'a-pas*
"cuanto sea, cuantoquiera que sea" (ai. *kawkina-sa* "donde sea", …), … Esta
interpretación indefinida es concomitante con la realidad cognitiva de la partícula: la adición de un elemento a un conjunto, en serie abierta, lo convierte en abierto y por ello en indefinido, a diferencia de lo que sucede en serie cerrada, en que
se presupone la clausura (cuando *también* es aditivo). Otra cosa es que el español
peninsular no se base en el mismo criterio, ya que en este caso es la libertad de la
participación de un elemento más del conjunto ya acotado lo que cuenta: es decir,
alguien o algo que sea o que pueda ser en el conjunto formado. En este caso, el
español andino restringe los usos de estas últimas formas (aunque faltan por
hacerse estudios monográficos al respecto) y potencia los de *también* indefinido.

En cuanto a *también* como inclusivo no enfático o coordinador, me parece que su
uso es semejante al del español central, aunque no su repetición o la posición fija-
da postnominal:

19   *Luis también, Juan también ha venido,*

cuya glosa presenta en quechua dos veces el aditivo *-pas*. Por otro lado, existe en
esta lengua un inclusivo enumerativo *ima*, que tiene, de hecho, la misma traducción:
Asnapata ruqututa ima rantiyakamunki "vas a comprar asnapa y rocoto" (ejemplo
de Cusihuamán, 1976: 149) ha sido traducido por uno de nuestros informantes como
"vas a comprar asnapa, rocoto también", glosa que es concomitante con la peninsular[22]. Al tratarse de una partícula conclusiva, su trueque por *incluso* es, en este caso,

---

22   *Ima* representa directamente la serialidad y en ese contexto funciona como un aditivo recopilati-
     vo especial con el resultado de "también, incluso", etc. A diferencia de *-pas / -pis* que se añade

posible (y preferible): *Llinphuta maqawarqa: hayt'awan, saqmawan, k'ichiwarqa ima* "Me pegó duramente: [y] me pateó, [y] me dio puñetazos e incluso (= y también) me pellizcó" (Herrero y Sánchez de Lozada, 1983, s.v. *ima₂*)[23].

Similar suerte traductológica corre el coordinativo instrumental *-wan* del quechua, que admite la glosa con "y" en forma de polisíndeton como es habitual para el quechua (véase el ejemplo de más arriba), así como la glosa con "más, también", ya que es aditivo (ejemplo siguiente): *kaytawan qusqaykin* "te daré esto más / también".

Cognitivamente no hay problema en considerar que *también* es un operador inclusivo de un conjunto positivo (como *tampoco* lo es de uno negativo), condición que igualmente se adjudica a *-(pi)wan* en quechua como enumerador puro en el primer elemento coordinado de la frase (aquí sí radicaría la novedad, aunque sin efectos interpretativos añadidos: *También Luis, también María ha robado [= Ha robado Luis y también María]*). El caso es que ahora la adición se realiza sobre términos reales (tanto con *ima*, con *-wan* o con el mismo *-pas*) y no sobre virtuales (como en el caso del indefinido añadido a operadores pronominales, que por ser pronombres no funcionan en esta situación como identificados). La última precisión que cabe hacer por el momento es que *-pas* tiende más a la indefinitud y por eso se utiliza también con verbos *paypas richun* "vaya también él" / *mikhuchunpas* "aunque sea que coma". (Compárese con *T'ikapas, ñust'apas, ch'askapas, qanpas, tiyuspa kamasqankunan* "la flor y la princesa y el lucero y también tú son creaciones de Dios" (Lira, 1944.)

Todos estos usos cuadran con los correspondientes quechuas, según la descripción de Cusihuamán (1976: 249-252). Estos son, resumidamente:

1) Inclusión, acuerdo, igualdad o identidad (uso más común similar al del español peninsular): *Nuqa-pas hawallataqmantan kani* "Yo también soy del campo".

2) Acumulación por coordinación (uso común): *Uqa-pis añu-pis wiñanmi Chinchirupiqa* "En Chinchero crece además la oca y el año [= la oca también y el año también]".

3) Alternancia (uso no esperado, opuesto al normal o polarizado como el espín del fotón): *Papapaq-pis lisaspaq-pis qusqaykiyá kapulitaqa* "Puedo darte capulí-

---

repetidamente a cualquier sintagma marcando cada elemento del conjunto (de ahí la repetición de *también* como coordinador en el ejemplo 18), *ima* señala el último elemento de la serie. Así evita ser repetido: *t'antata, kachita, asukarta ima rantiyakamunki* "comprarás pan, sal [y] azúcar también".

23 Con el fin de uniformar criterios ortográficos, salvo en los ejemplos que escriba entrecomillados, me voy a servir una vez más de la ortografía oficial aceptada en el momento presente. Me permitiré, igualmente, seguir adaptando los ejemplos, en cuanto a sus glosas, siempre que esto no suponga manipulación sobre los argumentos y los usos constatados con los hablantes.

es para papas y también para ollucos [para una cosa o la otra, pero no para las dos]"[24]

4) Probabilidad o duda (como el operador intensivo señalado arriba): *Papataqa qasarapun-pas-chá!* "¡Quizá lo habrá helado [también] a las papas!"[25]

5) Formación de indefinidos, como vimos arriba (p. 113: *pi* "alguien" / *pi-pas* "alguien, cualquiera que sea" / *mana pi-pas* "nadie, etc.).

En español peninsular ni la interpretación indefinida se da ni el énfasis se resuelve siempre de la misma manera que en el Altiplano. Tampoco se encuentran ejemplos de alternancia para los que es preferible el *o* disyuntivo (*... para las papas o para los ollucos...*). Es el listado de usos que he llamado heterodoxo –para entendernos– y que hace de *también* un operador bastante diferente del resto del castellano. No obstante, una vez asumido el valor indefinido principal, los dos siguientes se interpretan directamente de la función espínica ya advertida: lo dudoso se adhiere a lo indefinido y lo alternante lo propicia. En este sentido, lo verdaderamentre original del castellano andino es que se haya proyectado *-pas / -pis* siempre como *también*, en una clara imposición del significante único quechua sobre el significado hispánico.

Respecto a *tampoco* son pocas las precisiones que necesitamos hacer. Por un lado, muchos hablantes prefieren decir *también no*, de modo que la negación con presuposición se oye a intervalos. Godenzzi (1996: 92) ha recogido el siguiente ejemplo en Sicuani: *Yo también no voy al mercado* y yo mismo lo he oído repetidas veces en el área de Cuzco[26]. Las glosas con *manan* "no en verdad", *manataq* "no pues" o *manapas* "no también" y las interpretaciones analíticas de aimara *-sa* y *-raki* son suficientes para observar que no hay proyección relevante de las lenguas andinas al español[27], salvo en la solución citada.

---

24 Esto conlleva que el uso de *también* sea incierto cuando el contexto es ambiguo. Es lo que sucede con *o* en español, que puede indicar tanto adición como sustracción o disyunción: *Come o* (= *y*) *bebe lo quieras / Lo compraremos aquí o enfrente* (en uno solo de los dos sitios). De nuevo estamos ante el comportamiento fundamental del espín.

25 Equivalente a *Hasta puede que se hayan helado las papas*. Aquí *hasta* como operativo sería el equivalente al enclítico que analizamos. El uso de *lo* como correspondiente a *-pu-* es otros de los calcos que registra el español de la zona por influjo quechua. Véase más abajo.

26 Toscano (1953: 333) registra ejemplos similares para el Ecuador.

27 El mismo autor registra usos de *tampoco* como producto de la traducción de *mana -pas / -pis*: *Mana rikuskani-pis* "Tampoco [= no también] he visto", con preferencia por la anteposición anquilosada. Por otra parte, en aimara *-raki* es para algunos sólo un equivalente esporádico de *también* como se observa en *yatiri-raki-:thwa* "también soy sabio" (Cerrón-Palomino 1994: 141). La razón está en que *-raki* es una marca de inclusión, cuyo significado positivo o negativo se debe al contexto, por lo que *haniraki* "tampoco" es igual a "también no" (*hani-raki-s(a) mun-kitixa* "no quiere también" [= "también no quiere"] o [= "no quiere tampoco"]). De ahí que muchos hablantes del Altiplano suelen traducir frases como *hupa-s(a) haniw t'ant' munkiti* como

4. Partículas restrictivas

Estas partículas, según confirman los estudiosos, se presentan como auténticas posposiciones, sobre todo en aquellos usos en que la diferencia con el español peninsular es más evidente. Del mismo modo que *y* de final de frase se asemejaba al responsivo *-ri* del quechua (*-sti* del aimara) en posición correlativa, así estas partículas, principalmente *pero, pues* y *no más*, se acumulan como añadidos dependientes a la palabra que afectan, cual si se tratara de sufijos aglutinantes. De esta manera, a un nivel subléxico, el español andino traduce los enclíticos del quechua y del aimara en correspondencia biunívoca, copiando los matices pragmáticos de las partículas o sufijos de las lenguas de procedencia.

Cerrón-Palomino (1996: 117-118, n. 9) coincide con Lipski (1996) en señalar que las partículas son las citadas, los cuales habían sido oportunamente señaladas por Kany (1945). Se dan en los ejemplos siguientes:

20   *Mírala pues pero / Los dos nomás pero / Entra nomás pues / Dile nomás pues pero,*

en que se percibe una cortesía progresiva de carácter pragmático, que en caso de imperativos implica súplicas o peticiones más que órdenes estrictas. Laprade (1981), considera que tales expresiones afectivas (en que el orden posposicional fijado es *nomás, pues, pero*) se deben a influjo aimara. En efecto, Laprade establece esta relación

21   *Saram* "anda" / *saramay[a]* "anda pues" / *sarakimay[a]* "anda nomás pues",

semejante a la que se da entre los sufijos aimaras *-ki, -puni* y *-raki* y los sufijos paceños *nomás, siempre, pero*. Esto es cierto, pero como quechua y aimara son a su vez dos lenguas producto de una larga interacción no exenta de 'familiaridad', puede decirse que hay un triple refuerzo en los usos citados. No obstante, la predisposición histórica para esta conducta, previa al encuentro de las lenguas en liza, es en muchos casos innegable: el español *nomás* aparece en muchísimos otros lugares de América distantes geográficamente de los del limitativo *-lla* del quechua (más del aimara *-ki*) y tiene en castellano al menos tantos usos como los que los gramáticos reflejan para estas dos lenguas andinas, los cuales confluyen en la misma abstracción gramatical, la de un operativo suboracional paracasual

---

"él tampoco no quiere pan", confundiendo los papeles ortodoxos de la negación en relación con su posible reproducción tópica: antepuesta, la negación niega; tras el verbo refuerza una negación anterior. De este modo, el doble sustrato quechua y aimara posibilita las soluciones analíticas citadas.

(Calvo, 1993: § 7.3.1.3. y 7.3.1.4.), es decir, una partícula que afecta a la raíz o sufijo más próximo a su izquierda en un ámbito igual o menor al de la oración (o la frase verbal) y que se comporta aparentemente como un flexema de caso.

22   *Mä kimsa-k munta* (ai.) "Quiero unos tres no más" / *Parlakusha-lla-raykun* (q.) "Estuvimos conversando no más")

23   *Aymar parlxa-rak-tasa* (ai.) "Ya hablas aimara, pero" (concordante con el quechua *-raq*)

Sea como fuere, mientras que las partículas afirmativas (*y* y *también*) y las negativas (*ni* y *tampoco*) estudiadas en § 3 suponen suma, bien sea de números positivos, bien de negativos, las que analizo en este apartado son partículas de resta, lo que quiere decir que manifiestan cumplimientos al lado de incumplimientos, contrastes opositivos, exclusiones y demás reducciones operativas en el seno del mensaje o en su puesta en escena, en el enunciado o en la intención enunciativa de los hablantes en el acto de habla. A esta línea general, siempre esperada, hay que añadir también empleos inusitados en el español del Altiplano, los cuales nacen del predominio de las lenguas circunvecinas como voy a mostrar.

4.1. *Pero*

La aparición final de *pero* en frases del castellano andino admite dudas[28]. Cerrón-Palomino no se decanta por una correspondencia quechua admisible y recurre a *hinal* como posposición del quechua de Huancayo (*mana-m shamun-n-chu hinal* "no viene pero"). *Hina* es más bien un aproximativo con correspondencias como "así, de este u otro modo", "como", "tal", "cual" (Calvo en prep.).: *chunka wata hinan* "hace como diez años" / *hinata quway* "dámelo así, como está", sin que se registre la traducción propuesta. Haciendo historia, González Holguín (1607: 122r) indica que "ca o ri dize, y, pero, mas, o mas antes, o antes si, antes no" por lo que sería el topicalizador *-qa* o el responsivo (o reanudador de la conversación) *-ri* el equivalente de paso. *-qa* no creo que lo sea, dado que su frecuencia es alta en la mayoría de los dialectos quechuas y la de *pero* en castellano andino no llega a tanto. No obstante, Lira (s.v. *kka*) afirma que "equivale o significa también: Pero, empero, mas, cuando, como, antes si, antes no, aunque, ya que",

---

28   Es previsible que el castellano, que ha introducido también partículas en el quechua y el aimara, haya aportado en compensación ésta misma. Así, *hasta* (*hasta paqarinkama* "hasta mañana, hasta") o *pero* (*hamuy piru* "ven, pero / pues"), de manera que, al menos en este último caso, es difícil conocer la procedencia correspondiente.

siguiendo claramente a González Holguín, y ejemplifica: "*qan mikhuy, ama nuqa-qa* "come tú (empero, pero, etc.) mas no yo". Por otra parte, como *pero* es adversativo e indica un cierto contraste desde la semántica quechua, la traducción podría recaer de nuevo sobre -*taq*: *Kaymi puka, kayña-taq yuraqmi* "este es rojo, pero este es ya blanco", aunque nos confunde su papel coordinante y su ubicación no pospuesta en las frases castellanas. Con esta misma objeción, parece haber una partícula compleja candidata a esa correspondencia. Se trata de *ichaqa*: *Ama qunqankichu ichaqa* "pero no olvides" o bien "no olvidarás pero", aunque a veces ocupa lugar intermedio en quechua con variaciones a "empero" y a "eso sí, a condición", o "por fin" (Perroud-Chouvenc, s.v. *icha*). Buscando de nuevo en González Holguín, la candidata podría ser -*ri*. Lira la considera conjunción adversativa: "pero, empero, antes sí, antes no" como en *Pay rinqa, qan-rí qhipanki* "él irá, mas tú quedarás". Si se pudiera decir con naturalidad en castellano andino "él irá, tú te quedarás pero", la candidatura podría ser impuesta. Cushuamán, por su parte (pp. 238-239), da las dos equivalencias más frecuentes "y" y "pero": *Pitaq qan-ri kashanki?* "¿Y quién es usted" / *Pitaq-ri?* "¿Pero, quién es?".

Pese al intento, ninguna de estas aproximaciones me parece la efectiva, ya que *pero* funciona en esos casos como nexo. Por lo que se deduce de las traducciones del aimara, -*raki*, emparentado con el quechua -*raq*, este enclítico tiene visos de ser el equivalente del corpúsculo *pero*, aunque otras correspondencias de aquél con *pues* (al igual que -*taq*) o con *también* (al igual que -*pas*) disfrazan su exclusividad. Por otro lado, al ser -*raq* un continuativo y *pero* un restrictivo, la correspondencia no podrá ser absoluta. La revisión de los trabajos de Laprade (1981) y MacLean (1981), así como las distintas morfologías aimaras a nuestro alcance (Martín 1974, Carvajal 1983, Hardman *et al.* 1988, etc.), nos invitan a pensar que el *pero* terminal de frase tiene un ascendiente aimara más que quechua –lo que avalan los hechos diatópicos de su uso mayoritario en el área puneña y en la Bolivia aimarahablante– y que a diferencia de los valores copulativos, ilativos o aseverativos, éste los tiene pragmáticos. Eso sucede también con *nomás*, o *pues* (reducido en muchos casos casi a una sibilante africada bilabial *ps*: *Aps!* = ¡"¡Ah, pues"), que utilizados ya esporádicamente, ya con una continuidad molesta para el estándar, indican grado creciente de cortesía conforme avanzan en el proceso de pragmatización. Por ejemplo:

24   *No entiendo lo que dices pero / No creo que sea la verdad pues* (ejemplos cruceños del Virreinato del Río de la Plata, usados para una respuesta cortés).

Estos usos pragmáticos quedan reducidos a simples rellenadores (matizadores) del discurso u operan como índices de familiaridad para MacLean. En concreto "*pues*, as it is used in Bolivia, has evolved into a word which in many cases can

only be described as a space filler, such as the English 'uh', or a softening agent
to create a sense of familiarity between speakers" (p. 230). Laprade, de la misma
opinión, sostiene que "it seems that at times both *pues* and *ps* serve the stylistic
function of softening a response" (p. 215). Habría que observar, además, que es
la forma que más se ha pegado a la palabra anterior, hasta constituir un auténtico
sufijo enclítico a imitación del quechua y el aimara. Respecto a *pero*, Laprade,
tras señalar que "[-raki] has several functions in Aymara which are not analogous
to the usage of *pero* in La Paz Spanish" y matizar que "the correspondence between [-raki] and *pero* is the least recognizable and the most tenous" (p. 219)[29],
considera que la correspondencia no es al ciento por ciento, pero que la influencia del sustrato aimara es innegable y que un rasgo integral del aimara ha pene-
trado con valores gramaticales en el español de La Paz, rasgo que al ser sobre
todo corriente en imperativos (*Dile nomás pues pero*), nos invita a pensar que se
trata de un valor acumulativo de cortesía pragmática[30] y, por supuesto, a aceptar
la notable intuición de Kany de que la partícula funciona como una verdadera
posposición. En resumidas cuentas, que el español de las tierras altas de Ecuador,
Perú y, sobre todo, Bolivia, se ha visto acrecentado también con este enclítico
como consecuencia de la sinergia tipológica del quechua y el aimara.

Por otro lado, el quechua ha tomado *pero* español como préstamo: *haku, piru*,
papay "ven, papá", *rurasaq piru* "sí lo haré" con igual sentido cortés y con cruces o neutralizaciones diversos: *Hamuy piru* "ven, pues", *suyaykuy piru* "espera
no más" (Perroud-Chouvenc, s.v. *pero*).

4.2. El polivalente *pues*

Ni que decir tiene, por continuar con el desarrollo del epígrafe anterior, que otra
posposición del español andino como *pues* se debe también a común calco quechumara. Esta partícula tiene relación, por la traducción que suelen hacer los
hablantes, con el contrastivo *-taq* (aimara *-y(a)*), que en quechua tiene las siguientes funciones y glosas, que resumo (Cusihuamán, 1976: 252-254):

---

29 Si se compara con las correspondencias más nítidas previamente citadas. A saber: *pues* y *nomás*
    con los politivos *-ya* (p. 216) y *-ki* (p. 217) y *siempre* con el enfático certitudinal *-puni* (p. 219).
30 Los estudios conocidos sobre *-raki* indican que además de cortesía, aporta grado de familiaridad
    no exenta de ternura. Para Briggs (1981: 93-96) se usa en los mercados para conocer cortésmente
    el precio de las cosas, en preguntas retóricas o intervenciones sarcásticas (para lo que se le hace
    corresponder con "pues"), como mecanismo objetador o de demeritación (*put-down device*) de un
    anciano a un niño como reprimenda por los actos de éste, como reproche familiar importante,
    como elemento precautorio hacia los jóvenes, etc., siempre en el ámbito de la función emotiva en
    calidad de enfatizador. En fin, la cortesía y la descortesía van juntas y el comportamiento es el del
    espín uno, por lo que no siempre prodremos esperar la traducción por *pero*.

1) Contraste (con la glosa "pero, sin embargo", "por otra parte, al contrario", "y"): *Mamayqa qhiswatan rin; taytay-taq chakrata* "mi mamá va a la quebrada, al contrario mi papá va a la chacra".

2) Coordinación de acciones diferentes, simultáneas o alternadas (con la glosa "y", "simultáneamente", "alternadamente"): *Qusqupiqa llank'ani-taq istudiyani-taq iman* "En Cuzco y trabajo y estudio también".

3) Continuación de la interacción (con la glosa "y", "pues", "pero"): *Imata-taq ruwashankiri?* "¿Y que estás haciendo, pues?".

4) Precaución, alarma o amenaza (con la glosa "cuidado que, temo que"): *Laq'a-kuwaq-taq* "¡Cuidado, que te caerías!".

5) Aserción enfática (con la glosa "ciertamente, efectivamente, sin duda", "pues", etc.): *Ay, chikchi-taq chayarimushasqa!* "¡Ay caramba! ¡está granizando, pues!". Esta acepción de uso de -*taq* se asocia con el oponente aimara -*raki*: *Marka masima-raki-:thwa!* "¡Soy, pues, paisano tuyo!", que con -*taq* presenta también matices de reproche (Cerrón-Palomino 1994: 139).

Esto quiere decir que la diversidad de usos de esta partícula, como la de otras muchas en quechua (y en aimara), impide una relación unívoca con el español, produciéndose cruces constantes entre éstas por colisión con las otras partículas equidistribucionales. Solamente 3) y 5) se prestan, en principio, a la glosa. La cuestión es que su correspondencia, en todos los casos de aparición, sugiere que estamos ante elementos en que la sintaxis, la semántica y la pragmática han producido felices aproximaciones, sin que quepa hablar de una morfología compartida, la que impiden, de hecho, las distintas tipologías del español y las lenguas andinas.

Por otra parte, dado que los usos de 3), 4) y 5) anteriores son emotivos, la presencia de otros enclíticos quechuas como el sorpresivo o rectificativo -*má*, el emotivo -*yá*, etc. pueden admitir la misma glosa con *pues*. Perroud y Chouvenc traen, por ejemplo: *Má ripukuy* "vete, pues" (s.v. *má*), lo que también podría aplicarse a ejemplos como *Runakunayá!* "¡Hombres, pues!", si tenemos en cuenta su traducción (s.v. *yá*) o más explícitamente la de Lara: *Niykiyá* "dígote, pues!" o Cusihuamán (p. 242): *T'ikaykitaqa rakiykuwayyá* "regálame, pues, un poco de las flores que llevas". La sustitución por -*má* implica rectificación del proceder (como cuando se da permiso para algo tras muchos ruegos) o de la idea (como cuando se conoce algo por sorpresa), además del interés (del hablante en arrastrar al oyente a su parecer), según las glosas que hacen de -*má* los gramáticos quechuas. La de -*yá*, por su parte, ratifica la emoción (de alegría o tristeza según la situación extralingüística) o el esfuerzo por cooperar (en peticiones y ofertas):

25 *Qan-má riki turiyawashankiqa yanqanpis qasi!* "tú mismo, pues, me has ofendido sin apenas motivo!" / *Ay, yuraqta-má rit'irusqa urqutaqa!* "¡Caramba! Había nevado, pues, todo blanco en los cerros"!

26 *Haku-yá riqsinakusunchis* "Seamos amigos, pues"

Los emotivos o corteses acentuados, excepcionalmente, en última sílaba, responden para otros autores a glosas similares a las citadas. Cusihuamán aporta las siguientes: "pero" y "pues" (para *-yá*) y sólo "pues" (para *-táq*, para *-má* y para *-chá*), ya que la frecuencia de *pero* es algo menor en Perú, como menor es también la presencia aimara.

4.3. El limitativo *no más*

Pese a tratarse ortográficamente de dos palabras, su funcionalidad conjunta, inamovible como esquema –ni permiten alternancia en la forma *más no*, ni interpolación *no pido más sin que se rompa su cohesión semántica– permite tratarlas como una sola, aconsejándonos escribirla preferentemente como *nomás*. En efecto, *no pido más que tiempo* podría significar, casualmente, lo mismo que *pido tiempo no más* (o *no más pido tiempo*), pero *no pido más plata* difiere grandemente de *pido no más plata*: en este último caso se pide sólo una cosa, precisamente aquélla que ya no se desea en el ejemplo precedente. Es la presencia de *que*, detrás de *más*, lo que la mantiene en su posibilidad limitativa.

El diccionario de la RAE, en su edición vigente, trata *nomás* del siguiente modo:

> NOMÁS. Adv. *Argent., Méj.* y *Venez.*, no más, solamente // *Bol., Méj.* y *Ven*. En oraciones exhortativas, añade énfasis a la expresión. Atrévase nomás. Pase nomás. Ú.m. pospuesto.

A la primera ojeada se nota que el aporte léxico citado no es sino un pegote en el conjunto de las múltiples posibilidades de usos, de significados y aportaciones pragmáticas de esta partícula. Lo mismo cabe decir de la posición, aunque la posposición no es sino un indicador de que el sintagma que antecede es el que se ha visto modificado, como corresponde a cualquier operador. Los dialectos donde la partícula se emplea son mucho más extensos y diversos, como dije arriba, y en México o Venezuela, lo mismo que en Perú, Chile o Ecuador (Vázquez 1940, Kany 1994) se oye constantemente. Ceñirnos al mundo andino, sin embargo, podría enmascarar el hecho de que los limitativos quechua y aimara sean los responsables últimos de estos usos, dado que fuera del empuje de esas lenguas, el empleo es aparentemente tan frecuente y rico. Pese a ello, como nuestra área es la citada, voy a revisar su funcionamiento en ella, ya que *nomás* parece ser sólo la correspondencia semánticamente más justa entre la lengua europea y ciertas partículas andinas[31]. Comenzaré por ver cómo actúan sus homólogas *-lla* en quechua y *-k(i)* en aimara.

---

31 De hecho, González Holguín (1607: 113) emplea ya *no más* para describir el valor de *-lla* en quechua, lo que quiere decir que la correspondencia le parecía natural. Así, *llamcani* "tocar", pero *llamcallani* "tocarle nomas". Por cierto que el genial gramático también descubre los valo-

Habitualmente se supone que *-lla /-k(i)*, limita o reduce la referencia de la raíz a que se une, raíz que puede ser tanto nominal como verbal: q. *machullaña* "longevo" significa literalmente "el que ya es viejo no más", como si el resto de las cosas que puedan afectar a la persona en concreto no importaran; ai. *nayakiwa* "yo no más" señala la reducción referencial a una sola persona "sólo yo", etc. Inmediatamente que eso sucede, la función expresiva del lenguaje entra en una fase metonímica (si no es que esta función es anterior a la meramente referencial) y produce ese "énfasis" al que alude la Academia, solución cómoda para un conjunto de posibilidades en las que la principal es el afecto: *warmicha-lla-yta munakuni* "quiero a mi mujercita", la cortesía: *wathiya ruwasqata, p'aruranpu-lla-yña* "para hacer guatía, rompe ya los terrones [por favor]" y su par expresivo, la descortesía: *imatan muyupayamuwashanki?; rimari-lla-yña* "¿qué haces con tantos preámbulos?, habla de una vez".

Para Antonio Cusihuamán (1976: 255) los significados que encierra *-lla* en quechua son, entre otros posibles, los siguientes:

1) Limitación exclusiva, que es su forma primigenia: *Paqari-lla-ntawannan kaypi kasaq* "estaré aquí sólo ya el día el de mañana". La traducción se puede hacer con "no más, sólo, únicamente".

2) Intensificación, con la traducción "no más, siempre, usualmente, por lo general...". *Paraqa chayakusha-lla-nmi* "En verdad que la lluvia sigue cayendo no más". Éste es un uso cognitivamente derivado del anterior y no sólo propio de este morfema. Las lenguas, cuando no pueden limitar cuantitativamente, proceden siempre a la modificación cualitativa; así, en el diminutivo: *perrito* puede ser tanto "perro pequeño", como "perro" subjetivamente considerado, pero *tontito* sólo puede ser "tonto" subjetivamente considerado, etc.[32]

---

res pragmáticos de la partícula (*Apani* "llevar", *apallay* "ruegote que lo lleues"), aspecto que había pasado desapercibido a Domingo de Santo Tomás, el primer gramático del quechua, para quien el operador era "effeminado y mugeril". En todo caso, el operador ya existía en español.

32 Lo dicho no implica que las únicas traducciones de *-lla* sean las citadas. Calvo (en prep.), registra, sin exhaustividad, las siguientes: "*-lla* <gram.> (**suf. lim.**), sólo ...*runakunallan*, sólo hombres; (**suf. dim.**) *sunqullay*, corazoncito mío; (**conj.**), como, cual ...*machu kaqlla purin*, camino cual si fuera [= no más siendo] un anciano; (**pron.**) (*-llapas*), siquiera ...*qanllapas hamuy*, siquiera [= sólo que seas] tú, ven; (**adv.**), tan ...*pay allinlla kaqtinqa, upallan*, de tan buena [= siendo no más buena] como es, es [tan] tonta; *muy...musuqlla*, muy nuevo [= nuevo y no otra cosa]; solamente; (**adj.**), real ...*munallay*, dar la real gana [= sólo]; puro; constante; (**v.**), bastar, *kilullata*, un kilo basta [= no más cantidad]; seguir ...*takillay*, sigue cantando; proseguir ...*mikhullay*, prosigue [= sigue no más] con la comida; (*-shalla*), continuar ...*mayuqa purishallanmi*, el río continua [= está siguiendo no más] su camino / *-lla* + fut. (**sust.**), contingencia ...*rillasaq*, hay una contigencia si voy [= me arriesgaré a ir, eso sólo] / **sust.** + *-lla*, raso ...*sulrarulla*, soldado raso [no más, sin graduación] / **sust.** / **adj.** + *-lla kay*, conservarse, mantenerse ...*sipaslla kashanki*, te conservas como una muchacha [= así] - *waynalla kashanki*, te mantienes joven / **pron. pers.** + *-lla (ukhulla)*, adentros, coleto ...*ñuqallapaq nikuni*, dije para mis adentros / *-lla... hina*,

Para Lee (1997: 140-145 y 159-160) *no más* coincide a grandes rasgos con *-lla* y presenta las cinco interpretaciones siguientes "marcadas desde el punto de vista sociolingüístico":

1) Se equipara a "solamente". *Hace dos días no más que se fue.* Es el limitativo propio.

2) Vale por "no + no más". *No había no más que carpas.* Consecuencia directa del anterior que se expresa en español peninsular como "no solamente".

3) Sirve como refuerzo de adjetivos y adverbios. *Así es no más.* Es el intensificador citado más arriba.

4) Actúa como sufijo enfático añadido al verbo. *Sigan no más abriendo el mismo.* Es el anterior, aplicado de nuevo a una categoría concomitante.

5) Se presenta como suavizador de la frase. *¿Qué no más has traído?* Es el clásico valor cortés en una petición de novedad.

Obsérvese que no hay divergencia entre unos usos u otros, siendo éstos extensibles léxica y pragmáticamente a los vistos, como complemento, en la nota anterior: en ambos casos se trata de un reconocimiento de su capacidad de linificación. La lenificación implica necesariamente que la partícula se use más entre mujeres que entre hombres, entre inferiores que entre superiores, entre alumnos que entre profesores, entre los que piden favores que entre los demandados o entre los que exigen hacer algo y los impelidos a hacerlo, etc. Pero no hay que olvidar que el proceso se invierte en casos de descortesía, de ahí que Kany (1994: 369) observara, la alternancia de *no más* con *resueltamente, libremente, sin recelo* o *sin tardanza*, la glosa de urgencia que convierte en espínico el significado de la partícula[33].

5. Nexos afines a partículas

Analizo en este apartado otros fenómenos próximos a los estudiados hasta ahora con el fin de elucidar hasta qué punto su conducta es corpuscular o se debe a otros módulos de las lenguas en contacto. La candidatura podría recaer sobre los nexos preposicionales, cercanos para muchos autores a los conjuncionales, a tenor del doble comportamiento de *pero* como conector adversativo y como enclítico.

---

tan... como, tanto... como ...*chayqa chuchullaña hirru hina*, eso es tan duro como [= así no más] el hierro". Nótese que *-lla-* se mimetiza en todas las categorías (sustantivo, verbo, adjetivo, pronombre...) como operador limitativo que es.

33   La mejor prueba de ello es que esta misma glosa cabe para otras partículas corteses: *Ante todo, ¿estás siempre [= resueltamente] decidido a casarte?* (Kany 1994: 382).

5.1. *A*

El uso preposicional de *a* viene marcado en castellano andino por la oposición *-ta* / *-man* del quechua[34]. *-ta* es marca de acusativo, así como de locativo direccional cumplido (en el sentido de "a / hasta un lugar concreto": *Mayuta riyku*, (lit.: "hemos ido el río <a su orilla misma> = hemos ido al río"); en este caso, como *-ta* marca el grado cero de instanciación casual oblicua, equivalente a la ausencia preposicional del OD en español, la traducción se hace eliminando la preposición. De hecho, tendríamos "hemos ido al río" en caso de responder al adlativo *-man*: *Mayuman riyku* (lit.: "hemos ido hacia el río <sin llegar exactamente a su orilla>"). Eso hace que la preposición se pierda, con lo que estamos más que ante una nueva partícula ante la recesión de la marca de caso en español, la cual llega igualmente a los objetos directos de persona o a ciertas perífrasis, justo en el núcleo fuerte de su estructura (*Si no me quieres, me voy matar*, ejemplo de Kany). Por el contrario, esta misma preposición surge en lugares en que la ortodoxia normativa no lo tiene previsto: *Con ella así que conocimos a su trabajo*. Debe quedar bien claro que en estos casos no se trata de una partícula en el sentido original asumido para este trabajo, en que el anquilosamiento ubicacional nos la hace ver como una posposición de la categoría a que sigue, sino que se trata de una auténtica preposición, distribuida de manera diferente a la del español normativo, como producto del calco.

El fenómeno, recogido en diversidad de lugares y analizado por diversidad de autores, se debe, por tanto, a un problema muy distinto al que motiva las partículas. Una cosa es el etiquetado que se hace de los actantes y circunstantes propios (caso de *a*) y otra muy distinta la adverbialización pragmática (caso de *pues, todavía*, etc.). En este caso se trata del módulo que gobierna cognitivamente las relaciones temporales y aspectuales en el ámbito de la enunciación, que es un problema de pragmática; en aquél del módulo sintáctico, por incurrir en la configuración oracional y el desarrollo de los argumentos.

5.2. *En*

La preposición *en*, como otras preposiciones, puede tener usos diferenciales en el castellano andino. La cuestión se debe a que el caso locativo en *-pï* (lugar "en donde", aimara *-na*) que funciona como una posposición en quechua no se puede reflejar como tal en una lengua como el español, que carece de casos. Entonces lo que hace es traducirse como preposición anquilosada (conducta propia de las par-

---

34   En aimara, Ø y *-ru*, respectivamente, juegan diferente papel estructural.

tículas) allí donde se encuentra. Si bien, como ocurre a veces, el español rechaza estructuralmente la preposición, el resultado es que la toma semánticamente en su variante dialectal andina. Las expresiones *vivo en acá / ha muerto en ahí* así lo denuncian, dado que la diferencia dialectal es nítida. Sucede que la expresión de la deíxis tiene como base el locativo en español peninsular: *aquí / ahí / allí*, en el cual aparecen ubicados los objetos: *esto / eso / aquello* (Calvo 1994a § 2.3.1.1.). En cambio, el regulador de base del quechua es el demostrativo *kay / chay / haqay*, siendo el lugar una consecuencia de la ubicación (Calvo 1995: 20): *kay-pi / chay-pi / haqay-pi* "aquí = donde está esto" / "ahí = donde está eso" / allí = "donde está aquello", transfiriéndose esta reestructuración a las expresiones locativas correspondientes. La coherencia es grande en quechua y aimara, que consideran a la deíxis ubicativa como un lugar o tiempo más (*Qusqu-pi* "en Cuzco", *haqay-pi* "en allí"), mientras que en español peninsular los adverbios de lugar y tiempo son más bien pronombres (*aquí, mi sobrino*). Por eso se produce un doble etiquetaje locativo según se marque el lugar en donde con preposición o no: *está arriba / está en el desván*. Por ello, el fenómeno descrito nos aproxima a la partícula de modo ficticio solamente, ya que se trata de un fenómeno semántico-categorial.

Otro uso en que está también implicada la preposición *en* es el de que la direccionalidad se marca frecuentemente con *en*, en vez de con *a*, por confusión con el locativo de lugar "en donde" del quechua *-pi*: *Llegué en una panadería* (Lee, 1997: 88). De Granda (1998: 345-351) ha analizado este problema en el área santiagueña y lo ha considerado concomitante con el mismo en castellano antiguo (Keniston 1937), el cual, reforzado por los usos quechuas, se ha mantenido en la zona de referencia. Lo mismo ha sucedido en el español paraguayo (de Granda 1996: 75). De hecho, ya en latín se marcaba el lugar "a donde" con *in* + acusativo y el lugar "en donde" con *in* + ablativo, lo que indica que en este caso la cognición depende de la organización de la direccionalidad en relación con el espacio meta, lo que no es, en este caso, sino un problema sintáctico-semántico[35].

6. Pronombres frente a partículas

El pronombre es una categoría vacía o cuasi vacía según la mayoría de los gramáticos. Aun no compartiendo del todo esta idea, resulta que en muchos casos el pronombre tiene un funcionamiento fórico que lo aproxima a los nexos. No obs-

---

35 Otros muchos casos de distorsión preposicional motivada, en el que son recursivos los autores que tratan este tema, tampoco tienen que ver con el fenómeno de las partículas. En Ecuador se dice *No te rías a [= de] los andianos, obsequiaron ø [= con] un carnero;* en Perú, *Estoy de [= con] hambre*, etc.

tante, se mantiene lejos de las partículas por cuanto que el pronombre es sensible a los accidentes de las entidades plenas a que sustituye o representa. Ahora bien, si un pronombre se anquilosa, como le sucede al *lo* neutro como sustituto omnímodo en muchas áreas del Altiplano, y si por razones varias deja de cumplir su función fórica (deja de ser onda), entonces, dado que su masa es igualmente mínima, su comportamiento corpuscular está servido. El problema es detectar si hay algún caso en que este proceso se haya culminado.

6.1. El pronominal *lo*

En efecto, el proceso de transformación pragmática se ha operado en algunas de las funciones de *lo*, justo en aquéllas que tienen que ver con su aparición en verbos intransitivos, en que el pronombre carece de referencia (*Yo fui* o *Yo lo fui*). Calvo (1999[36]) ha observado que la partícula *-pu-*, regresiva en entornos intransitivos y pseudoactancial en transitivos, es traducida habitualmente como un clítico invariable, sustituto del resto de los clíticos oblicuos de tercera persona en español[37]. Por ejemplo en:

27   *Riy* "ir" / *ripuy* "irlo" [= irse para siempre]
28   *Akllay* "escoger" / *akllapuy* "escogerlo para otro" // *willay* "avisar" / *willapuy* "avisarlo a alguien, denunciarlo el hecho".

Esta es una de las causas de la profusión de *lo* neutro en castellano andino, que en este aspecto ha conformado una nueva norma en el ámbito de un sistema pronominal divergente, anómalo con respecto al del español peninsular: un *lo* que se nos ofrece anquilosado como partícula invariable, que ya no remite anafórica o catafóricamente a un sustantivo pleno sino que tiene valores aspectuales con significado de "para siempre", etc. Semejantes a esos valores están (según Cerrón-Palomino 1994: 119) los que tienen que ver con el aspectual imprevisivo o exhortativo *-rqu-*. El autor citado ejemplifica en quechua y aimara *Ukya-rqu-y / Um-su-ña* traduciéndolos como "beber(lo) completamente" en donde presenta a *lo* como alternativa sufijal. La glosa sería la misma que para *ukyay* y *umaña* (los verbos primitivos), que podría evocarse también como "beber de ello", dado que *-rqu-* / *-su-* (a los que llama eductivos, según el antiguo uso direccional de estas

---

36   El trabajo fue entregado para la imprenta, en el *Homenaje al Dr. Germán de Granda*, el día 14 de julio de 1996 y ha sido publicado hace muy poco. En su § 4.2 se discute ampliamente el problema y se ejemplifica hasta la saciedad.
37   Igual apreciación, y por idénticas causas, hizo ya Nardi (1962 y 1976), para el español del noreste argentino.

partículas) y su correspondiente *lo* en español, los tres, tienen aquí como posible paráfrasis traductológica "completamente". Que sea o no discutible esta opción es aquí irrelevante: de igual modo *lo* ya no sería más un pronombre sino una partícula orbital del verbo equivalente semánticamente al *up* inglés. Compárese el español peninsular *bébetelo* con *bebe*, aunque este dialecto prefiere el uso del pronombre pseudoreflexivo *se* para conseguir el mismo efecto complexivo (*marchar [a un lugar]*, pero *marcharse [para siempre]*, etc.).

Si nos atenemos a los hechos de habla y a la equivalencia que los bilingües andinos hacen con *lo* y *-pu-*, es este sufijo y no *-rqu-* el que es sustituido cognitivamente por los hablantes. Al menos estadísticamente las correlaciones son muy altas: *-pu* es el regresivo para casi todos y el índice verbal de objeto de tercera persona para muy pocos. Ciertamente que la aparición de ciertos sufijos sobre la matriz verbal tiende a transitivizar o causativizar el lexema, pero la diátesis apetecida no funciona ni siquiera en la intransitividad, de manera que *-pu* y *lo* quedan al margen. En igual sentido, el verbo transitivo puede saturarse con un *lo* arreferencial o isorreferencial de igual guisa (*Warak'ata awara-pu-sqaykitaqchu* "¿Quieres que te lo teja una honda", traduce Cusihuamán, p. 215). Es más, al ser el verbo quechua ambiguamente transitivo en tercera persona, lo que sucede es que frecuentemente desaparece el objeto pronominal si se compara con el español peninsular (*Harto [papa] recoge mi vecino / Mi vecino [la] recoge ahora*).

En resumen, la presencia o ausencia de clítico referencial en una situación o en un contexto lingüístico (como anáfora o catáfora) puede tener distinta distribución en la Península y en el Altiplano, pero no dejará de ser una cuestión sintáctica; la incapacidad de un presunto pronombre para la referencia lo convierte, en cambio, en mero índice aspectual, lo que le aproxima a la pragmática y a las partículas analizadas más arriba. Sépase que *lo* arreferencial es siempre invariable y que *lo* referencial es sólo preferible, dándose otras formas como *le*, etc. (Klee 1990).

7. Apéndice

Revisaré aquí algunos fenómenos más que tienen menor relación con los citados, pero que podrían, llegado el caso, ser considerados también como ajustables a partículas o posposiciones en el castellano andino.

7.1. Los referenciadores *en cuanto a / en verdad (que)*

La partícula compleja *en cuanto a,* cuyo papel sintáctico de introductor lleva a una estructura superficial de régimen preposicional, remite en quechua y aimara al artículo, categoría de la que carecen y que se sustituye por el introductor tópico *-qa* (aimara *-xa*): *wasi-qa / uta-xa* "la casa" [= "en cuanto a la casa"].

La partícula compleja *en verdad que*, traducible casi siempre por *es*, lo que confundió a la mayoría de los gramáticos quechuas y aimaras hasta hace pocos decenios, se corresponde de inmediato con el validador de conocimiento directo *-mi /
-n* (aimara *-wa*): *runa-n / jaq'i-wa* "en verdad que (es) hombre [=es hombre]". De modo que tiene más apariencia de partícula.

Aunque las glosas anteriores no son necesarias, su frecuencia nos hace pensar en funciones sustitutorias de cierto introductor del español. Se trataría –obsérvese bien– de un artículo, presentador o reconocedor, en ciernes, de una nueva ubicación referencial, más que de una partícula o nexo. En todo caso, el primero ni por su estructura compleja ni por su posición inicial presentadora, tiene visos de ser partícula: sólo el nivel de análisis, el pragmático referencial, es compartido por él. El segundo, al tratarse de un reconocedor, puede tener significado de artículo, aunque al ser un introductor de primera mano, de experiencia directa del hablante, es más pragmático y está abocado a la evidencialidad. Con algunas salvedades, entonces, *en verdad* (como en *casa en verdad* <yo la he visto>) porta rasgos de partícula reconocedora y *en cuanto* (en *en cuanto a casa*) se limita a un mero artículo complejo, de usos más restringidos, por tanto, que los de la categoría plena corrrespondiente en español.

7.2. El caso de *dice, dicen, diciendo*

La conducta de *dice, dicen* y otras formas del verbo *decir* es semejante a veces al de una partícula fija en un lugar determinado del sistema morfosintáctico del español andino. Esta forma, sólo aparentemente verbal, se asocia con la partícula *-s(i)* del quechua (*-siwa* en aimara) en que el emisor habla por boca de otros por carecer de información de primera mano. Sucede lo mismo que con *en verdad* como traducción de *-mi / -n* para cuando se tiene la evidencia de lo que se refiere a los interlocutores (§ 7.1.). Compárese: *Chayqa wasiy-mi* "en cuanto a aquélla mi casa (es) en verdad" con *Wasin-si* "su casa (es) dicen". Respecto al verbo anquilosado que enmarca este apartado hay que señalar que el quechua tiende a su repetición en el discurso referido (*Nispa nin*, "diciendo ha dicho"), aunque la mera presencia de *-s(i)* basta para que la traducción se ofrezca con el mismo verbo citado; *diz que, dicen que, se dice que*, o incluso *(d)y(z) que* (en La Mancha española por aféresis y apócope: *Y que viene esta tarde* [= dicen que viene esta tarde]", serían los equivalentes integrados en la oración, de modo que la información vendría dada por el OD del verbo *decir*, que aparece como performativo general. Ello ocurre tanto más en quechua y aimara donde *niy / saña*, respectivamente, valen por cualquier verbo *dicendi*[38]. Los siguientes ejemplos, tomados de

---

38 Compárese con la diversidad del español *aducir, afirmar, alegar, apuntar, argumentar, asegurar, aseverar, atestiguar, contar, decir, declamar, definir, denotar, deponer, enunciar, explicar, expre-*

Escobar (1994: 26), bastarán para confirmar lo dicho, aunque la bivalencia del uso aproxima *decir* en alguno de los casos al castellano estándar:

29 *La quechua que hablamos dicen pues que no vale / Y no sólo eso sino que la costumbre dicen de que el año que hay muertos es un buen año.*

30 *No sé, porque no sé, desde [que] mi [me he] nacido dice que cuando estuve chiquita, no sé, dice que me había pateado el gallo...*

Otros ejemplos, estos bolivianos (Laprade, 1981: 222), conservan la distribución pospuesta de modo radical y absoluto, sin imbricaciones sintácticas añadidas, como consecuencia de la conexión sintáctica enunciado / enunciación (mediante *que*, etc.):

31 *Estaba enojada en la clase dice / Se puso a renegar dice / le han dado tres becas dice.*

Cuando se utiliza el gerundio de *decir*, además de invocar el sustrato del verbo, se calca el gerundio indígena mismo (quechua -*spa*), o el sufijo (aimara -*tayna*), que adquiere a veces significado modal (Mendoza 1992: 488):

32 *Ukham sa-tayna-w* (ai.) "Así había dicho, diciendo" / *Eso no más es, diciendo le ha dicho.*

Obsérvese que la conversión de quechua a castellano se produce en todos los ejemplos citados en este trabajo como próxima a la correspondencia de palabra a palabra. Por eso, hay una vaga similitud entre estas traducciones poco elaboradas, pero desde hace mucho tiempo sustentadas, y las que hoy mismo haría cualquier ordenador con alguno de los programas en uso. Sólo que los ordenadores ni "entienden" de la oposición primera / segunda mano ni mucho menos de elecciones posposicionales pragmáticas y los andinos, sí, a causa de sus ricas construcciones posposicionales.

8. Esquema final

A la vista de todo lo que antecede, ofrezco ahora los esquemas referenciales de las correspondencias entre las diferentes partículas y posposiciones del quechua y aimara y las que, total o parcialmente y por sustrato suyo, han entrado al español del Altiplano:

---

sar, hablar, implicar, indicar, insinuar, intervenir, narrar, opinar, pronunciar, recitar, referir, relatar, representar, significar, sugerir, tratar y tantos otros.

ESPAÑOL	QUECHUA	AIMARA
siempre (mismo; ciertam.)	-puni	-puni
nunca	mana hayk'aqpas	hani-puni
todavía (aún; aun)	-raq	-raki (o -ra en frases negativas)
ya	(-)ña (-taq...-taq)	(-)ña
ahora (hoy)	kunan (kunan p'unchay)	hichha (hichhüru)
entonces	haqay pachapi -ichaqa	ukapacha (ukapachana)

Esquema 1

y	-ri	-sti
ni (y no)	manan (amaña) -chu	hani (haniwa)
más (también; con)	-wan / -puwan	-mpi
además	-pas/-pis	-sa (-raki)
incluso	ima	-kuna
también (mejor; aun)	-pas/-pis (-taq)	-sa (-raki)
tampoco	manan (manapas) ...-chu	haniraki

Esquema 2

pero	-taq (raq) (-qa; -ri <?>)	-raki
pues	-yá, arí	-y(a), -ki
	-taq, má	-raki
no más (nomás)	-lla	-ki

Esquema 3

ESPAÑOL	QUECHUA	AIMARA
lo	-pu- (-rqu-)	-rapi (-su)

Esquema 4

ESPAÑOL	QUECHUA	AIMARA
en verdad	-mi	-w(a)

Esquema 5

ESPAÑOL	QUECHUA	AIMARA
dice, dicen	-s(i)	siwa
diciendo	(-spa)	-tayna

Esquema 6

ESPAÑOL	QUECHUA	AIMARA
a	-man	-ru
en	-pi	-na

Esquema Complementario 1

ESPAÑOL	QUECHUA	AIMARA
en cuanto a	-qa	-x(a

Esquema Complementario 2

Referencias:

BRIGGS, L. T. (1981): "Politeness in Aymara language and culture", en M. J. HARDMAN (ed.): *The Aymara language in its social and cultural context*, Gainsville, Univ. of Florida Press, pp. 90-113.

CALVO PÉREZ, J. (1993): *Pragmática y gramática del quechua cuzqueño*, Cuzco, CERA "Bartolomé de Las Casas".

‒ (1994a): *Introducción a la pragmática del español*, Madrid, Cátedra.

‒ (1994b): "El cuantificador universal en quechua II", en J. NORIEGA, E. FEBRES y J. A. ENGELBERT (eds.): *Encuentros con el otro: Textos e intertextos*, New Jersey, Montclair State Univ., pp. 85-100.

‒ (1995): *Introducción a la lengua y cultura quechuas*, València, Universitat-Departament de Teoria dels Llenguatges.

‒ (1999): "Partículas y posposiciones temporales en castellano andino", en M. ALEZA (ed.): *Estudios de la lengua española en América y España*, Valencia, Universitat de València, pp. 39-50.

‒ (1999): "*Pronominalización en español andino: ley de mínimos e influencia del quechua y del aimara*", en *Homenaje a Germán de Granda*, II, pp. 521-543.

‒ (en prep.): *Nuevo diccionario español-quechua / quechua-español*.

CARAVEDO, R. (1992): "Espacio geográfico y modalidades lingüísticas en el español del Perú", en C. HERNÁNDEZ ALONSO (coord.), *Historia y presente del español de América*, Valladolid, Junta de Castilla y León-Pabecal, pp. 719-742.

‒ (1996): "Perú", en M. ALVAR (dir.), *Manual de dialectología hispánica. El español de América*, Barcelona, Ariel, pp. 152-168.

CARVAJAL CARVAJAL, J. (1983): *Apuntes para una morfología aymara*, La Paz, Instituto Nacional de Estudios Lingüísticos.

CERRÓN-PALOMINO, R. (1994): *Quechumara. Estructuras paralelas de las lenguas quechua y aimara*, La Paz, CIPA.

‒ (1996): "*También, todavía* y *ya* en el castellano andino", en *Signo & Seña*, 6, pp. 103-123.

COVARRUBIAS, S. de (1611): *Tesoro de la lengua castellana o española*, Madrid, Luis Sánchez.

CUSIHUAMÁN, G. A. (1976): *Gramática quechua Cuzco-Collao*, Lima, Ministerio de Educación-Instituto de Estudios Peruanos.

DAHLIN. DE WEBER, D. (1976): "Presuposiciones de preguntas en el Quechua de Huánuco", en *Documento de Trabajo 8*, ILV, Perú, pp. 1-14.

ESCOBAR, A. M. (1994): "Evidential uses in the Spanish of Quechua speakers in Peru", en *Southwest Journal of Linguistics*, 13, 1 y 2, pp. 21-43.

FERNÁNDEZ LÁVAQUE, A. M., y VALLE RODAS, J. del (1998): *Español y quechua en el Noroeste Argentino. Contactos y transferencias*, Salta, Universidad Nacional.

GARRIDO, J. (1991): "Gestión semántica de la información pragmática en los adverbios de cambio *todavía* y *ya*", en *Exploraciones semánticas y pragmáticas del español: Foro Hispánico*, 2, pp. 11-27.

GODENZZI, J. C. (1996): "Transferencias lingüísticas entre el quechua y el español", en *Signo y Seña*, 6, pp. 73-99.

GÓMEZ BACARREZA, D., y ARÉVALO SOTO, F. (1988): *Morfología del idioma quechua*, La Paz, Icthus.

GONZÁLEZ HOLGUÍN, D. (1607): *Gramatica y Arte nveva de la lengva general de todo el Perv llamada Lengua Qquichua o del Inca*, Lima, Francisco del Canto.

GRANDA, G. de (1993): "Quechua y español en el Noroeste argentino. Una precisión y dos interrogantes", en *Lexis*, XVII, 2, pp. 259-274.

– (1996): "Interferencia y convergencia sintácticas e isogramatismo amplio en el español paraguayo", en *International Journal of the Sociology of Language*, 117, pp. 63-80.

– (1998): "Razón y sentido de una peculiaridad sintáctica del quechua santiagueño", en M. CENSABELLA y J. Pedro VIEGAS BARROS (eds.), *Actas de las III Jornadas de Lingüística Aborigen*, Buenos Aires, pp. 383-389.

GRICE, H. P. (1975): "Logic and conversation", en P. COLE y L. MORGAN (eds.), *Syntax and Semantics 3. Speech acts*, New York, Academic Press, pp. 41-58.

GRONDÍN, N. M. (1990): *Método de quechua. Runa Simi*, Oruro, Los Amigos del Libro.

HARDMAN, M. J., *et al.* (1988): *Aymara: compendio de estructura fonológica y gramatical*, La Paz, Instituto de Lengua y Cultura Aymara.

HERRERO, S. J., y SÁNCHEZ DE LOZADA, F. (1983): *Diccionario quechua-español, español-quechua*, Cochabamba, CEFCO.

JUSTIANO DE LA ROCHA, D. (1996): *Apuntes sobre las lenguas nativas en el dialecto español de Bolivia*, La Paz, Instituto Internacional de Integración del "Convenio Andrés Bello".

KANY, CH. E. (1994 [1945]): *Sintaxis hispanoamericana*, Madrid, Gredos. (Primera edición: *American Spanish Syntax*, Chicago, Univ. of Chicago Press.)

KENISTON, H. (1937): *The Syntax of Castilian Prose. The Sixteenth Century*, Chicago, Chicago University Press.

KLEE, C. A. (1990): "Spanish-Quechua language contact: the clitic pronoun system in Andean Spanish", en *Word*, 41, 1, pp. 35-46.

LAPRADE, R. (1981): "Some cases of Aymara influence on La Paz Spanish. The Aymara language in its social and cultural context", en M. J. HARDMAN (ed.), *The Aymara language in its social and cultural context*, Gainsville, Univ. of Florida Press, pp. 207-227.

LEE, T. Y. (1997): *Morfosintaxis amerindias en el español americano desde la peerspectiva del quechua*, Madrid, Ed. del Oro.

LIPSKI, J. (1996 [1994]): *El español de América*. Madrid, Cátedra.

LIRA, J. A. (1944): *Diccionario kkechuwa-español*, Tucumán, Universidad.

MacLEAN STEARMAN, A. (1981): "Language as a mechanism for social discrimination and class distinction: case study –Lowland Bolivia, en M. J. HARDMAN (ed.), *The Aymara language in its social and cultural context*, Gainsville, Univ. of Florida Press, pp. 228-237.

MARTIN, E. H. (1974): *Bosquejo de estructura de la lengua aimara. Fonología. Morfología. Documento de Trabajo 27*, Lima, UNMSM, nov.

MENDOZA QUIROGA, J. G. (1992): "Aspectos del castellano hablado en Bolivia", en C. HERNÁNDEZ ALONSO (coord.), *Historia y presente del español de América*, Valladolid, Junta de Castilla y León-Pabecal, pp. 437-499.

MORÍNIGO, M. A. (1966): *Diccionario de americanismos*, Buenos Aires, Muchnik Ed.

NARDI, R. L. J. (1962): *El quechua de Catamarca y La Rioja*, Cuadernos del Instituto Nacional de Investigaciones Folklóricas, 3.

– (1976): "Lenguas en contacto. El substrato quechua en el Noroeste argentino", en *Filología*, XVI-XVII, pp. 131-150.

PERROUD, P. C., y CHOUVENC, J. M. (1970):. *Diccionario castellano kechwa, kechwa-castellano*, Seminario de San Alfonso, Padres Redentoristas.

POZZI-ESCOT, I. (1988): *El multilingüismo en Perú*, Cuzco, CERA "Bartolomé de las Casas".

QUESADA PACHECO, M. A. (1996): "El español de América Central", en M. ALVAR (dir.), *Manual de dialectología hispánica. El español de América*, Barcelona, Ariel, pp. 101-115.

– (en p.): *El español de Costa Rica hoy: consideraciones generales*.

QUILIS, A. (1992): "Rasgos generales sobre la lengua española en el Ecuador", en C. HERNÁNDEZ ALONSO (coord.), *Historia y presente del español de América*, Valladolid, Junta de Castilla y León-Pabecal, pp. 593-606.

RIVAROLA, J. L. (1985): "*Se los por se lo*", en *Lexis*, X, 1, pp. 25-42.

– (1990): *La formación lingüística de Hispaonamérica*, Lima, PUCP.

ROJAS MAYER, E. M. (1998): *El diálogo en el español de América. Estudio pragmático-histórico*, Frankfurt am Main, Vervuert Iberoamericana.

TOSCANO MATEUS, H. (1953): *El español en el Ecuador*, Madrid, CSIC.

ZWARTJES, O. (1998): "La estructura de la palabra según las primeras gramáticas de las lenguas mesoamericanas y la tradición grecolatina", en J. CALVO y D. JORQUES (ed.), *Estudios de Lengua y Cultura Amerindias II: Lenguas, Literaturas, Medios*, Valencia, Universitat-Departament de Teoria dels Llenguatges, pp. 99-121.

ALGUNOS RASGOS FÓNICOS DE INTERFERENCIA DEL GUARANÍ EN EL ESPAÑOL DEL PARAGUAY

MANUEL PRUÑONOSA
Universitat de València

1. Fenómenos fónicos de interferencia guaraní en el español del Paraguay

Del contacto entre el guaraní y el español a lo largo de estos siglos se ha dado una serie de influencias mutuas en diversos niveles lingüísticos, aspecto ampliamente estudiado. A juicio de Germán de Granda (1982) se aprecian una serie de aspectos de nivel fónico en el español hablado en el Paraguay que denotan una influencia del guaraní.

a) Uno de los hechos más destacados es el uso de la denominada "sexta vocal" [ɨ] (ortográficamente *y* en guaraní) no en palabras guaraníes sino en la pronunciación de términos del español, en determinadas circunstancias en vez de [u] o de [i]: la pronunciación de *pues* como [pɨ], *puerta* la pronuncian [pɨerta] (Granda 1980a; 1982; Krivoshein de Canese y Corvalán 1987: § 2.1.3.3), o en las vocalizaciones de los grupos consonánticos -*sk*-, -*kt*-, -*ks*-: *oscuridad* [oɨkuridad], *perfecto* [perfeɨto], *excelente* [eɨselente] (Granda 1980a; Krivoshein de Canese y Corvalán 1987: § 2.2.3.2).

b) Un segundo dato se refiere a la realización esporádica, y en dominios con poco conocimiento del español, de epéntesis y paragoges vocálicas para tener una estructura silábica CV, como lo es por sistema en el guaraní (Granda 1982; 1994b. Sin ejemplos) (*cruceta*: curuceta).

c) Otro aspecto que distingue el español hablado en el Paraguay es el mantenimiento de los hiatos en la articulación de vocales consecutivas (Granda 1982; 1994b), rasgo que denota preferentemente una característica de español arcaico. La inserción de una oclusión glotal en los hiatos es influencia del guaraní, que tiene un fonema glotal [ʔ] (cuya representación ortográfica en guaraní se denomina *puso* '): *alcohol*: alco'ol [alkoʔol], *me caí del árbol* [me kaʔi ...] (Krivoshein de Canese y Corvalán 1987: § 2.1.3.1).

d) También se señala como característico del español paraguayo la realización labiodental sonora [v] de toda oclusiva bilabial sonora en cualquier posición: *burro* [vurro], *caballo* [kavaλo] (Granda 1982; Krivoshein de Canese y Corvalán 1987: ejemplos en § 2.1.3.3) ; en ocasiones en posición inicial se realiza [mß] coincidente con el fonema del guaraní /mß/: *bromista* [mßromisto] (Granda 1982; Krivoshein de Canese y Corvalán 1987: ejemplos en § 2.1.3.3).

e) Como rasgo fónico general se especifica la realización de la fricativa palatal (central) [j] como africada [dʒ] en posición inicial e interna (Granda 1982; 1994b; 1994c; Krivoshein de Canese y Corvalán 1987; Omar Molina 1971) *mayo* [madʒo], incluso con ensordecimiento [matʃo][1]. Las nuevas generaciones tienden a realizarla fricativa.

Se han documentado otros aspectos característicos del español paraguayo, pero no responden a interferencia guaraní estrictamente, según Germán de Granda (1982).

2. Tipificación de los fenómenos fónicos de interferencia

Como bien indica Germán de Granda (1995: 206), existen diversas propuestas de clasificación de los fenómenos de interferencia entre lenguas. Él los reduce a las siguientes categorías, caracterizadas para una descripción de nivel morfosintáctico (Granda 1995: 207):

"1. *Adopción* de ciertos elementos morfosintácticos procedentes de la lengua de contacto.

2. *Sustitución* de un elemento morfosintáctico propio por otro originario de la lengua de contacto.

3. *Eliminación* de un elemento morfosintáctico propio por influjo de la lengua de contacto.

4. *Calco funcional* de la lengua de contacto.

5. *Reestructuración* morfosintáctica por presión de la lengua de contacto.

6. *Ampliación* en la distribución de un rasgo morfosintáctico existente en una lengua dada por influjo de la lengua de contacto.

7. *Reducción* en la distribución de un rasgo morfosintáctico existente en una lengua por influjo de la lengua de contacto."

En el ámbito fónico antes expuesto, la influencia del guaraní sobre el español hablado en el Paraguay, los fenómenos de interferencia pueden ser categorizados en algunos de tales tipos.

---

1   En Krivoshein y Corvalán (1987) se representa [dj] por [dʒ], sin reflejar la notación correspondiente a la fricativa, y [tʃ] para la africada palatal sorda.

Los fenómenos a) y c) presentan algunos detalles en común. En ambos casos se trata de sendos sonidos fonológicos guaraníes que son usados en el sistema fónico del español del Paraguay. Su "incorporación" al español paraguayo es como sendos sonidos "nuevos" para el conjunto de los que lo conforman pero no tienen valor fonemático, sino, al parecer, de distribución; así la denominada "sexta" vocal guaraní se emplea en el entorno distribucional *ue* o *eu*/*ei* (si se trata de vocalizaciones de grupo consonántico): posiciones pre- o postnucleares de sílaba (en una realización antihiática). El caso de la de la oclusión glotal en los hiatos, puede contemplarse en términos semejantes: sólo aparece esta realización consonántica en el contexto hiático, entre dos núcleos silábicos, como elemento de división silábica, sin contraste opositivo con otros fonemas consonánticos[2].

Aparentemente parece tratarse de una adquisición (fónica) en el caso del español: las características de los sonidos no son coincidentes con el conjunto con que opera el español. Sin embargo, el uso distribucional que se dice que tienen tales elementos no parece avalar que se trate de un elemento (fonológico), sino de un desplazamiento de rasgo fónico.

En el caso de la vocal [i] se trata de un elemento fónico cuyo rasgo "dominante" en el entorno silábico es el de ser un elemento [cerrado], una articulación central (ni anterior ni posterior) y en posición átona (en el caso que se realice un hiato) o semivocálica; lo mismo si se trata de una vocalización de grupo consonántico[3].

El fenómeno de la oclusión glotal parece suponer un grado de tensión mayor en la articulación hiática que actúa como la transición entre núcleos vocálicos (Granda 1994a: 360): aquí lo que destaca es la marca de transición mediante una oclusión "indiferente" a un punto de articulación velar o glotal: simplemente posterior (por más que su caracterización sea la de oclusiva glotal, más posterior que la velar, pero que en el conjunto del español quedaría como una oclusiva "indiferente" en cuanto al punto de articulación, una simple oclusión).

En definitiva, se trataría de sendos casos de *reestructuración* de las marcas distintivas de los sonidos del español con la adición de alófonos en distribución complementaria de /i/ y de /u/ (Granda 1980a: 343-344). El caso de la oclusión glotal podría serlo de una oclusiva velar sorda /k/.

Germán de Granda (1982: 155-157) comenta que la realización de toda oclusiva bilabial [b] sonora como labiodental sonora [v] no puede deberse simplemente al

---

2   Al menos no hay noticia al respecto en las descripciones revisadas, en especial Krivoshein de Canese y Corvalán (1987).

3   Cabría recordar que la evolución de tales grupos en español es el fenómeno de una yod en ocasiones (factu > feito > hecho) y en otros se vocaliza en *u* (captivu > cautivo). En el habla paraguaya la cadena consonante oclusiva + consonante tiende a realizarse oclusiva posterior + consonante (*atleta*: akleta) y la vocalización de la oclusiva posterior en [i], [u]: [aileta], *doctor*: [doitõ], [doutõ], según atestiguan Krivoshein de Canese y Corvalán (1987: § 2.2.3.2)

aspecto "conservador" del español paraguayo, basado en la modalidad de habla española de sus pobladores hispanos, sino a influencia del guaraní, que sólo conoce una articulación labiovelar [v] junto con la bilabial nasal [mß], pero no una bilabial oral (Granda 1994a: 351-353). De hecho, la realización general es la labiovelar y sólo en ciertos contextos, como delante de vocal posterior o posición inicial, se realiza bilabial pero nasal (Granda 1982; 1994a; 1994b; Krivoshein de Canese y Corvalán 1987; Omar Molina 1971). El resultado en el español paraguayo es distinto respecto a la evolución del español (peninsular) de la oposición /b/~/v/, donde confluye en el fonema /b/ con realizaciones bilabial fricativa [ß] y oclusivas [ß] esencialmente.

El dato sugiere que la interferencia del guaraní sobre el español hablado en el Paraguay afecta a un cambio en el rasgo fónico pertinente, respecto al conjunto con que opera el español del resto de áreas. La interferencia del guaraní supone una 'sustitución' del rasgo bilabial (oral) por el labiodental o por el bilabial nasal; éste sería un caso de distribución complementaria[4].

El fenómeno de la realización de la fricativa palatal (central) [j] como africada [dʒ] en posición inicial ([dʒaθe]-*yace*) y también intervocálica ([madʒo]-*mayo*) se debe a influencia del guaraní, que sólo tiene en su sistema fónico la variante africada. No se trata de la introducción de un elemento inexistente en el español, sino de la 'reducción' de un rasgo fónico: el fricativo. El español conoce sendos alófonos de la unidad fonológica palatal fricativa /j/ en entornos distribucionales complementarios: la africada [dʒ] (posición inicial) y fricativa [j] (posición intervocálica); en la variedad paraguaya se reduce el alófono fricativo, siendo la misma realización para ambos contextos (Granda 1982: 180).

Mientras Germán de Granda (1982; 1994b: 300) habla de realización de epéntesis y paragoges vocálicas (pero sin ejemplos), N. Krivoshein y G. Corvalán (1987: § 2.2.3) lo tratan como fenómenos de pérdida de coda silábica tanto en posición final de palabra como en su interior. Todos apuntan la interferencia con la estructura silábica del guaraní como explicación de tal conducta fónica.

Este tipo de fenómeno no comporta la introducción de elementos de la lengua guaraní en la española ni tampoco la pérdida de elementos del español (persisten en otros entornos); comporta una reducción de las variantes alofónicas de los fonemas afectados debida a la condición de estructura silábica del guaraní que se proyecta sobre el español. En realidad, la interferencia parece darse en la composición de la estructura silábica del español, que consta de una rima, con un elemento obligatorio o núcleo (cima) y otro opcional o coda, precedida de un segundo constituyente optativo, la cabeza (comienzo, ataque), cuya composición puede

---

4   Alvar (1996), por su parte, apenas aprecia realización de labiodental.

constar de una o dos unidades fónicas (Harris 1983; Real Academia Española 1973: §§ 1.1.2 y 1.4). La estructura silábica del guaraní es mucho más simple: CV, un núcleo y la posibilidad de una cabeza (Krivoshein de Canese y Corvalán 1987: § 2.2.2).

Por interferencia del guaraní, se simplifica o reduce la estructura silábica del español a una composición en que se tiende a perder la posición de coda; esta pérdida puede deberse a:

a) La caída del elemento fónico trabante (*vienen* > viene; *nosotros*: nosotro; *casas*: casa: *venir*: vení),

b) La nasalización de la vocal precedente con caída de una nasal implosiva (*botón*: votõ), rasgo muy característico del habla del Paraguay pero por interferencia no exclusiva del guaraní sino de causación múltiple, concluye de Granda (1982: 181),

c) Una aspiración de la -*s* implosiva y posible pérdida posterior (*castiga* > ka^{h}tiga > katiga), o también

d) La agrupación fónica de una consonante trabante (nasal) seguida de oclusiva a una de las consonantes prenasalizadas existentes en guaraní (*vampiro* > vamßiro, donde /mß/ es una consonante oclusiva labial nasal en guaraní),

e) Incluso la reducción de posiciones de la cabeza, como en *trueno* cuyo grupo de cabeza *tr*- se pronuncia como una apicoprepalatal africada sorda (Krivoshein de Canese y Corvalán 1987: § 2.2.3.2).

En síntesis, los fenómenos de interferencia fónica del guaraní sobre el español del Paraguay reconocidos como los más ampliamente difundidos (Granda 1982: 180-181) son muestra de algunas de las categorías de transferencia establecidas por de Granda:

1) *Reestructuración*: de las marcas distintivas de los sonidos vocálicos /i/ y de /u/ del español con la adición de alófonos en distribución complementaria [ɨ], o en la oclusiva velar sorda /k/ la de un alófono de oclusión glotal [ʔ].

2) *Sustitución* de rasgo pertinente: el bilabial (oral) por el labiodental;

3) *Reducción*: de alófonos de la unidad fonológica palatal fricativa /j/ en entornos distribucionales complementarios (fricativo y africado) a uno solo: africado; de la estructura silábica del español con posibilidades más complejas a la simple CV.

3. Observaciones para una nueva categorización fónica del español del Paraguay

El conjunto de estos fenómenos tiene ciertas consecuencias en la estructuración del sistema fónico del español del Paraguay, en la categorización del nivel fónico del español paraguayo.

Desde la perspectiva cognitivista, las categorías son como abstracciones o proto-tipos, donde confluyen o interactúan un conjunto de características. La categoría podría ser un "modelo" que aglutina una serie de casos o fenómenos concretos, pero ninguno de ellos es reflejo exacto del modelo. De hecho se considera que hay ejemplos o casos de la categoría que se acercan al prototipo, ejemplos bue-nos, y otros que, aun participando de algunas propiedades de la categoría, no son tan buenos representantes del mismo: son casos periféricos.

Un ejemplo frecuentemente utilizado para ello es el caso de la identificación del concepto "ave", la categoría "ave", como <animal, con 2 patas, alas, plumas, capacidad de volar,...>; algunos ejemplos de tal categoría son los pájaros, la galli-na, el pingüino. Mientras el primer caso se ajusta bastante al conjunto de caracte-rísticas enumeradas, los otros dos no lo hacen tanto: la capacidad de vuelo de la gallina es poca, y mala en el pingüino. El primer ejemplo es bastante "bueno", representativo del concepto-categoría "ave" y los otros dos lo son en menor grado, son casos periféricos. Lo que denota que los límites o descripciones de las categorías no son precisos, excluyentes, sino difusos en ciertos aspectos (Cuenca y Hilferty 1999: §§ 2.2–2.4).

En el ámbito fónico, esta concepción ha sido adoptada en parte mediante el trata-miento fonológico de conjunto de los sonidos que usa una lengua. El concepto de fonema fue definido por D. Jones como "una familia de sonidos en una lengua dada, consistente en un sonido importante junto con otros relacionados que le sustituyen en secuencia sonoras concretas"[5]. Obviamente, hay alófonos cuyas características son más coincidentes con la definición del fonema, del 'sonido más importante', y otros que tienen algunos atributos que difieren de los que identifican el fonema. Un ejemplo concreto es el fonema nasal /n/ con sus varia-ciones alofónicas en el punto de articulación: labializado [ɱ], dentalizado [n̪], alveolar [n], palatalizado [ɲ], velarizado [ŋ], con una distinción entre ejemplo "bueno", el alveolar, y "no tan buenos", el resto. Es un ejemplo muy característi-co y ampliamente debatido (cfr. la breve referencia en Cuenca y Hilferty 1999: 133-134).

Por otra parte, tanto los sonidos como las unidades abstractas, los fonemas, pue-den considerarse como unidades discretas de una realidad continua, el flujo del habla y el espectro fónico. Son conceptos o categorías discretas por definir proto-tipos de la realidad fónica, con límites no siempre claros, más bien difusos. La identidad acústica y de realización de los sonidos y fonemas (las categorías) se ha hecho desde la consideración de determinados atributos y grados de los mismos sobre una percepción y articulación, respectivamente. La distinción vocálica se organiza en las propiedades de abertura y posición de la lengua en la caja de reso-

---

5 *Apud* Hyman (1975: § 3.1); también en Taylor (1989: § 12.1).

nancia bucal; así se va del estado cerrado al abierto, con la posibilidad de distinguir grados. La misma distinción de vocal y consonante como categorías se basa, entre otros criterios, en el grado de sonoridad: desde la ausencia, que corresponde a las consonantes, oclusivas o mudas, hasta la presencia en las vocales, pasando por grados de mudas sonoras, siseantes, líquidas, etc. Lo cual se refleja, por lo demás, en la organización del decurso fónico: la estructura silábica, que va desde la ausencia de sonoridad hasta la presencia de la misma, su cima, reflejado por la combinación genérica de consonante y vocal[6]. Precisamente tales conceptos son categorías prototípicas, con manifestaciones que se ajustan a sus propiedades, y otros casos que reflejan atributos que determinan fenómenos más periféricos: las líquidas, por ejemplo.

He puesto esta relación de las categorías prototípicas con ciertos aspectos de la descripción fónica, porque pretendo apuntar unas consideraciones sobre los fenómenos de interferencia fónica del guaraní en el sistema de categorías fónicas del español del Paraguay, desde los datos mencionados[7].

Como efecto de las cinco interferencias mencionadas antes, el nivel fónico del español del Paraguay presenta, entre otras, las siguientes particularidades de categorización.

– *La sexta vocal del guaraní.* He hecho alusión al uso de la denominada sexta vocal del guaraní en el español paraguayo, que considero por el momento como alófono del fonema /i/, y del fonema /u/.

La incorporación de la sexta vocal del guaraní como alófono de las vocales /i/ y /u/ supone un ejemplo periférico de las realizaciones de tales fonemas. Por una parte, los atributos de la sexta vocal la caracterizan como de posición central, abertura mínima y modo de realización no labializado o estirado; digamos que participa de algunas notas del fonema /i/: grado cerrado y modo no labializado.

Por otra parte, si nos guiamos por ejemplos que he podido constatar en algunos trabajos, el uso de esta sexta vocal alterna con la realización semiconsonántica de /u/ [w] en el diptongo *ue* del español. Una característica que se señala de tal vocal en guaraní es su guturalidad (por ejemplo en Lemos (sin referencia), que la aproxima a una variante realizativa de /u/. Podría considerarse como un sonido que mezcla cualidades de la /i/ y de la /u/, por lo que se coloca entre uno y otro prototipo, funcionando en posiciones de vocalización no clara, como es la situación de la oclusiva implosiva velar de *perfecto*, o en la posición de elemento semiconsonántico en el diptongo *ue*, porque actúa como transición entre la cabeza y el núcleo silábico, o entre el núcleo y la cabeza de la siguiente sílaba. Son posicio-

---

6 Cfr., entre otros, Martínez Celdrán (1984: § 4.4.1.1) y también Taylor (1989: § 12.2).
7 Las ideas que siguen precisan tener una base en más datos, cosa que no he podido obtener de los estudios consultados. El marco de reflexión se lo debo a los comentarios de Ángel López García.

nes cuya identificación con el prototipo fonema /i/ o con /u/ no es plena, sino con cierta indeterminación.

– *El uso de la oclusión glotal en los hiatos*. He mencionado antes su posible adscripción como alófono de un fonema velar, desde su característica en guaraní como consonante oclusiva glotal, el punto de articulación más posterior y más próximo al más posterior en español, que es el velar. Claro que su aparición sólo se da como elemento de transición entre cimas o núcleos silábicos, y, en este sentido, actúa como demarcación entre sílabas, como una señal de sutura, en términos de Alarcos (1950: § 65), o de juntura.

– *El fenómeno del sonido labiodental sonoro* [v]. Aquí se da un cambio de prototipo o fonema. En español el prototipo /b/ tiene un conjunto de rasgos <labial, oral, sonoro> con realizaciones <oclusiva> [b] y <fricativa> [ß]; en el español paraguayo se da un cambio en el prototipo definido por el conjunto de rasgos <oral, sonoro, labiodental> con una realización <labiodental> [v] y otra periférica <nasal, labial> [mß], en casos específicos que han recogido de Granda (1994a) y Krivoshein de Canese y Corvalán (1987).

– *La reducción en la consonantes palatales centrales (no laterales ni nasales) a la modalidad africada*. Se trata de otro caso de reconfiguración del prototipo; sus realizaciones son la sorda [tʃ] y la sonora [dʒ] africadas, y se pierde la variante fricativa [j]. En la actualidad, y sobre los datos de recuperación de la realización fricativa entre las generaciones jóvenes, se vuelve a reconfigurar el prototipo, si bien parece que a costa de la pérdida de la variante africada.

– *El prototipo de la sílaba*. Es otra categoría de organización lineal del habla. La interferencia del guaraní sobre el español del Paraguay comporta modificaciones en el nivel subordinado de la categoría silábica, en las modalidades de constitución de su estructura.

Las posibilidades de configuración de sílaba en español son varias: núcleo sólo, núcleo con coda, núcleo con cabeza, núcleo con cabeza y coda, y con estructuras complejas en la posición de cabeza y en la de núcleo. Estas posibilidades se restringen en la modalidad paraguaya. Al parecer, la reducción afecta preferentemente a la configuración con coda.

Además de la estructura esencial, la que tiene sólo núcleo, el resto de posibles estructuras se reduce a la de núcleo con cabeza. En este caso se restringe también la composición de cabeza a una sola posición, como denotan los casos de:

a) La realización del grupo *tr-* inicial como una prepalatal africada sorda: el término *trueno* se pronuncia algo así como [ʃueno][8], y

---

8   Y distinto de [tʃweno], indican Krivoshein de Canese y Corvalán (1987: 31), apreciándose mejor
    con el par *ocho / otro* (la primera la definen como "dorsoprepalatal africada sorda" y la segunda
    como "apicoprepalatal africada sorda").

b) Los fenómenos de epéntesis y paragoge vocálicas.

Otra posibilidad es la pérdida de la coda por:

a) La reorganización de la secuencia nasal seguida de oclusiva como una variante del correspondiente sonido oclusivo, por lo que se pierde la coda propiamente.

También se pierde la coda por:

b) La caída de la consonante final: *vienen*: *viene*, o

c) La nasalización de la vocal que precede a una nasal final (*botón*: [votõ]), o

d) La aspiración y caída posterior de la *-s* implosiva: *asco*: [aʰko]: [ako].

La constitución silábica CV se refuerza mediante el mantenimiento de las realizaciones hiáticas de las vocales consecutivas apoyado en la oclusión glotal (*alcohol*: alco'ol [alkoʔol]).

Referencias

ALARCOS LLORACH, E. (1950): *Fonología española*, Madrid, Gredos.

ALVAR, M. (1996): "Paraguay", en M. ALVAR (ed.), *Manual de dialectología hispánica. El Español de América*, Barcelona, Ariel, pp. 196-208.

BAREIRO SAGUIER, R., y DESSAINT, M. (1983): "Esbozo del sistema lingüístico del guaraní paraguayo", en B. POTTIER (ed.), *América latina en sus lenguas indígenas*, Caracas, UNESCO–Monte Ávila, pp. 311-329.

CARDOGAN, L. (1970): "En torno al 'guaraní paraguayo' o 'coloquial'", en *Cahiers du monde hispanique et luso-brésilien*, 14, pp. 31-41.

CARTAGENA, N. (1980): "La fonética del español americano. Un problema de lingüística descriptiva y aplicada", en *Romanistisches Jahrbuch*, XXXI, pp. 261-276.

CUENCA, M. J., y HILFERTY, J. (1999): *Introducción a la lingüística cognitiva*, Barcelona, Ariel.

GIMÉNEZ CABALLERO, E. (1964): "El *yopará* en Paraguay", en *IV Congreso de Academias de la Lengua Española*, Buenos Aires, Academia Argentina de Letras, pp. 124-136.

GRANDA, G. de (1979a): "Calcos sintácticos del guaraní en el español del Paraguay", en *Nueva Revista de Filología Hispánica*, XXVIII, 2, pp. 267-286.

– (1979b): "El español del Paraguay. Temas, problemas y métodos", en *Estudios Paraguayos*, VII, 1, pp. 9-145.

– (1980a): "Algunos rasgos fonéticos del español paraguayo atribuibles a interferencia guaraní", en *Revista española de lingüística*, 10, 2, pp. 339-349.

– (1980b): "Factores determinantes de la preservación del fonema /ʎ/ en el español del Paraguay", en *Beiträge zur Romanischen Philologie*, XIX, 1, pp. 141-150.

– (1982): "Observaciones sobre la fonética del español en el Paraguay", en *Anuario de Letras*, XX, pp. 145-194.

– (1988): "Notas sobre retenciones sintácticas en el español de Paraguay", en *Lexis*, XII, 1, pp. 43-67.

– (1994a): "El contacto lingüístico como factor de retención gramatical. Aportes a su estudio sobre datos del área guaranítica suramericana", en *Español de América, espa-*

ñol de África y hablas criollas hispánicas. Cambios, contactos y contextos, Madrid, Gredos, pp. 337-368.

- (1994b): "El español del Paraguay. Distribución, uso y estructuras", en Español de América, español de África y hablas criollas hispánicas. Cambios, contactos y contextos, Madrid, Gredos, pp. 288-313.
- (1994c): "Hacia la historia de la lengua española en el Paraguay. Un esquema interpretativo", en Español de América, español de África y hablas criollas hispánicas. Cambios, contactos y contextos, Madrid, Gredos, pp. 256-287.
- (1994d): "Interferencia y convergencia lingüísticas e isogramatismo amplio en el español paraguayo", en Español de América, español de África y hablas criollas hispánicas. Cambios, contactos y contextos, Madrid, Gredos, pp. 314-336.
- (1995): "Español paraguayo y guaraní criollo: un espacio para la convergencia lingüística", en Cuadernos americanos, 52, pp. 200-212.

HARRIS, J. W. (1991 [1983]): La estructura silábica y el acento en español. Análisis no lineal, trad. O. FERNÁNDEZ SORIANO, Madrid, Visor.

HYMAN, L. M. (1981 [1975]): Fonología. Teoría y análisis, trad. R. MONROY CASAS, Madrid, Paraninfo.

KRIVOSHEIN DE CANESE, N. (1983): Gramática de la lengua guaraní, Asunción, Edición de la autora, col. "Ñemity".

KRIVOSHEIN DE CANESE, N., y CORVALÁN, G. (1987): El español del Paraguay en contacto con el guaraní, Asunción, Centro Paraguayo de Estudios Sociológicos.

LEMOS BARBOSA, P. A. (sin refª.): Curso de tupí antigo (Gramática, exercícios, textos), Rio, Livraria São José.

LUSTIG, W. (1996): "Mba'éichapa oiko la guaraní? Guaraní y Jopara en el Paraguay", en Ñemity, 33, 2º semestre, pp. 12-32.

MARTÍNEZ CELDRÁN, E. (1986 [1984]): Fonética, Barcelona, Teide, 2ª ed.

MELIÀ, B. (1983): "La lengua guaraní del Paraguay", en B. POTTIER (ed.), América latina en sus lenguas indígenas, Caracas, UNESCO-Monte Ávila, pp. 43-59.

OMAR MOLINA, R. (1971): "La influencia del guaraní en la fonética del español de Misiones", en Cuadernos de Filología, 5, pp. 133-146.

POTTIER, B. (1970): "La situation linguistique du Paraguay", en Cahiers du monde hispanique et luso-brésilien, 14, pp. 43-50.

- (ed.) (1983): América latina en sus lenguas indígenas. Caracas (Venezuela), UNESCO-Monte Ávila.

REAL ACADEMIA ESPAÑOLA (1978 [1973]): Esbozo de una nueva gramática de la lengua española. Madrid, Espasa-Calpe, 5ª reimpr.

SANICKY, C. A. (1989): "Las vocales en contacto en el habla de Misiones, Argentina", en Hispania, 72, 3, pp. 700-704.

TAYLOR, J. R. (1991 [1989]).: Linguistic Categorization. Prototypes in Linguistic Theory, Oxford, Clarendon Press-Oxford University Press, 2.ª ed.

EL SISTEMA PRONOMINAL
DEL ESPAÑOL PARAGUAYO:
UN CASO DE CONTACTO DE LENGUAS

AZUCENA PALACIOS ALCAINE
Universidad Autónoma de Madrid

1. Introducción

El leísmo ha sido históricamente la característica más relevante del español paraguayo. En efecto, la bibliografía especializada ha coincidido así en afirmarlo. En este sentido, se alude al leísmo como fenómeno general de Paraguay en la conocida obra de Charles Kany, o en los trabajos de Berta Vidal de Battini, Beatriz Usher de Herreros o Germán de Granda. Así se observa el leísmo como un fenómeno generalizado en los distintos estratos sociales del Paraguay.

Véanse, a continuación, algunos ejemplos de leísmo tomados de entrevistas dirigidas a hablantes paraguayos universitarios:

1a. *Yo le vi al niño*
1b. *Yo le vi a la niña*
1c. *Yo le vi a los niños*
1d. *Yo la(s) vi a las niñas*

Como se aprecia en los ejemplos de (1), el objeto directo es pronominalizado mediante la forma de dativo le cuando el referente es [+humano, +masculino, +/-singular] y [+humano,-masculino,+singular]. Cuando el referente es [+humano, -masculino, -singular] la pronominalización del objeto directo se realiza mediante la forma de acusativo *la(s)*. El leísmo paraguayo no esta restringido a objetos [+humanos], como muestran los ejemplos siguientes, extraídos de la obra *Los Monólogos* del autor paraguayo José Luis Appleyard, citados por Germán de Granda en su monografía sobre el leísmo paraguayo de 1982:

2a. *Y tiene todo su torre iluminada pero cuando yo le ví parece que no é tan alta como vo eperá.*

2b.   *Un billete medio viejo ya, pero no etaba roto. Masiado bien me acuerdo que*
      saqué y le puse ahí.

Los ejemplos de (2) muestran cómo la pronominalización de los objetos directos
cuyos referentes son [-humanos, -animados, +/-masculinos] se efectúa mediante
la forma dativa *le*, de manera similar a lo que ocurre en modalidades de español
de Ecuador o del País Vasco.

He detectado en el español paraguayo, sin embargo, coexistiendo con el leísmo,
un fenómeno de loísmo, entendido como la aparición del pronombre *lo* como
forma única para referir a objetos cuyos referentes son [+masculinos], [-masculi-
nos], [+singular], [-singular], como los que reproduzco en (3) y que no ha sido
mencionado en la bibliografía especializada:

3a   *La Navidad, no sé si lo habrán selebrado*

3b   *Hay comunidadeh indígenah porque ahora el gobierno lo cuida*

Como se aprecia en (3 a) el referente de *lo* es un objeto [-humano], [-masculino],
[+singular]; en (3 b) lo tiene un referente con los rasgos [+humano], [-masculi-
no], [-singular].

Otra de las características relevantes del español paraguayo citada también en la
bibliografía especializada es la elisión del pronombre átono de tercera persona.
Se trata de un fenómeno ampliamente generalizado documentado tanto en la lengua hablada como en la lengua escrita, como muestran los ejemplos de (4), tomados de la novela de Roa Bastos *Hijo de hombre*:

4a.   *Pero en cada revolución mueren más particulares que milicos. Después de todo,*
      si no le gusta puede dejar _ [la revolución]. (pág. 92)

4b.   *–Dame sí un jarro bien lleno de tu aloja*

      –Sí. Te _ voy a dar. Pero me vas a dejar dar _ también a los presos. (pág. 216)

En los ejemplos de (4), los objetos directos la revolución y un jarro no han sido
pronominalizados sino elididos.

En este trabajo pretendo estudiar exhaustivamente las tres características mencionadas del sistema pronominal paraguayo –leísmo, loísmo y elisión de objeto–,
para concluir: *a)* que junto al leísmo paraguayo se da un fenómeno de loísmo que
debe analizarse con detalle; *b)* que leísmo, loísmo y elisión de objeto deben analizarse de manera conjunta; y c) que son producto del contacto del guaraní con el
español. Para ello, analizaré estos fenómenos exhaustivamente y mostraré cómo
las estructuras sintácticas del guaraní posibilitan y permiten la influencia de la
estructura guaraní sobre el español paraguayo. Por último, analizaré los mecanismos que han permitido el contacto lingüístico entre el guaraní y el español que,
como veremos, corresponden al concepto de convergencia lingüística.

2. El corpus

Para la descripción del español paraguayo he utilizado un corpus heterogéneo, que permitiera analizar el fenómeno lo más ampliamente posible. El objetivo era comprobar si, en efecto, el leísmo paraguayo, tan nombrado, era general entre las distintas capas sociales y si la elisión de objeto también se registraba en los distintos sociolectos. Igualmente, queríamos registrar si ambos fenómenos tenían reflejo en la lengua escrita. Componen el corpus datos de lengua hablada procedentes de encuestas dirigidas y de grabaciones directas de hablantes paraguayos de la zona de Asunción[1]. Los informantes nativos eran todos ellos individuos bilingües guaraní-español, de edades comprendidas entre los 25 y 45 años, hombres y mujeres de la comarca de Asunción (zona rural y urbana), con distinto estatus sociocultural e instrucción diferente (estudios primarios y secundarios y universitarios).

Completan el corpus datos de la lengua escrita extraídos de muestras de español paraguayo recogidas en trabajos de carácter gramatical o en obras literarias de autores paraguayos (Guido Rodríguez Alcalá, o Augusto Roa Bastos) que recrean el habla de las clases populares paraguayas.

3. El leísmo

Se han dedicado estudios monográficos con relativa frecuencia a las variaciones diatópicas sobre el leísmo en español, tanto en las modalidades peninsulares como en las americanas. Estas últimas variaciones contrastan notablemente con las que se registran en la Península, que no pueden utilizarse, en mi opinión, como referente de análisis para explicar los comportamientos de aquellas. Es suficientemente conocido el leísmo peninsular, fenómeno que, simplificando las complejidades que tiene[2], afecta a la neutralización del rasgo de caso (dativo/acusativo) a favor de la potenciación del rasgo de género, como muestran los ejemplos de (5) y (6), prototípicos de un hablante del área madrileña peninsular[3]:

5a. *Le vi a Pedro*

5b. *La vi a María*

---

1 La mayoría de las grabaciones corresponden a trabajos de campo realizados durante mi estancia en Paraguay. Otras corresponden a encuestas dirigidas a individuos bilingües universitarios paraguayos que pasaron por Madrid en una estancia breve en estos últimos años. Finalmente, componen la muestra algunas grabaciones que mis alumnos de licenciatura hicieron a individuos bilingües paraguayos de niveles medio-bajo. Quiero agradecerles, en este sentido, la cesión de estos materiales.

2 Para un estudio exhaustivo de los sistemas pronominales peninsulares véase los trabajos de Fernández-Ordóñez (1994) y (1999).

3 Es preciso aclarar que este sistema referencial incluye el llamado laísmo, rechazado por las insti-

6a. *Le di un regalo a Pedro*

6b. *La di un regalo a María*

En el caso de (5), los pronombres *le* y *la* desempeñan las funciones de objeto directo; en (6), los pronombres *le* y *la* desempeñan las funciones de objeto indirecto. Nótese que las formas pronominales son idénticas sin que la función sintáctica que desempeñan sea relevante (neutralización del rasgo de caso); el aspecto relevante que determina la forma de los pronombres es el género del referente, donde *le* tiene un referente masculino y *la* tiene referente femenino.

En definitiva, el español general permite que, en algunas de sus modalidades, tengan lugar variaciones del sistema pronominal que neutralizan o potencian rasgos de selección pronominal como, al menos, el caso o el género.

En las áreas americanas, también aparecen fenómenos de leísmo, como ocurre en Ecuador, Paraguay o las áreas de habla del español en contacto con mapuche. Nótese que todas estas zonas corresponden a áreas de contacto de lenguas en las que el español convive con el guaraní, el quechua o el mapuche. Veamos a continuación qué caracteriza el leísmo en la zona paraguaya.

3.1. El leísmo en español paraguayo

Se ha descrito el leísmo paraguayo como un fenómeno caracterizado por la aparición de un único pronombre le para los objetos cuyos referentes sean tanto [+humano] como [-humano] o [-animado]. Igualmente, la forma pronominal será le tanto si el referente es [+masculino], [-masculino], [+singular], [-singular]. En esta línea, ya lo describía Germán de Granda[4] como un fenómeno cuyas caracterísiticas son "su absoluta generalidad" y "su invariabilidad formal, ya que el morfema le funciona en el español paraguayo como única forma de objeto directo (y por supuesto, indirecto) para la totalidad de los casos posibles sintácticamente, sean cuales fueren el género, el número y la caracterización semántica del sustantivo a que es referido".

El profesor de Granda también establecía una relación entre la aparición del leísmo y factores sociolingüísticos como sociolecto y registro (sociolectos más bajos mostrarían el leísmo en sus registros orales y escritos, los sociolectos medios y altos lo mostrarían en los registros orales, preferentemente en los no formales).

---

tuciones académicas, pese a lo cual, puede oírse de manera habitual en el español hablado de las zonas referenciales.

4   de Granda (1982:262-263).

Analizaré, a continuación, el alcance del leísmo paraguayo con los datos del corpus acotado previamente, corpus que incluía entrevistas orales grabadas a individuos bilingües de distintos sociolectos y con diferente nivel de instrucción y datos de lengua escrita que recrean el registro coloquial de los sociolectos con menor instrucción.

En efecto, como afirmaba el profesor de Granda, el leísmo paraguayo es un fenómeno lingüístico que tiende a la invariabilidad de las formas pronominales, invariabilidad que se muestra bajo una única forma pronominal, aún cuando el referente muestre rasgos semánticos bien diferentes, como el género, el número o la animación. En este sentido, los datos del corpus permiten afirmar que la pronominalización de objetos [+animado] se realiza mediante la forma le, sin que rasgos semánticos como el género o el número sean relevantes, salvo en el caso de referentes [-masculinos], [-singulares]. En otras palabras, los datos muestran que el leísmo de objetos [+animados] es un fenómeno que consiste en la neutralización de los rasgos de género y número, lo que conlleva a la aparición de una única forma pronominal le, con la salvedad mencionada. Esta tendencia hacia la invariabilidad de le puede comprobarse con los datos extraídos de entrevistas habladas[5] realizadas a individuos bilingües con distinto grado de instrucción media y universitaria, si bien son los informantes universitarios los que utilizan mayoritariamente el leísmo. Igualmente son los individuos procedentes de las zonas urbanas los que muestran mayoritariamente leísmo, pues, como veremos, los individuos de las zonas rurales muestran abundante loísmo. En este sentido, obsérvense los ejemplos de (7)-(9):

7a. *Isabel, tómale* [la niña]

7b. *Muchísimah veseh ehtuvieron a punto de cambiarle de sitio y cada ves que intentaban cambiarle a la Virgen de sitio pues susedía algo*

7c. *Solo una organisasión y muchoh jóveneh apoyándole esa marcha campesina*[6]

8a. *Siempre vah y le saludah a tu padrino*

8b. *Yo le conosco un señor que le llamamoh Don Coño*

8c. *Un video casero de un señor que filmaba dehde su casa todo el desahtre le pilló ['filmó']a un chico dihparando con ametralladora*

9a. *En loh Etadoh Unidoh por ejemplo loh norteamericanoh le tienen como animaleh* [a los indios]

9b. *Ahora por ejemplo no le ve a loh indioh con pieleh de animaleh*

---

5   En las transcripciones sólo se ha transcrito los fenómenos relativos a la [s], esto es, el seseo y la aspiración o elisión de [s], cuando este fenómeno tiene lugar, que hemos transcrito como [h].

6   Entiendo que marcha campesina tiene el rasgo [+humano].

9c.   *Ahí también ya tienen su representante y esa cosa, de así que le defienden y eso*
      [a los indios]

En los ejemplos anteriores aparece la forma pronominal *le* como objeto cuyo
referentes es [-masculino] [+singular], como en (7), [+masculino] [+singular], el
caso de (8) y [+masculino] [-singular], como muestra (9). Nótese que no aparecen ejemplos de objetos pronominalizados mediante le con referentes [-masculi-
no], [-singular]. El motivo es que, en el corpus, no he encontrado ningún caso de
pronominalización de estas características. En esta línea, mis informantes paraguayos universitarios me confirmaron que la norma local admite *le veo al niño, le
veo a los niños, le veo a la niña*, pero no admite **le veo a las niñas* sino *las veo a
las niñas*.

En cuanto a la pronominalización de los referentes [-animados], los datos del corpus permiten constatar una situación bastante diferente con respecto a la de los
objetos con referentes [+animados]. Como puede apreciarse en (10), apenas he
podido registrar un par de ejemplos:

10a.   *Siempre le ehtamoh hasiendo* [la sopa paraguaya]

10b.   *La polisia le desalojó el lugar*

donde aparecen pronominalizados objetos [-animados]. En el caso de (10 a), el
objeto *sopa paraguaya* tiene los rasgos de [-masculino], [+singular]; el objeto el
lugar de (10 b) tiene los rasgos [+masculino], [+singular]. Esta dificultad para
encontrar pronominalizaciones de objeto obedece a la generalización de la elisión de objeto [-animado] que muestra el español paraguayo, y que acometere-
mos en la sección 5.

Para finalizar esta sección, resumiré los hechos detectados en relación con el leísmo paraguayo. Estos son los siguientes: a) el leísmo de persona está muy generalizado, excepto en los objetos cuyos referentes son [-masculino] [-singular]; b)
este leísmo afecta a todos los sociolectos, pero parece predominar en los sociolectos medio y medio altos, generalmente con instrucción universitaria, según los
datos de nuestra encuesta; c) parece predominar igualmente en la población urbana, a diferencia de la población rural, que utiliza el loísmo, como veremos en la
sección siguiente; d) esta generalización del leísmo no ha anulado el uso de otras
formas pronominales, puesto que existe variación pronominal minoritaria, más
allá del leísmo o del loísmo.

4. El loísmo

El loísmo entendido como la pronominalización de objetos mediante la forma *lo*,
como única forma pronominal sin que los rasgos de género o número sean rele-

vantes, no es desconocido en algunas zonas de Hispanoamérica. En este sentido, Kany aludía a que "en algunas zonas indígenas el *lo* es el único complemento directo de la tercera persona del singular que los indios incultos emplean para el masculino y femenino tanto de personas como de cosas" (1994: 139). En efecto, son bien conocidas las referencias del loísmo del español andino de las sierras peruanas, bolivianas o del noroeste argentino; zonas de bilingüismo histórico donde el quechua y el español han convivido durante siglos[7].

Algunos ejemplos de loísmo tomados de zonas andinas pueden verse a continuación[8]:

11a.   *¿Ya se lo casó la María?*

11b.   *Lo quiere mucho a su hijita*

11c.   *Carne de vacuno tamién uno mismo lo degolla, lo mata, así que carne fresca lo comes*

11d.   *Lo sueltan las palomas cualquier cantidad*

Los ejemplos de (11) muestran pronominalización de objetos mediante la forma *lo* sin que los rasgos de género o número sean relevantes, esto es, tienden a la invariabilidad pronominal mediante la neutralización de los rasgos de género y número. Así, aparece la forma *lo* para objetos cuyos referentes son [-masculino], [+singular] y [-singular].

En otras zonas de contacto del español con lenguas amerindias también se han descrito casos de loísmo; zonas de México o Chile (Kany 1994: 139). Sin embargo, en el español paraguayo, de leísmo reconocido, no se han descrito casos de loísmo; casos como los de (3) que he documentado en la zona rural que rodea Asunción y que paso a describir.

4.1. El loísmo paraguayo

Aún cuando el leísmo paraguayo está realmente extendido y predomina, sobre todo en los sociolectos medio y alto y, fundamentalmente en la zona urbana, como hemos visto, es preciso atender a la variación pronominal, al loísmo, que aparece en ciertos sectores de la población paraguaya. En espera de aumentar la muestra que permita trazar el mapa sociolingüístico del loísmo paraguayo con mayor exhaustividad, abordaré en esta sección la descripción del fenómeno.

---

7   Para un estudio más detallado véanse, entre otros, los trabajos de Calvo (1996-97), Cerrón-Palomino (1995), Fernández-Lávaque (1999), de Granda (1999b), Lee (1997), Martínez (1996b) o Palacios (1996-97), (1998b) y (1999).

8   Ejemplos tomados de Kany (1994), Lee (1997) o Caravedo (1996-97).

Los datos de loísmo encontrados corresponden a entrevistas realizadas a tres personas de la zona rural que rodea Asunción, de estatus sociocultural medio-bajo, de edades comprendidas entre los 25 y los 45 años. En el resto de la muestra, entrevistas a individuos urbanos de Asunción, de nivel medio y medio-alto, con estudios de Secundaria o universtiarios, no se han registrado casos de loísmo, sino de leísmo, según vimos en la sección 3. Todos los individuos eran bilingües de español y guaraní.

Debido a la importancia y novedad del fenómeno, no descrito con anterioridad, presento, a continuación, una muestra representativa del loísmo paraguayo. Los ejemplos de (12)-(15) contienen loísmos de objeto directo cuyos referentes son [+animados]:

12a.   *El que puede se ha comprado una vaca en su época y lo va criando*

12b.   *Cualquier persona que llevan a emplear lo emplean allí*

13.   *Lo vah a ver variah, variah mujereh*

14.   *La familia a lo mejor prepara un serdito o un serdo para matarlo en Navidad*

15a.   *Elloh se ponen todah lah plumah, todoh suh collareh, suh flechah y demáh cosah, lo sacan fotoh*

15b.   *AQlí hay muchísimoh animaleh en el monte, muchísimoh, entonse elloh van a cazar porque sabe que en un día o en dos lo matan*

Los ejemplos de (12) muestran casos la pronominalización de objetos directos cuyos referentes son [+animados], [-masculino], [+singular]. Así, los objetos *una vaca* o *cualquier persona* han sido pronominalizados mediante la forma lo, sin que el género femenino de sus referentes condicione la selección pronominal.

El ejemplo (13) es el único caso registrado en la muestra que contenga loísmo con referente [+animado], [-masculino], [-singular]. Al igual que todos los casos de loísmo registrados, atañen al objeto directo. En efecto, podemos apreciar en (13) la pronominalización del objeto directo *variah mujereh* mediante la forma pronominal *lo*.

En (14) aparece un caso de loísmo de objeto directo con referente [+animado], [+masculino], [+singular]. El objeto *un serdito* o *un serdo* aparece pronominalizado mediante la forma lo, como en los casos anteriores. Este es el único caso de loísmo encontrado en la muestra con este tipo de referente.

Finalmente, los ejemplos de (15) muestran casos de loísmo cuyos referentes tienen los rasgos semánticos [+animado], [+masculino], [-singular]. En efecto, la forma pronominal *lo* hace referencia a los objetos directos *animaleh* y *elloh* ('los indios').

En definitiva, los casos de loísmo vistos en los ejemplos anteriores permiten asegurar que en esta modalidad de español paraguayo predomina una tendencia hacia la neutralización de los rasgos de género y número de las formas pronominales en los objetos directos [+animados]; tendencia que activa la aparición de una única forma pronominal *lo*[9].

Veámos qué ocurre con la pronominalización de los objetos [-animados], que enumero en (16)-(19):

16a. *La hierba por ejemplo lo hase mi padre en mi casa.*

16b. *La gente del campo lo tiene en la casa* [la mandioca].

16c. *Esa chipa de la que te hablé, pues lo hasen de todo.*

17a. *Vivían en chabolitah que lo hasían ello mihmo.*

17b. *Lah músicah alegrilla para bailarlo así.*

18a. *Un trabajo de diez personas, se van a hacerlo.*

18b. *Llevan bebida de todo, se emborrachan bien, hasta que lo gaste todo* [el dinero].

18c. *Todo el mundo tiene melón y si no tiene, pues te lo da la dueña fulana, la vesinita te manda de regalo.*

El bloque de ejemplos que aparece en (16) muestra casos de pronominalizaciones de objeto directo mediante la forma *lo* con referentes [-animados], [-masculinos], [+singular]. Así, los objetos léxicos *la hierba, la mandioca* y *esa chipa* han sido pronominalizados mediante la forma *lo*, como ocurría, según vimos en (12), con los objetos [+animados].

En cuanto a los objetos directos con referentes [-animados], [-masculino], [-singular], los ejemplos de (17) muestran cómo objetos léxicos con estos rasgos, *chabolitah* y *lah músicah alegrilla* son pronominalizados igualmente mediante la forma *lo*, como ocurría en la pronominalización de objetos [+animados] con los mismos rasgos de género y número.

Los ejemplos de (18) muestran cómo los objetos léxicos [-animados], [+masculino], [+singular] tienen el mismo comportamiento. Así, *un trabajo, el dinero* y *melón* aparecen pronominalizados con la forma *lo*. En la muestra, no he podido regitrar, sin embargo, casos de pronominalización de objetos [-animados], [+masculinos], [-singular]. Tampoco he registrado casos de pronominalización de estos objetos léxicos con otras formas pronominales.

Nótese que en la pronominalización de estos objetos no interviene el rasgo de [+/-definido] como condicionante de la selección de las formas pronominales,

---

9 En la misma muestra aparecen algunos casos esporádicos de leísmo de persona para objetos directos cuyos referentes son [+masculino], [+/-singular] y [-masculino], [+singular]. No se han registrados leísmos de persona con referentes [-masculino], [-singular].

puesto que, como hemos visto, esta es siempre lo (compruébese, en este sentido, que la pronominalización de *el dinero* y *melón*, objeto [+definido] en el primer caso y [-definido] en el segundo tiene lugar de manera idéntica, mediante *lo*).

En definitiva, he mostrado que el loísmo paraguayo no está condicionado por los rasgos semánticos de los objetos léxicos siguientes: [+/-animado], [+/-masculino], [+/-singular] o [+/-definido]. Mostraré, igualmente, que los condicionamientos sintácticos tampoco potencian la aparición del fenómeno del loísmo. Nótese que la presencia/ausencia de sujeto en la oración no es relevante, pues el pronombre *lo* aparece en ambos contextos. Así, en (15 b) hay presencia del sujeto, pero en (13 a) está ausente. Tampoco el número de participantes en la oración condiciona la aparición de la forma *lo*, pues hay loísmo con verbos de dos participantes (16 b) o de tres (18 c). Los rasgos verbales relativos al tiempo, aspecto o modo verbal son irrelevantes para la aparición de *lo* en la oración, como muestran los ejemplos de (16 c), con el verbo en presente, (17 a), donde aparece el verbo en pasado, (18 a), con una perífrasis de futuro; en (17 a) el aspecto es perfectivo, pero en (18 c) es imperfectivo; (18 b) tiene el verbo en subjuntivo y (15 a) el verbo en indicativo. A pesar de esta variación de rasgos, en todos los casos aparece igualmente la forma pronominal *lo*. Del mismo modo el pronombre puede aparecer en entornos verbales personales (17 a) o con formas verbales no personales (17 b).

La posición del pronombre tampoco condiciona su aparición, pues este puede aparecer con anterioridad o posterioridad al objeto léxico referido (17 a) y (13 a), respectivamente. Finalmente, la coaparición del pronombre y del objeto léxico, tampoco condiciona el loísmo, ya que el objeto puede estar presente, incluso en la misma oración como objeto duplicado (16 a), o estar ausente de esta (16 b).

En definitiva, la aparición del loísmo en el español paraguayo no parece estar condicionada ni por restricciones semánticas ni por imperativos sintácticos.

Para finalizar, esta sección, quisiera hacer una precisión. En esta misma muestra aparece cierta variación pronominal leísta, si bien minoritaria[10], similar a la que aparece en un ejemplo tomado de Beatriz Usher de Herreros (1976) para ilustrar el fenómeno de las discordancias pronominales, que reproduzco a continuación:

19   *Su madre le esperaba* [a la niña] *a la salida de la escuela. La niña no lo vio* [a la madre] *y corrió desesperada hacia su casa.*

Este ejemplo muestra de manera singular los dos fenómenos que estamos estudiando hasta el momento, el leísmo y el loísmo, como resultado distinto de un

---

10   El estudio cuantitativo se realizará cuando la muestra sea más amplia, lo que le asegurará mayor validez. En este trabajo, sólo me interesaba dar cuenta del fenómeno y describir sus contextos.

proceso similar que se da en el sistema pronominal paraguayo: la neutralización de los rasgos semánticos del objeto de género, número y/o caso[11]; neutralización que activa una tendencia hacia la invariabilidad pronominal potenciando la aparición de *le*, leísmo, o de *lo*, loísmo.

Todo esto supone que este fenómeno, al igual que ocurría con el leísmo, se alejan de los patrones de otros sistemas pronominales de variedades peninsulares y americanas, pero coinciden con otras modalidades de español americano de zonas de bilingüismo histórico, como las andinas.

Es interesante, en este sentido, la coincidencia de resultados entre la modalidad de español de la sierra peruana y la paraguaya, lo cual resulta, en principio, sorprendente. Así, la sierra peruana siempre se ha caracterizado por su loísmo, pero Rocío Caravedo (1996-97), en su trabajo sobre los pronombres objetos en el español andino, registra casos de leísmo similares a los de la modalidad de español paraguayo, aunque cuantitativamente en menor proporción que los de loísmo. Nótese que en español paraguayo el leísmo ha sido reconocido como fenómeno generalizado, aunque, como hemos mostrado, también se registran casos de loísmo similares a los de la sierra peruana.

¿Qué permite que zonas tan distintas, donde convive el español con lenguas amerindias, muestren esta coincidencia de resultados? En mi opinión, esto se debe a las características estructurales de las lenguas amerindias[12] que permiten, activan y fomentan la aparición de un sistema pronominal distinto al resto de las modalidades de español, de tradición no bilingüe. Es, en definitiva, como intentaré demostrar, el sistema pronominal paraguayo, con los fenómenos de leísmo y loísmo, el resultado de la influencia del guaraní sobre el español en la modalidad paraguaya.

5. La elisión del pronombre átono

La elisión del pronombre átono de objeto directo es un fenómeno lingüístico que tiene lugar, como el leísmo y el loísmo, en distintas variedades del español americano y del español peninsular y que afecta a los pronombres átonos de tercera persona en función de objeto directo cuando el referente es un objeto [-animado], como muestran los ejemplos de español estándar peninsular que aparecen en (20):

---

11 La neutralización del rasgo de caso sólo se da en el leísmo, no en el loísmo, como hemos descrito ya.

12 Para el español andino, las referencias a la influencia del quechua y / o del aimara sobre el sistema pronominal del español local han sido numerosas. Véanse, entre otras, las referencias citadas en la nota 7.

20a. *–¿Has traído pasteles hoy?*

 –No, hoy no he traído [pasteles].

20b. *–Compra acciones de bancos, que tienen una buena cotización.*

 –Ya he comprado [acciones]*, gracias.*

Hay que precisar que no cualquier objeto directo puede elidirse, pues el español estándar peninsular mantiene restricciones muy estrictas a la hora de elidir este complemento[13]. Nótese que la información que aportan los objetos directos elididos en (20) puede recuperarse mediante el contexto, esto es, que están sujetos al principio de recuperabilidad de la información y que los complementos elididos son [-definidos]. En efecto, en español estándar peninsular no es posible elidir objetos [+definidos], como muestra (21):

21a. *–¿Has traído los pasteles?*

 –Sí, los he traído

 *–Sí, _ he traído

21b. *–Pedro llegó ayer*

 –Ya lo sé

 –*/'?Ya _ sé

Como se aprecia en (21), en español estándar peninsular la elisión del pronombre no es posible cuando este es definido [los pasteles], [el hecho de que Pedro llegara ayer]. En efecto, está sujeta a la restricción de la definitud del objeto, como hemos visto ya[14]. La elisión tampoco es posible cuando el objeto directo aparece en una oración sustantiva completiva de complemento de un nombre, cuando aparece en oraciones de sujeto, adverbiales o interrogativas parciales en las cuales el elemento interrogativo no sea precisamente el objeto. Como muestran los datos (23-26), la elisión de CD no es admitida en estos contextos sintácticos como respuesta a la pregunta (22), a pesar de que el objeto *acciones* no es un sintagma nominal definido:

22   *–¿Sabes si Pedro ordenó a su banco que subscribiera acciones?*

23   **–Existe la duda de que hayan subscrito _* [Oraciones CN dentro de un SN]

---

13   En el presente estudio no contemplo otro tipo de construcciones que eliden el CD de verbos transitivos pero que tienen características radicalmente distintas, como la elisión de objetos arbitrarios, caracterizados como [+humano, +singular] del tipo *La música clásica convence _*, parafraseable como 'convence a cualquiera', ni usos intransitivos de verbos transitivos similares a *Pepe siempre come en su habitación.*

14   Véase, al respecto, el trabajo de Campos (1986), donde se ponen de manifiesto estas restricciones.

24 *–Que el banco subscribió/subscribirá _ es evidente [Oraciones sujeto]

25 *–Sí, el banco subscribirá acciones porque Pedro necesita _ [Cláusulas adverbiales]

26 *–Sí, pero no sé quién ha subscrito/habrá subscrito / subscribirá _ [Interrogativas parciales]

Los ejemplos (23-26) muestran que la elisión del objeto no puede tener lugar en el español estándar peninsular, a pesar de que sea un objeto indefinido, en los contextos mencionados por Campos. Nótese que en los ejemplos anteriores he variado conscientemente los tiempos, el aspecto y el modo de los verbos para mostrar que la imposibilidad de la elisión de objeto en estas construcciones no se debe a restricciones temporales, aspectuales o modales.

En definitiva, existe en español estándar la elisión de objeto, si bien este fenómeno está sujeto a fuertes restricciones sintácticas y semánticas. Veamos, a continuación, qué ocurre en la modalidad de español paraguayo.

5.1. La elisión del pronombre átono de objeto directo en español paraguayo

Para la descripción de la elisión del objeto en español paraguayo he utilizado el mismo corpus que en el caso del leísmo. Agrupo la muestra de español paraguayo en dos series, que corresponden a la muestra de lengua hablada, los ejemplos de (27), y de lengua escrita, los de (28):

27a. *Normalmente el gasto _ paga*

27b. *Fue cuando empecé a conocer españoles y qué empresa era de españoles y dónde era, antes no _ sabía.*

27c. *Él pensaba comercializar con la energía vendiendo_ a otros países que no tienen energía*

27d. *Las casas no aguantan [...] Aguantan dos o tres años y luego ya al abandonar _ , con los fuertes vientos [...] se pudren todo*

27e. *El vestido de novia a lo mejor _ compra el novio, _ compra la novia*

28a. *¿Cómo hizo él para sentarse a la mesa de ella? Aquella parte no _ había visto*

28b. *¿Por qué no podía tener un poco de plata si la mamá quería darle (por 'dársela')*

28c. *Si Claudia nos _ contaba a los hermanos, ya teníamos que intervenir*

28d. *Todos le pueden decir que _ vieron*

28e. *Maliciaba la desgracia, _ sentía.*

28f. *Los quebracheros tenían que meterse por el monte y elegir un palo. Cuando _ encontraban, se ponían a hachear hasta que _ echaban ['derribaban'] y entonces tenían que volver a la administración para decir dónde estaba su tronco.*

28g. *Antes no teníamos policía ni tampoco _ necesitábamos. Cuando comenzamos a necesitar_, ya no servía.*

28h. *Tuvo la mala idea de contar_le a la directora* ['contárselo']

28i. *El tronco había que arrastrar_ hasta la picada*

Como puede apreciarse, la variedad de casos que presento en (27) y (28) permiten descartar restricciones semánticas o sintácticas en la elisión del pronombre átono de objeto directo [-animado]. Esta construcción puede aparecer en oraciones transitivas cuyos objetos tienen referencia [+definida o determinada], como en (27 a); pero también [-definida o indeterminada], como en (28 g). Si la referencia del objeto es anafórica, que alude a lo expresado por una oración anterior, puede igualmente elidirse, como muestra (28 c).

Tampoco parecen existir restricciones temporales o aspectuales; encontramos elisión de objeto con el verbo en presente (27 a); con el verbo en pasado (27 b); cuando el verbo lleva aspecto perfectivo (28 d), pero también si aparece en imperfectivo (27 d); tanto en formas flexionadas (28 f) como no flexionadas (27 c).

La semántica del verbo tampoco condiciona la elisión del pronombre, ya este fenómeno se muestra con verbos de conocimiento (27 b); de percepción (28 a); de habla (28 h); o de movimiento (28 i).

Por último, el español paraguayo muestra casos de elisión en entornos sintácticos imposibles en español estándar como las oraciones adverbiales de (28 f).

A la vista de estos datos se puede afirmar que la elisión del pronombre átono de objeto directo [-animado] no tiene restricciones en español paraguayo y que se trata de un fenómeno lingüístico generalizado. Con respecto a esta afirmación, es necesario precisar que esta generalización del fenómeno en español paraguayo, tanto en lengua escrita como en lengua hablada, y sin que pueda ser vinculado a un sociolecto determinado, no implica que el hablante obligatoriamente elida sistemáticamente el objeto en todos los contextos, pues existe cierta variación, si bien minoritaria con respecto a la elisión, que permite que el hablante realice fonéticamente el objeto. Lo relevante, en este sentido, es: a), que existe elisión de objeto ampliamente generalizada sin restricciones sintácticas o semánticas, a excepción de que el objeto sea [-animado][15]; b), que esta elisión aparece tanto en la lengua escrita como en la lengua hablada; c), que no está relacionada con un sociolecto determinado.

¿A qué obedece un comportamiento tan distinto del español paraguayo con respecto a otras modalidades de español? Como mostraré en la sección siguiente, la eli-

---

15 Nótese que los casos de elisión de pronombre átono de objeto directo aceptados en el español estándar están sujetos, por el contrario, a numerosas restricciones, como ya vimos.

sión de objeto, como el leísmo y el loísmo paraguayos, son fenómenos producidos por la influencia de la lengua guaraní en el español local. Veamos qué estructuras del guaraní permiten afirmar que estamos ante un caso de contacto lingüístico.

6. Estructuras morfosintácticas del guaraní que influyen en el español

El guaraní carece de un sistema pronominal personal átono de tercera persona similar al del español, lo que implica que no tiene equivalentes para los pronombres de dativo o de acusativo (remito a lo que se conoce como sistema pronominal etimológico). La construcción pronominal guaraní exige la presencia de un pronombre tónico de tercera persona en un sintagma preposicional (posposicional en el caso del guaraní). Según esto, las oraciones de (29) se traducen al guaraní como (30):

29a.   *Mi madre lo vio* [al niño]
29b.   *Mi madre le dio un regalo*

30a.	*Che*	*sy*	*o-hecha-kuri*	*ichu-pe*	
	mi	madre	3s.-ver-pasado	él-a	
	'Mi madre vio a él'				
30b.	*Che*	*sy*	*o-me'ë*	*jopói*	*ichú-pe*
	Mi	madre	3s.-dar	regalo	él-a
	'Mi madre le dio un regalo'				

Como se aprecia en (30), no hay diferencia formal entre el objeto pronominal en función de objeto directo que aparece en (30 a) del que aparece en (30 b), en función de objeto indirecto. En efecto, el sistema pronominal objetivo guaraní no discrimina las funciones sintácticas de objeto directo e indirecto. Por otro lado, al estar incluidos en un SP no tienen el carácter morfemático que puede atribuirse a los pronombres átonos del español.

El guaraní, por otro lado, no tiene marcas gramaticales de género que permitan diferenciar la referencia masculina o femenina de los pronombres. En esta lengua, el género no esta gramaticalizado. La explicitación del sexo de una especie se realizará mediante la adición de la palabra *kuña* equivalente a 'hembra'. Así, si quiero especificar que tengo un perro hembra se hará de la manera que indica (31):

31	*Petei*	*jagua*	*kuña*
	un	perro	hembra
	'Una perra'		

pero no es posible la diferenciación de género en los pronombres, de tal manera que una oración como (32) es agramatical en guaraní:

32   *Che   a-hechá-kuri   ichu-pe   kuña
     Yo   1s-ver-pasado   él-a   femenino
     'Yo la vi'

En cuanto al número, a pesar de que existe un morfema de plural *kuera* que se puede añadir a nombres y pronombres, en la lengua hablada apenas se usa. Así, la oración (33) contiene un pronombre tónico que expresa explícitamente plural mediante *kuera*, aunque es más frecuente la omisión de *kuera* en la lengua coloquial:

33   Che   a-hechá-kuri   ichu-pe   kuéra
     Yo   1s.-ver-pasado   él-a   plural
     'Yo vi a ellos'

Una última característica del sistema pronominal guaraní es que la forma *ichúpe* tiene el rasgo [+animado], por lo que no hay posibilidad de pronominalizar objetos [-animados] similares a los de (34) en guaraní, como muestra (35):

34   –¿Has comprado el regalo?
     –Ya lo he comprado
35   –Re-joguá-pa jopói?
     –A-jogua
     1sg.-comprar 'Ya he comprado'
     –*A-jogua ichúpe 'Ya lo he comprado [el regalo]'

En definitiva, las características fundamentales del sistema pronominal guaraní son las siguientes[16]:

a) Carencia de marcas de género, y en la práctica de número;

b) Indiferenciación formal de las funciones sintácticas de objeto directo e indirecto;

c) Ausencia de pronombres átonos similares a los del español;

d) Imposibilidad de referir a objetos [-animados].

Según lo descrito, la equivalencia del sistema pronominal guaraní y español de tercera persona es la que aparece a continuación.

---

16   Para un estudio exhaustivo de la estructura morfosintáctica del guaraní, véase Palacios (1999a).

	FUNCIÓN SINTÁCTICA	GUARANÍ	ESPAÑOL
Singular	Objeto directo	*Ichú-pe*	*Lo, la*
	Objeto indirecto	*Ichú-pe*	*Le*
Plural	Objeto directo	*Ichú-pe (kuéra)*	*Los, las*
	Objeto indirecto	*Ichú-pe (kuéra)*	*Les*

Como puede apreciarse, la característica del sistema pronominal guaraní por escelencia es la invariabilidad pronominal de su única forma de 3ª persona *ichúpe*.

7. El tipo de influencia: la convergencia lingüística

Los fenómenos de leísmo y loísmo que he descrito en secciones anteriores y que, según he mostrado, no están sujetos a restricciones semánticas o sintácticas pueden ser explicados como producto de la influencia del guaraní sobre el español paraguayo. Los supuestos que me permiten apuntar, a mi juicio con solidez, hacia la hipótesis del contacto de lenguas, son los siguientes:

1. Ambos fenómenos son el resultado de un proceso de reestructuración del sistema pronominal del español paraguayo, aún en marcha, que consiste en la neutralización de los rasgos de género y número de las formas pronominales, en cuanto al loísmo. Por lo que se refiere al leísmo, la neutralización extendería su alcance a los rasgos de género, número y caso. Esto supone la invariabilidad pronominal hacia una forma única *le* o *lo*.

2. El sistema pronominal guaraní no tiene gramaticalización del género ni del caso, y en la práctica habitual de la lengua hablada, tampoco gramaticalización de número.

3. En guaraní existe, en definitiva, una única forma pronominal sin especificación de género, número o caso. Esta característica del guaraní, invariabilidad pronominal, coincide con la característica fundamental del leísmo: la invariabilidad pronominal sin especificación de género, número o caso[17].

4. El loísmo es un proceso de reestructuración pronominal menos innovador que el leísmo, por lo que la invariabilidad de las formas pronominales no afectan al

---

17 Como vimos, los objetos [-masculino], [-singular] muestran una variación mayor en las formas de pronominalización.

rasgo de caso. Aunque parcialmente, este proceso es similar al que tiene lugar en el guaraní: la invariabilidad pronominal.

En cuanto a la elisión de objeto en español paraguayo, las características de este fenómeno pueden resumirse en éstas:

1. En español estándar aparecen algunos casos en los que se elide el pronombre de objeto directo [-animado], pero este proceso está sometido a numerosas restricciones.

2. El guaraní es una lengua que elide frecuentemente los objetos directos si la recuperación de la información queda garantizada por el contexto, y este proceso ocurre obligatoriamente en el caso de los objetos con referentes [-animados], a no ser que se recurra a la repetición del objeto léxico, ya que carece de pronombres con referentes [-animados].

3. Los hablantes de español paraguayo generalmente eliden el pronombre átono de objeto directo [-animado], sin restricciones léxicas, morfológicas o sintácticas. En el caso de pronombres de objeto [+animados] la elisión es mucho menos frecuente y en ningún caso generalizada.

4. La ausencia de realización de los objetos pronominales [-animados] tiene un comportamiento similar en ambas lenguas.

La similitud de comportamiento de los pronombres en guaraní y español paraguayo no puede concebirse como una casualidad estructural sin ningún tipo de relación. Esto no quiere decir que se trate de un caso de calco sintáctico del guaraní en la modalidad de español paraguayo, pues la neutralización de los rasgos de género, número y/o caso en la selección pronominal se dan en otras modalidades de español, aunque actúen de manera distinta y el resultado no sea el mismo (sistema pronominal referencial peninsular, por ejemplo). En cuanto a la elisión de objetos pronominales, como hemos visto, el fenómeno no es desconocido en español estándar, aunque la elisión del español paraguayo tenga características distintas.

En definitiva, estamos ante un caso de convergencia lingüística de las estructuras morfosintácticas pronominales del guaraní y del español y no ante un caso de calco sintáctico. El concepto de convergencia de lenguas en contacto lo entiendo, siguiendo a Gumperz y Wilson (1971) y matizado por Germán de Granda (1994)[18], como un conjunto de procesos paralelos que desembocan en el desarrollo de estructuras gramaticales comunes en las lenguas en contacto, lo que supone la eliminación o ampliación de restricciones gramaticales de un fenómeno lingüístico, la activación de un fenómeno que conlleva un aumento de su frecuencia de uso o la adición o eliminación de algún elemento de un paradigma lingüístico.

---

18   Véase el trabajo "Interferencia y convergencia lingüísticas" publicado en ese volumen.

En este sentido, la invariabilidad pronominal del guaraní sin restricciones de género, número o caso activa la posibilidad que el español tiene de neutralizar los rasgos de género, número y/o caso (también el caso en el leísmo, sólo género y número en el loísmo paraguayo) del sistema pronominal, con lo que la estructura del español paraguayo converge con la del guaraní en la tendencia hacia la invariabilidad pronominal que se registra en los casos de leísmo y loísmo analizados en este trabajo. En cuanto a la elisión del objeto pronominal [-animado], la ausencia de un correlato pronominal en guaraní para los objetos [-animados] permite la convergencia lingüística de esta lengua con el español eliminando restricciones de un fenómeno ya conocido en el español general, como es la elisión, pero sujeto a fuertes restricciones sintácticas y semánticas. La generalización del fenómeno, como aumento de la frecuencia de uso, también puede achacarse a la convergencia con el guaraní.

En conclusión, el español paraguayo está sujeto a la influencia del guaraní y es esa influencia la que permite la reestructuración del sistema pronominal de esta modalidad de español mediante la convergencia lingüística con la lengua amerindia. Reestructuración que se manifiesta en los fenómenos de leísmo, loísmo y elisión de objeto pronominal que hemos presentado y analizado en esta investigación.

8. Conclusiones

He intentado demostrar que las peculiaridades del sistema pronominal del español parguayo deben entenderse como un fenómeno de influencia del guaraní sobre el español. La hipótesis de convergencia de lenguas que he aplicado al caso del español paraguayo es, en mi opinión, la más adecuada para explicar estos fenómenos de influencia lingüística y la que se ajusta de manera más rigurosa a los datos que he presentado. La peculiar situación de bilingüismo histórico que se da en Paraguay, donde la realidad bilingüe es tan evidente que el español y el guaraní son lenguas oficiales reconocidas, ha permitido que los fenómenos de contacto caractericen la modalidad de español paraguayo de manera inequívoca. En el caso del sistema pronominal, la hipótesis de la convergencia lingüística contempla los aspectos siguientes, que pueden resumirse en:

1. En vez del leísmo paraguayo debe hablarse de tendencia hacia la invariabilidad pronominal, que puede aparecer como le, pero también como lo, si bien es el leísmo el fenómeno predominante. La distribución de leísmo y loísmo parece obedecer a factores sociolingüísticos como la procedencia (urbana o rural) de los informantes y el nivel sociocultural.

2. Leísmo y loísmo, o tendencia hacia la invariabilidad pronominal, y elisión de objeto deben analizarse de manera conjunta como rasgos intrínsecos del sistema pronominal paraguayo.

3. Puesto que el español estándar posee tanto neutralización de ciertos rasgos del sistema pronominal (caso a favor del género, por ejemplo) como elisiones de objetos pronominales, no puede proponerse que esta construcción sea un calco sintáctico del guaraní.

4. Las características morfosintácticas del guaraní potencian ciertos rasgos que el sistema pronominal español tiene, lo que permite un proceso de convergencia lingüística entre ambas lenguas.

5. Como consecuencia de la convergencia lingüística se eliminan restricciones sintácticas y semánticas en el proceso de elisión de objeto o de la invariabilidad pronominal, que tienen como consecuencia una mayor extensión de estos fenómenos.

Referencias

CALVO, J. (1996-97): "Pronominalización en español andino. Ley de mínimos e influencia del quechua y del aimara", en *Homenaje al Dr. Germán de Granda*, Anuario de lingüística hispánica, II, pp. 521-544.

CAMPOS, H. (1986): "Indefinite Object Drop", en *Linguistic Inquiry*, 17, pp. 354-359.

CARAVEDO, R. (1996-97), "Pronombres objeto en el español andino", en *Homenaje al Dr. Germán de Granda*, Anuario de Lingüística Hispánica, II, pp. 545-568.

CERRÓN-PALOMINO, R. (1976): *Gramática quechua*, Junín-Huanca, Lima, M. Educación.

— (1995): "Guamán Poma redivivo o el castellano rural andino", en K. ZIMMERMANN (ed.), *Lenguas en contacto en Hispanoamérica*, Madrid, Iberoamericana, pp. 160-182.

COLE, P. (1987): "Null Objects in Universal Grammar", en *Linguistic Inquiry*, 18.4, pp. 597-612.

ESCOBAR, A. M. (1990): *Los bilingües y el castellano en el Perú*, Lima, Instituto de Estudios Peruanos.

FARRELL, P. (1990): "Null Objects in Brazilian Portuguese", en *Natural Language and Linguistic Theory*, 8, pp. 325-346.

FERNÁNDEZ LÁVAQUE, A. M., y VALLE, J. del (comps.) (1999): *Español y quechua en el noroeste argentino. Contactos y transferencias*, Salta, Universidad.

FERNÁNDEZ-ORDÓÑEZ, I. (1994): "Isoglosas internas del castellano. El sistema referencial del pronombre átono de tercera persona", en *Revista de Filología Española*, 74, pp. 71-125.

— (1999): "Leísmo, laísmo y loísmo", en I. BOSQUE y V. DEMONTE (dirs.), *Gramática descriptiva de la lengua española*, I, Madrid, Espasa-Calpe, pp. 1317-1398.

GODENZZI, J. C. (1986): "Pronombres de objeto directo e indirecto del castellano en Puno", en *Lexis*, X, pp. 187-202.

— (1991): "Discordancias gramaticales del castellano andino en Puno (Perú)", en *Lexis*, XV, 1, pp. 107-118.

GRANDA, G. de (1982): "Origen y formación del leísmo en el español del Paraguay. Ensayo de un método", en *Revista de Filología Española*, 52, pp. 259-283.

– (1994): *Español de América, español de Africa y hablas criollas hispánicas*, Madrid, Gredos.

– (1999): *Español y lenguas indoamericanas en Hispanoamérica. Estructuras, situaciones y transferencias*, Valladolid, Universidad.

GUMPERZ, J. J., y WILSON, R. (1971): "Convergence and creolization: a case from Indo-Aryan / Dravidian border", en D. HYMES (ed.): *Pidginization and Creolization of Languages*, Cambridge, pp. 151-167.

KANY, Ch. (1969): *Sintaxis hispanoamericana*, Madrid, Gredos.

KLEE, C. (1990): "Spanish-quechua language contact: the clitic pronoun system in andean spanish", en *Word*, 41, 1, pp. 35-46.

LEE, T. Y. (1997): *Morfosintaxis amerindias en el español americano. Desde la perspectiva del quechua*, Madrid, Universidad Complutense.

MARTÍNEZ, A. (1994): "¿Leísmo en América? Caso de contacto con lenguas aborígenes", en S. WENT y M. ROYO (eds.): *Homenaje a Aída Barbagelatta*, Buenos Aires, pp. 237-248.

– (1995): "Variación lingüística y etnopragmática: dos caminos paralelos", en *Actas de las II Jornadas de Lingüística Aborigen*, Universidad de Buenos Aires, Instituto de Lingüística, pp. 427-437.

– (1996a): "Lenguaje, pensamiento y cultura: Uso de 'le' en la narrativa oral no estándar de Chaco y Formosa (Argentina)", en *Hispanic Linguistic*, 8.1, pp. 94-122.

– (1996b): "Lenguas y culturas en contacto: uso de los clíticos lo, la, le en la región del Noroeste argentino", en *Signo y Seña*, vol. 6 monográfico Contactos y transferencias lingüísticas en Hispanoamérica, Buenos Aires, pp. 139-178.

PALACIOS, A. (1996-97): "Un caso de bilingüismo histórico: aspectos lingüísticos de la obra de Santacruz Pachacuti", en *Homenaje al Dr. Germán de Granda*, Anuario de Lingüística Hispánica, XII-XIII, vol. I, pp. 397-412.

– (1998a): "Variación sintáctica en el sistema pronominal del español paraguayo: la elisión de pronombres objeto", en *Anuario de Lingüística Histórica*, XIV.

– (1998b): "A propósito de la llamada falsa pronominalización en español andino: la crónica de Santacruz Pachacuti", en *Lexis*, XXII, 2, pp. 119-146.

– (1999a): *Introducción a la lengua y culturas guaraníes*, Valencia, Universidad.

– (1999b): "Discordancias pronominales en el español de América", en *Actas del XI Congreso Internacional de la ALFAL*, Las Palmas de Gran Canaria, Universidad.

USHER DE HERREROS, B. (1976): "Castellano Paraguayo. Notas para una gramática contrastiva castellano-guaraní", en *Suplemento Antropológico. Universidad Católica* (Asunción), 11, 1-2, pp. 29-123.

VIDAL DE BATTINI, B. (1964): "Zonas de leísmo en el español de la Argentina", en: *Communications et Rapports du Premièr Congrès International de Dialectologie Générale*, II, Lovaina, pp. 160-163.

Textos escritos del corpus

ROA BASTOS, A. (1989): *Hijo de hombre*, Madrid, Alfaguara.

RODRÍGUEZ ALCALÁ, G. (1987): *Cuentos decentes*, Asunción, Ed. Criterio.

– (1990): *Curuzu Cadete. Cuentos de ayer y de hoy*, Asunción, Ed. Criterio.

POR UN PROGRAMA DE INVESTIGACIÓN DEL ESPAÑOL INDÍGENA EN MÉXICO

JOSÉ ANTONIO FLORES FARFÁN
*Centro de Investigaciones y Estudios Superiores
de Antropología Social. México*

1. Introducción

En México, por diversas razones que constituyen el objeto de todo un trabajo por separado, son pocos los estudios consagrados al estudio de los efectos recíprocos entre las diversas lenguas indígenas del país y la lengua nacional, el español. El propósito de este artículo es incitar a la formulación de un programa de investigación al respecto, en particular en torno al español como segunda lengua. Es decir, se trata de proporcionar un panorama general de algunas posibilidades de investigación en torno a los efectos de las lenguas indígenas sobre el español de hablantes de distintas familias lingüísticas[1]. Para ello, no es mi intención reseñar los escasos estudios sobre el tema; más bien, la mira estará puesta en la descripción de las transferencias o interferencias[2] potenciales más evidentes y su materialización empírica.

Se trata de despertar un mayor interés en un tema que tiene diversas implicaciones tanto para el avance del conocimiento del complejo panorama del multilingüismo mexicano y sus procesos de cambio, como para la propia discusión de cuestiones de orden teórico y metodológico, además de sus aplicaciones en el campo de la lingüística aplicada a la enseñanza de segundas lenguas y del diseño de políticas del lenguaje. Así, el estudio de los fenómenos interlingüísticos constituye un amplio campo vinculado a múltiples problemáticas de muy diversa

---

1 Para la descripción de las familias lingüísticas existentes en nuestro país cf. entre otros McQuown (1967) y Suárez (1983).

2 El concepto de interferencia se define como "Deviations from the norms of either language that occur in the speech of bilinguals as a result of their familiarity with more than one language". Lehiste (1988, 94). Me permito aclarar que principalmente me referiré a aquellos trabajos que contienen una descripción lingüística de las interferencias, dejando de lado las referencias más anecdóticas sobre el tema.

índole, por lo que no me es posible abordar su complejidad de aspectos en este trabajo. Reitero que me limitaré a esbozar lo que considero un paso primigenio en el estudio de este tema, a saber, la formulación de los principales efectos potenciales de las lenguas amerindias en el español de los indígenas, constatando su materialización empírica -en el caso que cuente con datos para ello.

Trataré de abarcar las lenguas más importantes pertenecientes a las principales familias lingüísticas de México[3]. Por supuesto que con esto sólo se trata de proporcionar una visión sumamente esquemática y limitada de las posibilidades de estudio de la variabilidad multilingue en nuestro país.

2. Una primera aproximación al estudio del español indígena

Para poder esquematizar las posibles interferencias entre las diversas lenguas indígenas y el español organizaré la exposición en términos de familias lingüísticas. Por supuesto que sólo se trata de indicar tendencias generales que incluso pueden repetirse en distintas familias, lo cual habrá que corroborar con investigaciones de caso que investiguen en profundidad las similitudes y diferencias en cada una de ellas.

2.1. La familia maya[4]

Veámos algunas de las interferencias más evidentes que podemos predecir que ocurrirán no sólo en el caso de hablantes del maya yucateco, sino en general con hablantes cuya lengua primaria es alguna de las diversas lenguas pertenecientes a la familia maya.

2.1.1. El nivel fonémico

A este nivel, al comparar la fonología del español con la de las lenguas mayas, saltan a la vista algunas diferencias fundamentales, que son fuentes muy claras de interferencias.

---

3 Obviaré a las lenguas yutoaztecas, por no contar con datos al respecto salvo en el caso del náhuatl, en el que he desarrollado y desarrollo un estudio por separado (Flores Farfán, 1992, 1998, 1999).

4 En el caso del maya yucateco al parecer se trata de la lengua indígena en que se puede hablar de una mayor y más perdurable influencia sobre el español regional "estándard". Asimismo, es en el caso del español de Yucatán donde contamos con más estudios (cf. entre otros Suárez M. 1979 y Lope Blanch, 1987). Algunas de las interferencias más obvias quedan de manifiesto en la relativa poca inteligibilidad -sobre todo a nivel léxico- de las variedades dialectales del español hablado en Yucatán con respecto a las variedades más "estándar", identificadas más que nada con los dialectos del centro de la república.

En general, las lenguas mayas presentan la oposición entre consonantes simples y glotalizadas. Esto constituye una fuente virtual de interferencia fonémica. En el caso de los hablantes que tienen como lengua primaria alguna lengua maya es predecible que esta oposición produzca un efecto de sobrediferenciación fonémica al hablar el español[5].

Es predecible que el fenómeno de subdiferenciación se produzca no sólo con las consonantes glotalizadas, sino también con las vocales largas y los tonos, desde luego en el caso en que estas distinciones existan, como en el maya yucateco.

Dado que el español tiene ciertos fonemas de los que las lenguas mayas carecen, y viceversa, también es previsible que en este caso se produzcan instancias de sustitución fonológica. Los datos corroboran esta posibilidad.

Así, en el caso de hablantes cuya lengua primaria es el maya yucateco[6] tenemos, por ejemplo:

1   /peřnanðo/ por /feřnanðo/

También es posible encontrar fenómenos de ultracorrección, lo cual sugiere que estos fenómenos se encuentran estigmatizados:

2   /fuɣo ðe pinia/ por /xuɣo ðe pinia/

A nivel fonotáctico es posible que las restricciones o posibilidades combinatorias de las lenguas mayas tengan un impacto sobre el español de los hablantes mayas, es decir, que se produzcan fenómenos de reinterpretación fonémica. Dos ejemplos con hablantes de maya yucateco son:

3   *causula* por *cláusula*

4   *pesicola* por *pepsicola*

Otro ejemplo de los efectos que la fonotáctica de una lengua puede tener sobre la otra es, también en el caso del maya yucateco, la aparición de -*m* en posición final. Dado que el maya yucateco tiene la posibilidad de realizar la nasal bilabial en esta posición, en consecuencia en el español de hablantes de esta lengua podemos encontrarla realizada de la misma manera e incluso en hispanohablantes yucatecos:

5   *Yucatam* por *Yucatan* / *pam* por *pan*, etc.

---

5   En el caso de los hispanohablantes, lo que podemos predecir que ocurra a la hora de hablar la lengua indígena, será el fenómeno inverso, es decir, la subdiferenciación fonémica (Weinreich 1956) de las series de consonantes glotalizadas; esto escapa por el momento al objetivo de este trabajo, que es estudiar el español de los bilingües lengua indígena-español.

6   La mayoría de los datos del maya yucateco me fueron proporcionados por Fidencio Briceño Chel, a quien agradezco su gentileza.

2.1.2. El nivel morfosintáctico

A este nivel las interferencias más evidentes que se registran tienen que ver con la expresión de relaciones locales. En maya yucateco, si bien las relaciones locales se representan a través de preposiciones, como en español, una preposición nunca varía en función de la orientación local, a diferencia de aquél, sino que es en el verbo donde se expresa. Adicionalmente, el maya yucateco no tiene casos (Lehmann, 1991, cf. nota 3). Así, por ejemplo, tendremos que para decir "¿De dónde vienes? se dirá[7]:

6   *tu'x*   *a*   *taal*
     donde   2ª p.sing.   venir

Esto producirá un efecto de réplica morfosintáctica:

7   *¿Dónde vienes?* por *¿de dónde vienes?*

Por lo tanto, el hecho de que en maya yucateco las preposiciones no cambien en relación a la orientación local producirá una tendencia a mantener intacta la preposición, dejando el trabajo de especificación de la relación local al verbo, tal como en yucateco. De esta manera, tendremos:

8   *Estoy yendo en mi pueblo* por *estoy yendo a mi pueblo*
9   *El ratón salió en su agujero* por *el ratón salió de su agujero*
10   *El ratón pasó en su agujero* por *el ratón pasó por su agujero*[8]

2.2. La familia otomangue

2.2.1. El nivel fonémico

En general, las interferencias fonémicas más claras que pueden predecirse, y que ocurrirán en el español de hablantes de estas lenguas, tienen que ver con que estas distinguen más consonantes y vocales de las que tiene la lengua nacional. En este sentido, podemos suponer que los hablantes cuya lengua primaria es alguna de ellas tenderán a la sobrediferenciación fonémica al hablar el español. A la inversa, los hispanohablantes tenderán a la subdiferenciación o a la sustitución fonológica de distinciones de las que el español carece.

---

7   Para la escritura del maya cf. Bastarrachea *et al.* (1992).
8   El primero y últimos dos ejemplos están tomados de la conferencia dictada por Lehmann (1991) en el Max Planck Institute de Psicolingüística de Nijmegen.

Por ejemplo, dado que el otomí distingue entre nueve y trece vocales –en los dialectos del Mezquital y de la sierra, respectivamente– en contraposición al español que sólo tiene cinco, es previsible que este hecho produzca la sobrediferenciación de las vocales del español[9].

Adicionalmente, en el caso de las consonantes tanto el español como las lenguas otomangues tienen la correlación de sonoridad, aunque ésta se aplica a más series en el caso de estas últimas (por ejemplo, encontramos la oposición sordo-sonoro en el caso de las continuantes tanto en otomí, triqui, zapoteco, y chinanteco). Esto constituye un ejemplo de la potencialidad de sobrediferenciación con base en la correlación de sonoridad en esta familia.

2.2.2. El nivel morfosintáctico

Una de las interferencias más evidentes a este nivel tiene que ver con la carencia de género, en el sentido de la especificación del sexo (llamado género gramatical), en éstas, como en otras lenguas mesoamericanas (e.g., en náhuatl o en totonaco), aún cuando existen ciertos recursos que eventualmente permiten hacer esta distinción (como las raíces supletivas en otomí: *ra godo* vs. *ra suga* "guajolote-guajolota" o el uso de clasificadores como *su-* "hembra" y *ndo-* "macho").

Por ejemplo, la carencia de esta categoría produce formas como:

11   Hispanohablante: Hablante 1: *Las mujeres que se van (de San Francisco del Progreso), ¿vuelven?*

      Mujer hablante de mazahua: Hablante 2: *un-o-s sí.*

La manera en que es tratada esta categoría en el español indígena merecería un trabajo por separado (para el náhuatl, cf. Flores Farfán 1998, 1999). Me limito a indicar que en general los hablantes, si es que no omiten la distinción totalmente como en (11) o (12):

12   Chinanteco: *...del área cultural mesoamerican-o*[10]

---

9   Dicho sea de paso, se constata el fenómeno de subdiferenciación con hispanohablantes que hablan el otomí del Valle del Mezquital, Hidalgo. Ejemplos: otomí: /'dæ.tí/ español: /'de.ti/ "borrego", otomí: /'ȼ'i.dí/ español: /'su.di/ "puerco", /'pæ.dí/, español: /'pa.di/ "sabe". En el segundo ejemplo, también se observa un fenómeno de "desfonologización" o subdiferenciación consonántica, el de la /ȼ'/. Como fenómenos de sustitución consonántica también se constatan, el cambio de /s/ por /ȼ/, el de /z/ por /s/ y el de /h/ por /x/.

10 Los ejemplos de triqui y chinanteco provienen de trabajos inéditos escritos por etnolingüistas, alumnos de la Maestría en Lingüística Indoamericana del CIESAS, con lo que se sugiere lo fuerte que es la ausencia de esta categoría en la producción de esta interferencia.

intuitivamente buscan lograr cierta "concordancia" que desde luego no coincide con la manera en que ésta se rige en español. Quizá una de las estrategias más socorridas es el buscar la concordancia en la forma sonora de la lengua, es decir, en las similitudes fónicas, como en:

13   Triqui: *...su sistem-a primari-a...*

o en:

14   Triqui: *...esta frase también l-o he escuchad-o...*

O:

15   Chinanteco: *...las zon-a-s que habían quedad-o marginad-o-s.*

Es posible que la busqueda inconsciente de concordancia relacione fónicamente los elementos recurrentes más cercanos y a partir de ahí trate de establecerse, tal como en (15) o en:

16   Chinanteco: *...esta situación se ve muy mal y l-o-s que l-o provocan son criti-
                      cad-o-s.*

Además, en algunos casos, probablemente también estén operando determinaciones culturales con respecto a qué se considera masculino y qué femenino.

Otra de las categorías más evidentes se refiere a la categoría de número. En las lenguas otomangues el número se expresa a través del artículo, por lo que en general el sustantivo, el adjetivo o el verbo no sufren ningún cambio en el singular o en el plural. Por ejemplo, en:

17   Otomí del Mezquital:[11]   *ra fani* "la mula" / *yu fani* "las mulas"
     Otomí de la Sierra: *di ho ra dØni xʉn thɛni* "le gusta la flor roja"
                                di ho yʉ dØni xʉn thɛni "les gusta ..." (ILV, 1979, 57)

Virtualmente, esto producirá formas como "las mula" o "le gusta las flor roja". Efectivamente, aquí se constata un efecto de réplica morfosintáctica. Los ejemplos que he podido constatar tanto en otomí como en lenguas relacionadas muy de cerca son:

---

11   Para la escritura del otomí cf. Instituto Lingüístico de Verano (1979) y Academia de la Cultura
     Hñähñu (1992). Cf. igualmente, en la bibliografía final, los trabajos de Zimmermann, que escri-
     bió su tesis sobre este tema.

18	Mazahua:	*...dejó pura-s vara-*
	Mazahua:	*lo-s estudio-*
	Mazahua:	*eso-s dia-*

La tendencia a pluralizar a partir de determinantes y modificadores también se constata con los numerales:

19	Hispanohablante:	*...¿cuánto quiere usted por los cueros...?*
	Mujer otomí:	*ciento peso-*
20	Mazahua:	*...catorce gente-, quince gente-...*

También es posible constatarlo con formas posesivas:

21	Mazahua:	*mi-s falda-*[12]

Más ejemplos en otras lenguas otomangues son:

22	Triqui:	*...los fonema-s del español se obtuv-o....*[13]
23	Chinanteco:	*...en esas epoca-s que corresponde-*
24	Chinanteco:	*...lo-s chinanteco-s se le- da poca importancia...*
25	Chinanteco:	*...en chinanteco existen cinco... tono-s que...se ha- podido distinguir...*
26	Chinanteco:	*...cuestione-s cultural-...*
27	Chinanteco:	*...lo-s caso-s se presenta-...*
28	Mazahua:	*...somo-s uno-s pueblo-s muy pobre-*
29	Chinanteco:	*...conocimiento-s que se tuv-o...*

Aun cuando en estos ejemplos la réplica no se produce totalmente, de alguna manera constituyen reflejos de la estructura nativa aludida. En este caso, podemos hipotetizar que, al hablar el español, los hablantes de estas lenguas si bien, en un momento dado, establecen la concordancia de número entre los determinantes y sus núcleos nominales, sentirán que esto es suficiente y ya no lo harán con el verbo, como en (22), (23), (25), y (27), o bien que basta con pluralizar el sustantivo y no sus modificadores o el verbo como en (26) y (29) o que basta con establecer la concordancia entre la frase nominal y la forma verbal, dejando en singular los modificadores, en oraciones como (28).

---

12 Aclaro que en el caso de los ejemplos que no indiquen la fuente de la que derivan, éstos provienen de mi propio material, como en el caso del 18) al 21).
13 Estos ejemplos provienen de la misma fuente que se indica en la nota 6.

También es posible encontrar formas donde la -s del plural del español se pierde totalmente, bastando con la pluralidad que de alguna manera ya indican los pronombres:

30   Mazahua: *eso no lo hubiera-mo- escuchado nosotro- nuestro comunidad*

Otras de las interferencias más evidentes a este nivel tienen que ver con la casi ausencia de preposiciones en estas lenguas en comparación con el español para indicar ciertas relaciones gramaticales; como, por ejemplo, la diferencia entre el acusativo y el dativo. En otomí una de las preposiciones más usuales es *ja* que equivale a las del español *en, a*, y *de*, lo cual es probable que opere en favor de la confusión de las mismas a la hora de hablar el español.

En esta misma lengua, por influencia del español, es posible encontrar dobletes preposicionales. Es decir, la influencia del castellano ha producido que empiecen a existir preposiciones ahí donde otrora no había necesidad de ellas. Por ejemplo (*de ha*):

31   *I pøni de ha ra hnini* "sale del pueblo".

Otro ejemplo de doblete redundante es el caso de *de gá*:

32   *Mexa de gá za* "mesa de madera"

Adicionalmente, de acuerdo a cada caso particular puede hablarse de incorporación o sustitución de las preposiciones nativas por preposiciones castellanas. Este es el caso de *ngue*, que dejó de ser preposición y ha sido sustituída por las formas derivadas del castellano *po* (< *por*) y *pa* (< *para*), pasando a funcionar como una conjunción.

Como he sugerido, en otomí las relaciones que en español se producen a través de preposiciones, en la lengua indígena se expresan a través de los verbos mismos. Por ejemplo, el acusativo se forma a través de la yuxtaposición de dos frases nominales conectadas por un verbo. Esto puede producir un efecto de réplica sintáctica. Más o menos lo mismo puede decirse del sustantivo. Por ejemplo, la forma del genitivo, que originalmente se forma a través de la yuxtaposición de dos frases nominales, por ejemplo: *ra dada ra xúuá* "el padre de Juan", hoy en día puede incorporar el doblete preposicional para producir una forma más o menos equivalente:

33   *ra*   *dada*   *de gá*   *xúuá*
     el   padre   de   Juan

Es probable que la incorporación de preposiciones sea el elemento que mayor impacto ha tenido en la sintaxis del otomí. Otro elemento que podemos suponer constituye una fuente virtual de interferencia a este nivel se refiere al del orden sintáctico. Por ejemplo, en otomí el adjetivo siempre va delante del sustantivo, lo cual potencialmente producirá un efecto de réplica sintáctica:

34 *ra*   *danga*   *ngu*

    la   grande   casa

Desde luego que todos estos y otros aspectos merecerían no sólo corroborarlos en su manifestación empírica, sino mucha mayor investigación.

2.3. La lengua totonaca[14]

Algunas de las características que constituyen fuentes virtuales de interferencia en esta lengua son: se trata de una lengua aglutinante, en la que no existen preposiciones, tampoco marcadores de caso, ni género ni infinitivo (Levy, 1991)[15], entre otras diferencias fuertes con respecto al español. Pero empecemos por el nivel de interferencia fonémica.

Dado que el totonaco distingue consonantes glotalizadas y el español no, es evidente que los hablantes totonacos sobrediferenciarán las serie de oclusivas del español: *p'oso, t'oro, k'ok'o*[16], etc. Otra de la subdiferenciacones que encontramos en esta lengua se refiere a la distinción que el totonaco hace entre la líquida sonora y la sorda. Así, entre muchas otras realizaciones de /l/ sorda tendremos: /sa:L/, /ka:L/, /ma:L/[17]. El último ejemplo nos permite observar otro caso de sobrediferenciación, pero esta vez vocálica (otros ejemplos efecto de la distinción entre vocales cortas y largas que distingue al totonaco del español son: /pi:no/, /ku:lu:/, /me:la:/ (Carmela), /mo:či:la/ y /pe:so:/).

Dado que el totonaco sólo hace productiva la correlación de sonoridad en un solo par /l/: /L/, se produce el efecto de subdiferenciación fonémica en el caso de la serie de oclusivas sonoras del español: /pipiana/ por /bibiana/, /tomihko/ por /domingo/, etc.

También se registra el fenómeno de sustitución fonológica: entre otras, es el caso de: /pausto/ por /fausto/ y /malkos/ por /mařkos/ (el totonaco no tiene /f/ ni /ř/).

---

14 Agradezco a Eleuterio Olarte Tiburco, alumno de la Maestría en Lingüística Indoamericana del CIESAS, su gentileza al permitirme utilizar sus datos de totonaco, que son los que presento en este apartado.

15 Conferencia dictada en el Max Planck Institute.

16 Utilizo el diacrítico ['] para indicar la glotalización, tal como en maya.

17 Utilizo [L] para indicar el ensordecimiento de la líquida.

Como fenómenos de reinterpretación de distinciones, a partir de la fonotáctica del totonaco sobre el español, tenemos que la /ñ/ se reinterpreta como /ni/ (al igual que en maya yucateco): /puño/ = /punio/, /niño/ = /ninio/, etc. Otros efectos de la fonotáctica del totonaco sobre el español son: la secuencia del español /mn/ se convierte en /pn/: /alupno/ por /alumno/ y la secuencia /ns/ se reinterpreta como /n¢/: /kan¢o/ por /ganso/.

2.3.1. *El nivel morfosintáctico*

En el caso de esta lengua la ausencia de género también produce una interferencia bastante clara. En general, la forma en que intuitivamente se intenta lograr la concordancia de género en esta lengua también parece obedecer a la estrategia de buscar similitudes fónicas, como en (35), (36) y (37), independientemente de que existan casos de carencia total de "concordancia" como en (38):

35 *Carlos Bassauri clasifica a l-a lengua totonac-a y tepehua como l-a famili-a totonac-a, considerándol-a-s demasiad-a-s cercan-a-s*

36 *El área geográfic-o totonac-o no ha estado cerrad-o*

37 *La subordinación lingüística va acompañad-o del poder social, cultural, económic-o y polític-o*

38 *La población prehispánic-a totonac-o / L-a lengua español-*

El hecho de que no existan preposiciones también puede producir fenómenos de ultracorrección como:

39 *...coinciden de que las lenguas...*

40 *...los totonaques poblaron en la parte norte del país*

41 *...se dice que es difícil de lograrlo...*

42 *...permite a que exista una comunicación*

43 *...y en muchas veces...;*

o simplemente la confusión con respecto a cuál es la adecuada usar en determinadas instancias:

44 *...descansaba de las observacione*

45 *...expuesto en cometer interferencias...*

Además de la pérdida o confusión de las preposiciones, otra interferencia sintáctica proviene de la obligatoriedad de la presencia de los determinantes (demostrativos, numerales y posesivos) en la construcción de la frase nominal. A diferencia del español, la construcción nominal en totonaco requiere que tanto determinantes como adjetivos se presenten antes del sustantivo. De esta manera, tendremos casos de calco o réplica como:

46 *Esa bonita mi casa*

47 *Este gordo mi puerco*

3. Conclusión

En este trabajo básicamente he presentado las interferencias más evidentes que caracterizan a ciertas variedades del español de los indígenas pertenecientes a algunas de las familias lingüísticas más importantes de México. Mi descripción requiere mucha más investigación no sólo desde el punto de vista estrictamente lingüístico, sino desde una perspectiva interdisciplinaria de los diversos aspectos imbricados en el complejo fenómeno del bilingüismo. Por ejemplo, la mayoría de los datos presentados corresponden a un tipo de bilingüe compuesto con mayor dominio de la lengua indígena o lo que llamo "cuasi-hablantes" de español (Flores Farfán 1998, 1999), aunque los fenómenos más fuertes, como la indiferenciación de género, prevalecen en la mayoría de los hablantes. En este sentido, este artículo sólo intentó despertar un mayor interés por un tema muy poco trabajado en México, como una primera aproximación que requiere profundizarse en el futuro con muchos más estudios de caso y elementos teórico-metodológicos.

Referencias

ACADEMIA DE LA CULTURA HÑÄHÑU (1992): *Vocabulario Hñähñu-Español. Valle del Mezquital*, Academia de la Cultura Hñähñu.

BASTARRACHEA MANZANO, J. R.; YAH PECH, E., y BRICEÑO CHEL, F. (1992): *Diccionario básico español-maya maya-español*, Mérida, Maldonado Ed.

FLORES FARFÁN, J. A. (1992): *Sociolingüística del Náhuatl. Conservación y Cambio de la Lengua Mexicana en el Alto Balsas*, México, CIESAS.

— (1998): "On the Spanish of the Nahuas", en *Hispanic Linguistics,* 10, 1, pp. 1-41.

— (1999): *Cuatreros Somos y Toindioma Hablamos. Contactos y Conflictos entre el Náhuatl y el Español en el Sur de México*, México, CIESAS.

INSTITUTO LINGÜÍSTICO DE VERANO (1979): *Luces Contemporáneas del Otomí. Gramática del Otomí de la Sierra*, México, Instituto Lingüístico de Verano.

LEHISTE, I. (1988): *Lectures on Language Contact*, Cambridge y Londres, The MIT Press.

LEHMANN, Ch. (1991): *Relationals in Yucatec,* conferencia dictada en el Max Planck Institute de Psicolingüística, Nijmegen.

LEVY, P. (1991): *Spatial relations in totonac,* conferencia dictada en el Max Planck Institute de Psicolingüística, Nijmegen.

LOPE BLANCH, J. M. (1987): *Estudios sobre el Español de Yucatán*, México, UNAM.

McQUOWN, N. (ed.) (1967): *Handbook of Middle American Indians,* Vol. 5, *Linguistics*, Austin, The Univesity of Texas Press.

SUÁREZ, J. A. (1983): *The Mesoamerican Indian Languages*, Londres y Nueva York, Cambridge University Press.

SUÁREZ M., V. (1979): *El Español que se habla en Yucatán*, Mérida, Ediciones de la Universidad de Yucatán.

WEINREICH, U. (1956): *Languages in Contact. Problems and Findings*, La Haya, Mouton.

Referencias complementarias

ALVAR, M. (1991): *El Español de las Dos Orillas*, Madrid, MAPFRE.

AUBAGUE, L. (1985): "Las estrategias de resistencia de las lenguas precolombinas en México", en *Comunicación y Cultura*, 14, pp. 137-144.

AUBAGUE, L., *et al.* (1983): *Dominación y resistencia lingüística en el estado de Oaxaca*, Oaxaca, UABJ-SEP.

BOAS, F. (1930): "Spanish elements in modern nahuatl", en *Todd Memorial Volume of Philological Studies*, Nueva York, Columbia University Press, vol. 1, pp. 87-89.

BRICE, H. (1972): *La política del lenguaje en México. De la Colonia a la Nación*, México, INI-SEP.

BRIGHT, W. (1979): "Notes on Hispanisms", en *International Journal of American Linguistics,* 45, pp. 267-271.

BRIGHT, W., y THIEL, R. W. (1965): "Hispanisms in a modern nahuatl dialect", en *Romance Philology,* 18, pp. 442-452.

BRINGTON, D. G. (1883): *The Güegüence: A comedy Ballet in the Nahuatl-Spanish Dialect of Nicaragua*, Philadelphia.

CAMPBELL, L. (1987): "Syntactic change in Pipil", en *International Journal of American Linguistics,* 53, pp. 253-280.

CANGER, U. (1989): "Una nueva construcción en náhuatl: un préstamo o un cambio fundamental bajo la influencia del español", en GARZA CUARÓN y LEVY (eds.), *Homenaje a Jorge Súarez. Lingüística Indoamericana e Hispánica*, México, El Colegio de México, pp. 137-142.

COMISIÓN PARA LA DEFENSA DEL IDIOMA ESPAÑOL (1982): *Lenguas en contacto: el español frente a las lenguas indígenas de México*, México, Comisión para la Defensa del Idioma Español.

CORONADO, G. (1984): "Castellanización: factor de cambio lingüístico", en *Anales del CIESAS 1983,* México, pp. 391-397.

FLORES FARFÁN, J. (1988): "Elementos hacia un análisis crítico de la educación bilingüe-bicultural", en *Papeles de la Casa Chata*, 4, pp. 41-48.

FLORES, J. A., y LÓPEZ, G. (1989): "A sociolinguistic perspective on Mexican multilingualism", en *Sociolinguistics,* 18, 1, pp. 33-40.

FLORES, J. A., y VALIÑAS, L. (1989): "Nahuatl-Spanish interferences: a sociolinguistic approach", en *Sociolinguistics,* 18, 1, pp. 19-32.

GARCÍA FAJARDO, J. (1984): *Fonética del español hablado en Valladolid, Yucatán*, México, UNAM.

GARZA CUARÓN, B. (1987): *El Español de Oaxaca*, México, El Colegio de México.

HAMEL, R. E. (1986): *Sprachenkonflikt und Sprachverdrägung in der Verbalen Interaktion. Die zweisprachige Kommunikationspraxis der Otomí-Indianer in Mexico*, Frankfurt: T.D.

HERKING, E. (1995): *El otomí de Santiago Mexquititlán: Desplazamiento lingüístico, préstamos y cambios gramaticales*, Amsterdam, IFOTT.

HERKING, E., y MUYSKEN, P. (1995): "Otomí y quechua: una comparación de los elementos gramaticales prestados del español", en ZIMMERMANN (ed.): *Lenguas en contacto en Hispanoamérica*, Berlín, Iberoamericana-Vervuert.

HILL, J. H. (1987): "Spanish as a pronominal argument language: the Spanish interlanguage of Mexicano speakers", en *Coyote Papers. Working Papers in Linguistics,* 6, pp. 68-90.

HILL, J. H., y HILL, K. C. (1986): *Speaking Mexicano. Dynamics of Syncretic Language in Central Mexico*, Tucson, The University of Arizona.

KARTTUNEN, F. (1988): "Three stages of language contact and their timing for Central Mexican Nahuatl", Ponencia en el *87 Congreso Anual de la American Anthropological Association*, Arizona, Phoenix.

KARTTUNEN, F., y LOCKHART, J. (1976): *Nahuatl in the Middle Years. Language Contact Phenomena in Texts of the Colonial Period*, Berkeley-Los Ángels-Londres, University of California Press.

KNAB, T., y HASSON, L. (1979): *Language death in the valley of Puebla. A sociodemographic approach,* Berkeley, CA, Berkeley Linguistc Society.

LASTRA, Y. (1989): *Otomí de San Andrés Cuexcontitlán, Estado de México*, México, Archivo de Lenguas Indígenas de México, El Colegio de México.

– (1992): "Introduction", en Yolanda LASTRA (ed.), *International Journal of the Society of Language*, 96, pp. 5-8.

– (1994): "Préstamos y alternancias de código en otomí y en español", en CAROLYN y VÁZQUEZ (eds.), *Investigaciones lingüísticas en Mesoamérica*, México, UNAM.

LASTRA, Y., y SUÁREZ, J. (1980): "La investigación de las interferencias entre las lenguas indígenas y el español", en Lope BLANCH (ed.): *Perspectivas de la Investigación Lingüística en Hispanoamérica*, México, UNAM.

LOPE BLANCH, J. M. (1968): *El español de América*, Madrid, Alcalá.

– (1969): *El léxico indígena del español americano*, México, el Colegio de México.

– (1989): *Estudios de lingüística hispanoamericana*, México, UNAM.

LAW, H. (1961): "Linguistic acculturation in Isthmus Nahuat", Sobretiro de *William Cameron Townsend en el XXV Aniversario del Instituto Lingüístico de Verano*, México, ILV.

PELLICER, D. (1992): "Mazahua story telling", en *International Journal of the Sociology of Language* 96, pp. 71-88.

SCHUMANN, O. (1966): "Préstamos del náhuatl al español hablado en el sur de Guatemala", en *Anuario de Letras*, Vol. XXV, pp. 39-64.

SUÁREZ, J. A. (1977): "La influencia gramatical del español en la estructura gramatical del náhuatl", en Anuario de Letras, III, pp. 115-164.

TUOMI, S. (1983): *Le paradis sur Terre. Récit de la vie d'une femme a Xalitla, Guerrero. Amerindia*, 3.

ZIMMERMANN, K. (1986): "El español de los otomíes del Mezquital (México), un dialecto étnico", en *Actas del Segundo Congreso Internacional sobre el Español de América*, México, UNAM.

- (1987): "Préstamos gramaticalmente relevantes del español al otomí. Una aportación a la teoría del contacto entre lenguas", en *Anuario de Lingüística Hispánica*, Valladolid, Universidad.
- (1992): *Sprachkontakt, Etnische Identität und Ideltitätsbeschadigung, Aspekte der Assimilation der Otomí-Indianer an die Hispanophone Mexikanische Kultur*, Frankfurt am Main, Biblioteca Ibero-Americana.
- (1993): "La deteriorización de la identidad en el encuentro cotidiano de la cultura hispanohablante urbana con la cultura amerindia rural en México. Un acercamiento sociolingüístico", en DILL y KNAUER (eds.), *Diálogo y conflicto de culturas: Estudios comparativos de procesos transculturales entre Europa y América Latina*, Frankfurt, Vervuert.
- (1995): *Lenguas en contacto en Hispanoamérica. Nuevos enfoques*, Frankfurt, Biblioteca Ibero-Americana.

LOS CRIOLLOS DE BASE LEXICAL ESPAÑOLA

ÁNGELA BARTENS

Helsingin Yliopisto

1. Introducción: el marco teórico

Existen apenas dos criollos de base lexical (parcialmente) española. Además, los dos son lenguas criollas atípicas en comparación con la mayor parte de los criollos de lenguas de base lexical europea[1].

El papiamento de las Antillas Neerlandeses es singular porque el superestrato está constituido no por una lengua europea sino por dos, el español y el portugués, de manera que se puede considerar apenas parcialmente un criollo de base lexical española. La semejanza de estas lenguas hermanas, que era aún más grande en épocas anteriores, hace que muchas veces resulte difícil distinguir el elemento portugués del español. Además, es probable que la investigación no haya tomado en cuenta lo suficiente las peculiaridades del habla de los judíos sefardíes que influyeron de manera decisiva en la cristalización del papiamento (Maurer 1988: 193, 199, 201; Granda 1974a; Hartog 1961; Emmanuel y Emmanuel 1970; ver 2.2.).

El palenquero, el criollo hablado por (parte de) la población del Palenque de San Basilio en Bolívar, Colombia, también es un criollo atípico porque su substrato africano parece excepcionalmente homogéneo, casi exclusivamente constituido por las lenguas bantúes kikongo y kimbundu.

---

1 No se van a definir términos básicos como «pidgin» o «criollo» en este lugar, ya que se presupone su conocimiento. Por otro lado, hay que señalar que en la Criollística, en tanto que establecida como subdisciplina de la Lingüística, se siguen discutiendo los términos, conceptos y procesos fundamentales de la emergencia de las lenguas pidgin y criollas y que incluso el concepto del criollo prototípico a que se hace alusión es problemático. En tres aspectos hay, sin embargo, cierto consenso: 1) Son lenguas nacidas en su mayoría por la expansión colonial de las naciones europeas a partir del siglo XV; sería prematuro generalizar sobre todo el término *criollo* a otros contextos sociohistóricos. 2) Un pidgin es constituido por un código reducido ya que se emplea frecuentemente en situaciones comunicativas limitadas, como el comercio. 3) Un criollo ha pasado por una etapa de expansión y sirve como lengua principal de una comunidad de habla. Cf. McWhorter (1998), para una revisión conceptual.

Pero el enigma principal a propósito de los criollos de base lexical española, frente a la abundancia de lenguas criollas de otras lenguas de base europea en el Caribe y en la región circumcaribeña, es su escasez, que se da también en el resto del mundo: apenas el chabacano de las Islas Filipinas es un (grupo de) criollo(s) de base lexical española. En el caso del chabacano, la hipótesis de la relexificación de un pidgin portugués, teoría de la génesis de las lenguas criollas que ha vuelto a tener defensores (Whinnom 1956, 1965), es más probable que en la mayoría de los casos. Por consiguiente, las variedades del chabacano no son casos de criollización autóctona del español (cf. Bartens en prensa b).

Se han propuesto varias hipótesis para explicar la escasez de los criollos hispánicos en las Américas:

1) Se plantea la existencia de un criollo pancaribeño (e incluso en otras áreas hispanoamericanas con un contingente poblacional afroamericano importante) de base lexical española, en general relexificado de un pidgin afroportugués, que habría sido descriollizado hasta desaparecer, excepto en Palenque de San Basilio y en las Antillas Neerlandesas. La descriollización se ha observado en todas las comunidades de habla en que la lengua criolla y su lengua de superestrato coexisten e incluso en casos en que el superestrato original ha sido reemplazado por otra lengua de prestigio. El defensor más ardiente de la hipótesis de un criollo pancaribeño ha sido de Granda (1968, 1971b, 1976) junto con Perl (1982, 1985, 1989a, 1989b)[2] mientras que, por ejemplo, López-Morales (1980, 1992) ha negado la existencia de un criollo pancaribeño.

2) Se hace alusión a las relaciones interraciales, que habrían sido mejores en las colonias españolas que en las demás colonias de naciones europeas; por ende, las condiciones sociohistóricas para la emergencia de un criollo no habrían existido.

3) Se recuerda que la transición de la sociedad de cohabitación, con coexistencia más equitativa de las razas, a la sociedad de plantaciones segregacionista tuvo lugar muy tarde en el Caribe hispánico (a partir del fin del siglo XVIII), de manera que muchos esclavos tuvieron la oportunidad de 'adquirir' el español y que, por lo menos en algunos sitios, existieron, por otras razones históricas (limitaciones a la trata de negros por la interdicción de los británicos), lenguas vehiculares africanas, de modo que no hubo necesidad de creación de criollos. En la transición a la sociedad de plantaciones, los esclavos lingüísticamente aculturados pudieron proporcionar sus conocimientos a los recién llegados. Sin embargo, McWorther (2000: 33-35) apunta que el argumento de la transición tardía de la sociedad de la cohabitación a la sociedad de las plantaciones vale apenas para el Caribe hispánico insular, no para las colonias españolas en el continente americano.

---

2   Cf., además, Megenney (1993), Perl (1989c, 1990), Schwegler (1996b, 1996c, 1999b).

4) Es posible que la separación de los códigos (criollo y español) que se puede observar en Palenque de San Basilio hoy en día se haya practicado de igual manera en otras áreas y que los criollos de base lexical española no se hayan extinguido por descriollización, sino por abandono de la variedad con menos prestigio, es decir, el criollo (Schwegler 1996a).

Mientras tanto, está comprobado que los españoles no eran dueños más humanizados de esclavos que los demás europeos (punto 2). Al contrario, el argumento 3) es importante. El hecho de que la población esclava haya convivido con los españoles durante un período largo creó las condiciones sociales y psicolingüísticas en que los afroamericanos adquirieron la lengua del grupo social no numéricamente dominante. En la transición a la sociedad de plantaciones, estos esclavos lingüísticamente aculturados pudieron proporcionar sus conocimientos a los recién llegados. Además, el hecho de que la trata en esa fase tardía haya sido ilegal hizo que los traficantes de esclavos, en su mayoría portugueses, ya no pudieran practicar el principio de *divide et impera* que, dicho sea de paso, ha sido cuestionado (por ejemplo en Bartens 1996a: 42), de lo que resultó un transplante de grupos étnicamente homogéneos con lengua (vehicular) común. McWhorter (1995, también 2000) apunta además que los españoles no establecieron factorías en la costa del África occidental donde supone que surgieron los pidgins portugueses, franceses, ingleses y neerlandeses y que siempre acudieron a los comerciantes portugueses, de manera que considera como probable que los esclavos destinados a las colonias españolas hablaron un pidgin afroportugués. Otros defensores de la monogénesis dentro del grupo de criollos de una misma lengua de base europea son para los criollos ingleses (atlánticos) Hancock (1971, 1986), para los franceses Hull (1979) y Goodman (1964) y para los neerlandeses, Goodman (1987).

Schwegler, el especialista incontestado del palenquero en la generación de lingüistas actualmente activos, considera la hipótesis de relexificación del pidgin afroportugués al español como válida en el caso de este criollo. El caso del papiamento es más contestado: en general se refiere al papiamento como criollo con dos lenguas de base, el portugués y el español. El hecho de que el papiamento haya cambiado relativamente poco desde su primera atestiguación escrita, una carta del año 1775 (cf. Wood 1972), fenómeno que también observamos en muchos otros criollos (cf. Bartens 1996a: 139-140), apoya la hipótesis de que haya nacido como híbrido. En la literatura reciente sobre el papiamento, la hipótesis de la relexificación –en este caso interrumpida– del pidgin afroportugués también encuentra sus defensores (cf. Busche 1993; Rivera-Castillo 1998). Por otro lado, Munteanu (1991; 1996) lo considera como criollo de base lexical española.

Los argumentos sobre la inexistencia de un criollo pancaribeño no han disminuido la especulación sobre las raíces del español caribeño. Un cuarto de siglo después de que Otheguy (1973) propusiera que el español caribeño había surgido de un criollo, el debate continúa. Las atestiguaciones (literarias) de un 'habla bozal' en varios sitios, sobre todo en Cuba y en Puerto Rico en el siglo XIX, han alimentado esta discusión que quizás nunca se resuelva totalmente. Mejor dicho, es muy probable que el pidgin afroportugués haya sido relexificado al español en algunos sitios, pero que la extensión exacta en el tiempo y en el espacio ya no se pueda reconstruir. Además, los ejemplos de habla bozal y de otras modalidades semejantes de la región circumcaribeña que conocemos apuntan más bien hacia la adquisición imperfecta de una L2 (cf. Lipski 1998: 325; McWhorter 1995, 2000: 26). Lispki ha emitido otra hipótesis: la difusión del papiamento que se atestigua en Venezuela, Cuba y Puerto Rico hasta fines del siglo XIX sería la fuente de los elementos y construcciones criolloides en la habla bozal caribeña del siglo XIX, al igual que otros idiomas y registros pidgin (inglés oesteafricano, de los braceros chinos) y criollos (haitiano y jamaicano y posiblemente el macaista) (Lipski 1994: 117-122; 1998, 1999c).

La respuesta a la pregunta de si existe un español afrocaribeño depende enteramente de la definición que se le dé; Megenney (1999: 286) lo define como "un conjunto de dialectos (geográficamente esparcidos) parecidos, derivados de un lenguaje afrohispano semejante al palenquero de hoy" y con rasgos criolloides. Conferir el estatuto de 'semicriollo' al español caribeño vernáculo como hacen Lorenzino et al. (1998) y Holm et al. (1999) nos parece sumamente problemático, dado que el concepto de "semicriollo" no se puede sustentar científicamente, en la medida en que, por ejemplo, los sistemas TMA (marcadores de tiempo, modo y aspecto) de las variedades más frecuentemente llamadas semicriollas, español caribeño vernáculo, portugués brasileño vernáculo, réunionnais, afrikânder y Black English, no ostentan el paralelismo suficiente que se esperaría en caso de que existiera un prototipo de lengua semicriolla (cf. Bartens 1998).

2. Esbozo socio-histórico

2.1. El palenquero

Según la tradición oral, Domingo Bioho, que también se llamaba El Rey Benkos porque por supuesto había sido rey en el África, dirigió una rebeldía en las cercanías de Cartagena y huyó con treinta hombres. Fundaron el palenque La Matuna que se cita en un documento del año 1602. En esta época, existieron varios palenques en la región (cf. Friedemann 1993: 70-71) y parece que el Palenque de San Basilio es un palenque residual compuesto por esclavos cimarrones provenientes de diversos palenques y que habrían fundado el Palenque de San Basilio apenas en la segunda o tercera generación, después de haber convivido durante un período bastante corto en el Palenque Guarumá. El Palenque de San Basilio se cita por primera vez en 1713 en un pacto de paz y concesiones mutuas que se celebró entre los cimarrones y el obispo Casiani, quién también dio el nombre de 'San Basilio' a este palenque.

Hacia 1600 la mayoría de los esclavos vinieron a Cartagena desde la región de Congo-Angola y muchos de ellos por intermedio de la factoría de San Tomé en el Golfo de Guinea. En *De instauranda Aethiopum salute*, obra redactada entre 1617 y 1619, el Padre Sandoval menciona la existencia de un registro idéntico o muy semejante a la 'lengua de San Thomé', lo que ha sido citado como argumento en favor de la monogénesis de los iberocriollos en general y del origen afroportugués del palenquero en particular (cf. Granda 1970a: 6-10). En efecto, el palenquero es singular en el hecho de que su substrato africano parece haber sido muy homogéneo (ver 1.) y la evidencia lingüística apoya los datos históricos.

El palenquero se cita por la primera vez como idioma en un documento del año 1772. Aunque el Palenque de San Basilio haya estado bastante aislado hasta la emigración de muchos palenqueros al inicio del siglo XX para trabajar en la industria azucarera de la región, en la construcción del Canal de Panamá y en las plantaciones de banano del Dpto. Magdalena y hasta la construcción de una carretera hasta el pueblo en 1967, hay indicios para postular que los palenqueros han sido bilingües en el criollo y en el español costeño, es decir, regional, desde por lo menos el siglo XVIII. Actualmente se observa el abandono del criollo en la generación joven –muchos niños ya no son capaces de hablar en palenquero aunque lo entiendan– pero también un movimiento fuerte en favor de la promoción del criollo (ver 4.1.).

2.2. Papiamento

Curaçao fue la primera isla descubierta por el español Alonso de Ojeda en 1499. Los españoles se interesaban en primer instancia por yacimientos de metales preciosos y al no descubrir estos en Curaçao, Aruba y Bonaire, las llamaron "islas inútiles". En 1515, deportaron a los amerindios nativos de las islas a La Española. Parte de ellos así como amerindios originarios de la Venezuela actual participaron más tarde en la repoblación de las islas.

La fecha más importante en la historia de las islas ABC (Aruba, Bonaire y Curaçao) es la llegada de los holandeses en 1634. Casi todos los amerindios y españoles (aproximadamente 400 y 30, respectivamente) tuvieron que irse de las islas. Los 70-75 amerindios que fueron autorizados a quedarse no subsistieron como grupo y así no dejaron huellas lingüísticas en el criollo.

En 1650 fueron importados los primeros esclavos africanos. Los holandeses transformaron Curaçao en una factoría por la cual pasaron todos los esclavos traídos al Nuevo Mundo por ellos. La trata tuvo su apogeo en el último tercio del siglo XVII y languideció a partir de 1713. Conforme a las proporciones de la trata negrera por los holandeses, un tercio de los esclavos debe haber sido originario de la región de Congo-Angola y dos tercios del África occidental en el norte del Ecuador, sobre todo de las factorías de El Mina en el Ghana actual y La Gorée en Senegal.

Los holandeses se dieron cuenta bastante temprano de que las islas ABC no se prestaban a la economía de plantaciones. Por consiguiente, la mayor parte de los esclavos (el 75% de los esclavos permanentemente ubicados en Curaçao en 1683) fueron esclavos de casa. Ya antes de la emancipación de todos los esclavos en 1863 había más libertos que esclavos.

En 1659 empezó la inmigración de otro grupo poblacional muy importante para la génesis del papiamento: los judíos sefardíes, quienes llegaron directamente del nordeste brasileño de donde fueron expulsados por los holandeses en 1654 o de Amsterdam adonde habían huido primero. Con ellos vinieron holandeses del nordeste del Brasil y, más importante aún, sus esclavos. Hasta 1674 apenas los judíos que habían llegado del nordeste brasileño fueron autorizados a tener esclavos y se ha asumido que el pidgin afroportugués o incluso un criollo de base lexical portuguesa fue introducido en las Islas ABC por este medio. También llegaron judíos sefardíes del Portugal, algunos de ellos originarios de España, de donde habían sido expulsados anteriormente. Por consiguiente, la comunidad judía era por lo menos trilingüe en portugués, español y ladino. Eso es muy importante en la medida en que la composición heterogénea del superestrato del papiamento ya está documentada para 1775, año de que data el primer texto escrito en papiamento. Es decir, no se puede observar una hispanización radical desde entonces, sino que el componente español ya está presente en esa carta escrita por un judío sefardí a su amante en papiamento. Todavía carecemos de un estudio en profundidad del impacto del ladino sobre el papiamento. En cuanto al portugués, constituía el idioma oficial de la comunidad judía: hasta 1869, fue la lengua empleada en las ceremonias religiosas, y también fue el idioma en que la comunidad judía se comunicaba con el gobierno. En este contexto también hay que recordar que los judíos, aun constituyendo la mitad de la población blanca en los siglos XVII y XVIII, tuvieron más contacto con la población esclava y negra que con los holandeses, quienes formaban la clase dominante de la sociedad de las islas ABC. Desde mediados del siglo XVIII, la comunidad judía ha ido disminuyendo, pero los judíos siguen controlando el comercio de las islas ABC.

Inicialmente, la actividad colonizadora se centró en Curaçao. Bonaire y Aruba fueron pobladas más tarde de manera que el transplante del papiamento a estas islas tuvo lugar hacia 1700 en el caso de Bonaire y apenas a finales del siglo XVII en el caso de Aruba. En Aruba hubo más influencia amerindia y española, mientras la influencia africana y holandesa fue más fuerte en Curaçao. La sociohistoria de Bonaire se caracteriza por el aislamiento: durante un período largo, el gobierno mantenía allí plantaciones con mano de obra esclava y prohibía la inmigración de blancos.

Durante los siglos XVII-XIX se creó una diáspora de esclavos curazoleños y se supone que esta difusión del papiamento haya contribuido al desarrollo de rasgos criolloides en el habla bozal y en el español caribeño vernáculo.

2.3. Habla bozal y español caribeño vernáculo (ECV)

Nunca existió un habla bozal homogénea (Lipski 1994: 122, 1998: 325-327, 1999b: 165). Más bien se trata de un término utilizado para las variedades habladas por los esclavos bozales, es decir los esclavos nacidos en el África y traídos al Nuevo Mundo como jóvenes o adultos.

Existen atestiguaciones literarias (por ejemplo piezas de teatro en que hay un carácter de negro bozal que se caracteriza por rasgos particulares en su habla) del habla bozal hispanoamericana sobre todo de Cuba y de Puerto Rico, pero también de México, del Perú, de Bolivia, del Río de la Plata, etc., en un período que va del siglo XVII hasta el siglo XIX[3]. Aunque los españoles no establecieron plantaciones en sus colonias hasta finales del siglo XIX, aproximadamente 1,5 millones de esclavos fueron legalmente importados a las colonias españolas del Nuevo Mundo. Simplificando: es lícito afirmar que los bantúes predominaron entre los esclavos importados a las colonias españolas; en gran parte, eso se explica por los lazos comerciales que tuvieron con los portugueses.

Los testimonios literarios del habla bozal de los siglos pasados y algunos rasgos del español caribeño vernáculo moderno han llevado a algunos especialistas a postular una continuidad entre las dos modalidades. Nos referimos a esta argumentación en 1; sin embargo, hay que señalar que, incluso en la actualidad, algunos rasgos ocurren con mayor frecuencia en el habla de los afroamericanos o afrocaribeños. Parece justificado postular la convergencia de influencias romances, africanas, bozales y criollas, es decir, de superestrato, de substrato, de adquisición de una segunda lengua y de diversas lenguas y registros pidgins y criollos presentes en el Caribe hispánico en cierto momento. Las investigaciones recientes sobre el habla de los haitiano-cubanos apuntan en esta dirección (Ortiz López 1999b; 1999c; Figueroa Arencibia 1999). Esto no implica todavía que pueda postularse un criollo pancaribeño (ver 1).

Cuando nos referimos al español caribeño vernáculo, entendemos por Caribe no solamente el Caribe insular sino también zonas lingüística, sociohistórica y

---

3   Los primeros textos con muestras del habla afrohispánica por autores españoles datan del inicio del siglo XVI; hacia 1550, la influencia del afroportugués disminuye y se constituye un lenguaje afrohispánico autóctono (Lipski 1994: 97).

demográficamente semejantes en Venezuela, las tierras bajas de Colombia tanto en la costa atlántica como en la costa pacífica y las del Ecuador.

3. Estructura lingüística

En seguida, vamos presentar unos rasgos de la estructura lingüística de los criollos que nos parecen particularmente interesantes. Vamos a confrontarlos con los datos del español caribeño vernáculo que se han considerado en el debate sobre el pasado (semi)criollo de dicha modalidad. Esta presentación servirá no solamente para mostrar los rasgos criolloides del español caribeño vernáculo, sino al revés también para poner en perspectiva la singularidad de los criollos propiamente dichos.

3.1. Fonología y fonética

3.1.1. *Palenquero*

El sistema fonológico del palenquero es muy semejante al sistema del español costeño en que todos los palenqueros son bilingües.

La tendencia hacia la estructura silábica CV es más fuerte en palenquero que en español. Para lograr esta estructura casi categórica en las lenguas de substrato africanas, el palenquero hace uso de varias estrategias, por ejemplo la paragoge vocálica, la simplificación de grupos consonánticos, la aféresis, etc. La asimilación regresiva de las líquidas (por ejemplo *aggo* < *algo*) produce un cambio importante en el sistema fonológico palenquero frente al español: se fonologiza la oposición de la articulación tensa oclusiva vs. laxa fricativa de /b, d, g/ vs. /β, δ, γ/, por ejemplo *aggo* 'algo' vs. [aγo] 'hago' (Schwegler 1996a: 162).

Existen otros rasgos fonológicos que distinguen el palenquero del español costeño y que en su mayoría se pueden atribuir al substrato africano:

– La prenasalización de consonantes iniciales como en *ndo* 'dos'. Es importante notar que no sólo se ven afectadas palabras de origen africano, sino también de origen hispánico. Incluso se prenasaliza en palabras que están generalmente exentas para crear efectos de xenoglosia (ver 3.3.1.). La prenasalización no produce pares mínimos y muchas veces se trata de variantes libres.

– El lambdacismo que era total en la fase inicial del palenquero (Granda 1994: 403) ha producido palabras como *aló* < *arroz* en el palenquero actual, que posee las dos vibrantes /r, r̄/. Además, hay casos de variación entre los consonantes apicales en general, por ejemplo *ri - di* < *de*; hay que señalar que en las lenguas criollas atlánticas, la inestabilidad de las líquidas se da en el ámbito más amplio de las apicales (/l, r, d, n/).

– Hay casos esporádicos de armonía vocálica, p.ej. *miní* 'venir', *sigí* 'seguir', *siribí* 'servir'. Sin embargo, Patiño (1999: 209) duda de que se trate de armonía vocálica y sugiere que se debe a casos del cierre de /e/ > [i] bastante frecuente en palenquero.

– La nasalización progresiva de vocales ha sido atribuida al substrato africano y al pidgin afroportugués; la nasalidad no es fonologizada en palenquero.

– En posición inicial, la oposición /j - ɲ/ se puede neutralizar, por ejemplo *ñamá* < *llamar.*

– Operan en palenquero reglas de sandhi al igual del español costeño; sin duda la rapidez del habla contribuye a eso.

– No existen oposiciones tonales fonologizadas como en papiamento. Sin embargo, la acentuación de la última sílaba de una palabra hace que se le atribuya también un tono alto.

3.1.2. *Papiamento*

El papiamento, criollo que se dice muchas veces acrolectal, es decir, estructural-mente cercano de sus lenguas de superestrato y por ende atípico como criollo, manifiesta oposiciones tonales fonologizadas. Son afectadas principalmente las palabras bisilábicas y la oposición distingue en primer lugar verbos (bajo-alto) de sustantivos (alto-bajo). El acento es subordinado al tono; Rivera-Castillo (1998) califica el sistema como mixto (tono / acento) y lo considera como prueba del origen afroportugués del papiamento. Otros autores han observado la existencia del *downdrift* que ocurre en las lenguas tonales del África occidental, de reglas a que es sometida la alternancia de los tonos y de lazos con fenómenos de sandhi (Römer 1991; Maurer 1988: 30-32; 1991b: 350-351; Lenz 1928: 81, 331).

Según Lenz (1928), el sistema vocálico del papiamento es más parecido al portu-gués que al español. El sistema de máximos está constituido por los vocales /i, e, ɛ, a, ɔ, o, u, y, ø/. Las dos últimas vocales sólo existen en variedades acrolectales; en el habla popular, se pronuncian [i, e]. El sonido [ə] no tiene valor fonemático y tampoco la nasalización (regresiva) de vocales que fue atribuida por Lenz (1928: 82) al substrato africano. Todavía no está claro si la cantidad vocálica está fonologizada.

El papiamento posee tres semiconsonantes: /w, j, ȷ̃/. /ȷ̃/ tiene dos alófonos: [ɲ] ocurre (en unos casos raros) al inicio de la palabra y [j] en posición intervocálica. Este fenómeno se puede atribuir al substrato africano (Bartens 1996b: 83).

El papiamento posee una multitud de diptongos (doce ascendentes y once des-cendentes) y triptongos (cinco; la ocurrencia de estos últimos es restringida; Maurer 1998: 148-149).

El sistema consonántico consiste en veinte fonemas: /p, b, t, d, k, g, s, z, x, f, v, ʃ, ʒ, h, tʃ, dʒ, l, r, m, n/. En posición final y ante /k, g/, /n/ tiene la variante [ŋ]. Sobre todo en palabras de origen germánico, [-n] también aparece en posición final (Maurer 1998: 149). El hecho de que la palatalización /s/ < [ʃ], /t/ < [tʃ], /d/ > [dʒ] ante /i/ no afecte a todas palabras es considerado por Boretzky (1983: 63) como evidencia de capas diacrónicas en el léxico del papiamento.

3.1.3. *Habla bozal*

Rasgos fonológicos que caracterizan las atestiguaciones de habla bozal son los siguientes:

– La pérdida de la /-s/ implosiva y final de palabra.

– La inestabilidad de las apicales, sobre todo manifestada por:

 • La pérdida de /-r, -l/ final de palabra.

 • La neutralización de /r - l/, en general resultando en lambdacismo /r/ > [l].

 • La neutralización de /d -r/, en general /d/ > [r], especialmente en posición intervocálica.

 • /r̄/ > [r].

– El yeísmo.

– El seseo.

– La nasalización intrusiva, p.ej. *nengue* < *negro*.

– /y-, tʃ-/ > [ɲ-] en posición inicial.

– Varias estrategias (aparte de las ya mencionadas) para reforzar a la estructura silábica –española y universal– CV, por ejemplo intrusión de vocales paragógicas, la simplificación de núcleos consonánticos complejos, etc. (Marrero: 1989: 56; Zimmermann 1993: 104)

3.1.4. *ECV*

Los rasgos fonéticos que caracterizan el español caribeño, especialmente en su variedad popular, son:

– La aspiración y pérdida de la /-s/ implosiva y final de palabra.

– La frecuente neutralización de la oposición de las líquidas /r - l/ en posición final de sílaba, muchas veces resultando en un sonido intermedio [ɹ].

–Pérdida de /-r, -l/ final de palabra.

–El yeísmo.

–El seseo.

–La velarización de /-n/ final de sílaba.

–La realización glotal de /x/ ([h]).

–Realizaciones no vibrantes de /r̄/.

–/y-, tʃ-/ > [ɲ-] en posición inicial.

–La pérdida de /-d-/ intervocálica, sobre todo en terminaciones de participios, sustantivos y adjetivos.

–La articulación no fricativa de /b, d, g/ en posición intervocálica;

–La geminación de grupos consonánticos y la fonologización resultante de la oposición de consonantes tensas y laxas como las descritas para el palenquero;

–La tendencia a reforzar la estructura silábica CV por intermedio de la intrusión de vocales paragógicas, simplificación de núcleos consonánticos complejos, etc. aparte de los mecanismos ya citados (Lorenzino *et al.* 1998: 47).

Granda (1988: 101, 201) cita la articulación de palabras de origen bantú sin prenasalización como uno de los primeros fenómenos de descriollización en el campo fonético-fonológico.

3.2. Morfosintaxis

3.2.1. *Palenquero*

La parte del sistema lingüístico de una lengua criolla en que la reestructuración frente a la lengua de superestrato es más notable es la morfosintaxis y dentro de aquélla, el sistema verbal. Los sistemas TMA de partículas preverbales han sido el tema que más interés ha suscitado en los estudios sobre lenguas criollas.

El sistema TMA del palenquero no es totalmente uniforme con el del criollo prototípico esbozado por Bickerton (p.ej. 1981), pero es obvio que se trata de un sistema de marcadores distinto de la expresión de estas categorías en español. Se puede esquematizar de la manera siguiente (Schwegler 1992 y 1998; Patiño 1999; Friedeman y Patiño 1983; Bartens 1998: 386):

MARCADOR	FUNCIÓN
ta / a / a ta V	aspecto progresivo
a sé V	aspecto habitual
sabé V	aspecto habitual
a V	aspecto completivo
tan V	futuro
aké V	futuro; condicional; subjuntivo

Todos estos marcadores son preverbales, pero casi todos (menos *a* 'aspecto completivo' y *aké* en sus funciones 'futuro' y 'subjuntivo') se pueden combinar con el elemento *-ba* para desplazar la acción al nivel de la anterioridad. Este elemento *-ba* probablemente existió como marcador de la anterioridad independiente en una etapa anterior en la diacronía del palenquero. Como en el kriyôl de Guinea-Bissau se trata de un elemento móvil (cf. Bartens 1995a). La forma verbal (V) se constituye mediante el infinitivo español apocopado. Sin marcador expresa el presente (incluso progresivo) y el singular del imperativo. En el plural del imperativo el palenquero hace uso del sufijo *-eno / -enu* que hay que relacionar con el pronombre personal de la 3ª persona del plural, que es de origen bantú (Maurer 1987).

El palenquero ha conservado el gerundio iberorrománico, que se combina con el marcador *ta* y el participio pasado con elisión de /-d-/ intervocálica, conforme a la fonética del español costeño (Schwegler 1990: 707; Bartens 1995: 276).

La distribución de los verbos copulativos *se* y *ta* corresponde más o menos al español. En el pasado, *se* tiene la forma supletiva [fue-hue]. Existe un tercer verbo copulativo *sendá* que es interesante desde el punto de vista de la génesis de los criollos iberorrománicos y del ECV (ver 3.2.3). *Tené* tiene usos existenciales y *habé* tiene usos posesivos lo que apunta hacia el español y el portugués del siglo de Oro (Friedemann y Patiño 1983). *Tené* tiene un alomorfo /tẽŋ/, posiblemente de origen (afro)portugués mientras *tené* sería de origen español (Megenney 1983: 558-562; Granda 1978: 434).

En el sintagma nominal, se nota luego el empleo del morfema bantú *ma*[4] cuya anteposición al sustantivo o artículo indefinido invariable *un* –el artículo definido del iberorrománico no se ha conservado y por ende se postula como Ø en palenquero– expresa el plural. En ocasiones, el plural se señala también analíticamente y existe finalmente la posibilidad de inferir el sentido de pluralidad del contexto, por ejemplo cuando el sustantivo es precedido por un numeral: *ma muhé* 'las mujeres', *ndo muhé* 'dos mujeres'; *ndo muhére* 'dos mujeres' es una variante morfofonética empleada antes de vocal (cf. Schwegler 1998: 261).

El sistema pronominal presenta, aparte de pronombres personales sujeto conservados del español, elementos afroportugueses (*bo, ele / eli*) y bantúes (*ané, enu*). Ver cuadro de página siguiente.

Los pronombres personales objeto (directos e indirectos sin distinción) son los mismos, salvo en la 1ª y 3ª persona singular, donde son *mi* y *lo*. Como pronombres de objeto, *mi* y *bo* pueden llevar el sufijo opcional *-ndo* que no parece agregar nada al sentido; Patiño (1999: 214) sospecha que este último es de origen

---

4   Se trata de un prefijo de clase de las lenguas bantúes generalizado como marca de la pluralidad nominal.

	SINGULAR		PLURAL
	LIBRE	CLÍTICO	
1ª	*yo*	*i / y- / yo*	*(s)uto* *(ma) hende / ende*
2ª	*bo* *uté / te*	*(b)o* *uté/te*	*utere / utée* *enu* [arcaico]
3ª	*ele / eli*	*ele / el / e* *hende* 'uno'	*ané* *ele / eli* *enu* [arcaico]

(Schwegler 1998: 260).

africano. Los determinantes posesivos son idénticos a los pronombres personales sujeto (con excepción de la 1ª y 2ª persona del singular *mi* y *si*), son invariables y se posponen al nominal, por ejemplo *Eso sendá ma kusa ané* 'Esas son sus cosas.' (Schwegler 1998: 263); este último hecho es probablemente debido a la influencia del substrato africano (ibíd.).

Aunque se haya conservado el sistema preposicional de las lenguas iberorrománicas –p.ej. *ku* 'con, y' viene del portugués[5]– su omisión es frecuente en frases nominales complejas como *me mayo* 'mes de mayo' y en complementos locativos como *akí kuato* 'aquí en el cuarto' (Patiño 1999: 215).

Otra característica del palenquero es la doble negación, que también ocurre en lenguas africanas como en variedades del español y del portugués americanas con substrato africano (cf. Schwegler 1991a; 1996c; Bartens 1995; 1996: 126).

3.2.2. *Papiamento*

Aun siendo una lengua criolla, el papiamento tiene también un sistema de marcadores TMA que sin embargo tampoco corresponde al prototipo criollo adelantado por Bickerton (1981).

La mayor parte de las raíces verbales son bisilábicas con la secuencia tonal bajo-alto y derivadas del infinitivo iberorrománico. No hay división en verbos dinámicos y estáticos como en muchas lenguas criollas, sino apenas un grupo de 17 ver-

---

5   Sin embargo, la bifuncionalidad 'con, y' es un calco del kikongo *na*, kimbundu *ni* (Schwegler 1996a 268-270); la misma bifuncionalidad se atestigua en muchas otras lenguas criollas (Bartens 1996a: 125).

bos que Maurer (1988: 56-63) califica de irregulares por las restricciones que sufren al combinarse con los marcadores *ta* y *a*. Otras discrepancias importantes del sistema del papiamento del prototipo criollo son la posición del marcador *lo* fuera del predicado y la necesidad de postular el modo verbal 'suphuntivo'. Por otro lado y contrariamente a los primeros análisis, se trata de un sistema con referencia temporal relativa al momento del enunciado como suele ser el caso en las lenguas criollas (cf. Bartens 1995: 256). Esquematizando, el sistema de los marcadores TMA del papiamento se puede presentar de la manera siguiente:

MARCADOR	NOMBRE EN PAPIAMENTO	FUNCIONES SEMÁNTICAS
lo	futuro	posterioridad
ta / Ø	presente	simultaneidad
tabata	imperfecto	anterioridad imperfectiva, costumbre pasada
a	perfecto	anterioridad perfectiva
Ø	suphuntivo	restricción a la aserción

(Maurer 1998: 161).

La raíz verbal se emplea como imperativo (singular y plural) como es habitual en las lenguas criollas.

Como se ha mencionado arriba, la mayor parte de los verbos son bisilábicos y tienen la estructura tonal bajo-alto. Estos verbos forman el participio pasado mediante la dislocación del acento de la primera a la segunda sílaba, por ejemplo *pinta* 'pintar' vs. *pintá* 'pintado'. Los verbos de más de dos sílabas no cambian salvo los que terminan en -*e*. El participio de estos verbos termina, sea obligatoriamente sea opcionalmente, en -*í*: *kombensé* 'convencer' vs. *kombensí* 'convencido', *posponé* 'posponer' vs. *posponé / posponí* 'pospuesto'. Los demás verbos forman el participio con los alomorfos *di-, gi-, i-, he-, e-*, todos derivados del prefijo neerlandés *ge-*. Algunos verbos de esta última clase no distinguen entre raíz verbal y participio, por ejemplo *dòbelkròs* 'malograr; malogrado' (Maurer 1998: 168).

El participio pasado se utiliza en función atributiva y predicativa y también se emplea en las construcciones pasivas. Estas construcciones parecen desarrollos tardíos en el papiamento, ya que las lenguas criollas en general no han conservado el paradigma pasivo de la lengua de superestrato. El escenario diacrónico de las construcciones pasivas del papiamento parece haber sido el siguiente: la construcción neerlandesa *wòrdu* + participio pasado + *dor di* + FN habría sido introducida primero y luego la construcción hispanizante *ser* + participio pasado + *pa* + FN como reacción a la primera; ambas durante el siglo XIX. La construcción *keda* + participio pasado habría sido adoptada por hablantes que sintieron las dos construcciones como ajenas al papiamento (Bartens 1995: 262; Maurer 1998: 179).

El papiamento también conserva el gerundio iberorrománico. La formación del gerundio sigue dos esquemas derivacionales: se forma, sobre todo en el etnolecto sefardí, con el sufijo portugués *-ndu*, mientras que la derivación española en -*ando*, -*iendo*, probablemente de introducción más reciente, es hoy globalmente más empleada (Maurer 1998: 169; Lenz 1928: 124-125).

El papiamento no tiene cópula cero, sino que la cópula es *ta* en todos los contextos. Se distingue del marcador verbal *ta* por su distribución y su tonalidad, que cambia según el tono de la primera sílaba de su complemento, mientras el marcador siempre tiene tono alto (Maurer 1998: 170).

Por otro lado, el papiamento hace uso de series verbales como muchas lenguas africanas y criollas, por ejemplo *El a kana bai kas* 'Se fue a casa caminando.' (Maurer 1998: 171).

En el sintagma nominal, es interesante notar paralelismos con otras lenguas criollas atlánticas: el sustantivo y el adjetivo son invariables en cuanto al género. El sexo se puede expresar por posposición de las palabras *hòmber* 'hombre; macho' y *muhé* 'mujer; hembra', por ejemplo *ruman hòmber* 'hermano', *ruman muhé* 'hermana'. También hay casos lexicalizados del tipo *toro* vs. *baka*. Además, existen en el papiamento moderno gentilicios que tienen facultativamente una forma masculina y otra femenina, por ejemplo *kolombiano, kolombiana* 'colombiano / -a' (Maurer 1998: 155, 158). La formación del plural se hace mediante la posposición del pronombre de la 3ª persona del plural *nan*, por ejemplo *bakanan* 'vacas'. Cuando se pospone a un antropónimo, tiene función asociativa: *Mary-nan* 'Mary y su familia / sus amigos'.

El artículo definido es *e* tanto en el singular como en el plural. El artículo indefinido *un* se utiliza apenas en el singular.

El sistema pronominal del papiamento es el siguiente:

	SUJETO		OBJETO	
	SINGULAR	PLURAL	SINGULAR	PLURAL
1ª pers.	*mi*	*nos*	*mi*	*nos*
2ª pers.	*bo*	*boso / bosonan / bosnan*	*bo / bu*	*boso / bosonan / bosnan*
3ª pers.	*e(l)*	*nan*	*e(le)*	*nan*

(Maurer 1998: 158).

Como vemos, la homofonía de las formas de sujeto y objeto es casi total. Las variantes son resultado de las reglas fonotácticas; la variante *el* de la 3ª persona singular ocurre sólo cuando precede al marcador verbal *a*. Lo mismo vale para la realización del pronombre de la 3ª singular como *dje* después de ciertas preposiciones: *di dje* 'de él / ella', *riba dje* 'sobre él / ella'. Para las 1ª y 2ª persona del singular existen variantes tónicas: *ami, abo*. Salvo en las 3ªs personas, los determinantes posesivos son idénticos a los pronombres personales (*mi, bo, nos, boso*). El determinante posesivo de las 3ªs personas es *su*. Los determinantes posesivos se anteponen al sustantivo.

Hay dos opciones para formar complementos posesivos: mediante la preposición *di* que es el padrón iberorrománico, por ejemplo *e kas di Hose* 'la casa de José', y con el determinante posesivo *su*, como en *Hose su kas*. Aparte del marcador verbal *lo* < port. *logo*, esta última construcción es el otro rasgo importante que el papiamento tiene en común con los criollos asiáticos de base portuguesa. Sin embargo, hay que señalar que esta construcción también tiene antecedentes en dialectos del neerlandés, conservados en la construcción paralela del afrikânder (cf. Bartens 1995a: 135-136, 152, 163, 177-178, 201; 255).

Los sistemas de determinantes y pronombres no discutidos aquí no presentan grandes divergencias del padrón iberorrománico (cf., por ejemplo, Maurer 1998: 155-160). Rasgos de interés en la perspectiva criollística son la formación de los números ordinales a partir de dos mediante la construcción preposición *di* + número cardinal, patrón que tiene antecedentes en las lenguas de substrato bantúes: *(di) promé, di dos, di tres, di kuater, di sinku*... El sistema de interrogativos se puede calificar como mixto: al lado de pronombres interrogativos iberorrománicos como *kua(l)* 'cuál', *kuantu* 'cuánto', *unda* 'dónde' (cf. port. *onde*), *kon* 'cómo' hay interrogativos bimorfemáticos o analíticos como en muchas otras lenguas criollas: *ken(de)* < *ke hende* < *qué gente* 'quién', *ki(ko)* < *qué cosa* 'qué', *ki ora, ki dia, ki aña, ki tempu* < *qué hora, qué día, qué año, qué tiempo* 'cuándo', *di ki manera* < *de qué manera* 'cómo', *pakiko* < *para qué cosa* 'porqué', *kaminda* < *por qué camino* 'dónde, cómo' (Bartens 1996c).

3.2.3. *Habla bozal*

En las atestiguaciones escritas del habla bozal es frecuente el uso del infinitivo, en general apocopado, como raíz verbal invariable. Sobre todo en textos más recientes se emplean algunas otras formas verbales, en primera instancia la 3ª persona del singular del presente activo pero también las 1ªs personas del mismo paradigma (en el plural con apocope de *-s*), como raíces verbales. Esta raíz verbal se combina con tres marcadores preverbales: *ta* 'presente progresivo', *ya* 'aspecto perfectivo' y *vá* 'futuro próximo' (Bartens 1995: 296; 1996: 102; 1998: 385).

Lipski (1994: 119-120) atribuye las ocurrencias de *ta* a la influencia directa de hablantes del papiamento.

Lipski (1999) traza el escenario diacrónico de la evolución de los verbos copulativos en el español bozal. Son poquísimos los casos de cópula cero (1999: 158). De igual modo son inexistentes o rarísimos los casos de confusión entre *ser* y *estar*; *estar* se reduce fonéticamente también como verbo copulativo. *Sentá / santá* es atestiguado sólo en textos del siglo XVI de la Península Ibérica; sin embargo, por subsistir en el palenquero bajo la forma *sendá*, es probable que su difusión haya sido mayor en Hispanoamérica en el pasado (cf. Lipski 1999: 150-151). En el siglo XIX, el verbo copulativo principal *sa / sã* (ocasionalmente también *samos* como forma invariable) fue casi totalmente desplazado por *son*, reforzado según Lipski por la importación de braceros chinos, posiblemente hablantes del criollo portugués de Macao, a Cuba y al Perú, de donde vienen las atestiguaciones en habla bozal.

Como verbo existencial, el habla bozal prefiere *tener* a *haber*; lo que corresponde al uso en el español del Siglo de Oro (ver 3.2.1.).

En la frase nominal, ni el género ni el número se marcan lexicalmente. Unido al uso de una raíz verbal invariable eso implica que ni se produce concordancia dentro de la frase nominal ni entre sujeto y verbo (Lipski 1994; Bartens 1995). Hay algunos casos de simplificación en el paradigma pronominal, a diferencia de la mayor parte de los criollos, en general en favor de las formas de sujeto (Marrero 1989; Granda 1971b: 486). El uso de *(a)mí* como pronombre de la 1ª persona del singular ya no se encuentra en los textos afrohispánicos después de 1550 pero reaparece en algunos textos bozales cubanos del siglo XIX. Según Lipski, estas ocurrencias son debidas a la influencia directa del papiamento (Lipski 1998: 303; 324; 1994: 122). Se han documentado casos esporádicos del pronombre invariable [e/ye] para las 3as personas y de *vos* para la 2ª del singular[6].

Hay omisión de varios elementos: artículos (el artículo indefinido no se elimina siempre, sino que ocurre bajo la forma invariable *un / uno*), preposiciones (particularmente *a*, *de*), conjunciones (*que, cuando*), y, como consecuencia de la omisión de subordinantes, se produce la simplificación de la estructura del enunciado. La segmentación incorrecta lleva a la emergencia del artículo definido *lan* que en el habla bozal puertorriqueña tuvo la variante *nan* (Lispki 1987; 1994; Bartens 1995).

El orden de los constituyentes se fija en SVO; eso lleva a la no inversión en frases interrogativas. El uso del pronombre sujeto es obligatorio (Granda 1992; Lispki 1994; Bartens 1995).

---

6 También la variante *nelle* está documentada; contrariamente a lo que pensaba Álvarez Nazario (1974), no se trata de una contracción de la preposición *en* y del pronombre *elle* (Lipski 1994: 116).

3.2.4. *ECV*

El ECV se caracteriza por el uso categórico de los pronombres personales sujeto, incluso con el infinitivo. Aunque el uso del pronombre sirva para desambiguar las formas verbales uniformizadas por la reducción fonética de -*s* implosiva, investigaciones recientes sugieren que la motivación del empleo de los pronombres sujetos no es sólo funcional (o inducida por el contacto lingüístico), sino también pragmática (cf. Morales 1999; Bayley y Pease-Álvarez 1996). Obviamente la obligatoriedad de los pronombres sujeto también ha sido atribuida a la influencia del habla bozal o de las lenguas africanas. Pérez-Leroux (1999) cita el uso del pronombre sujeto con el infinitivo como argumento en favor de su hipótesis de que el ECV sea una lengua *semi-pro-drop*.

El Caribe es zona de tuteo. Green (1999b) señala la ocurrencia de un pronombre clítico 'resumptivo' (*subject referencing pronoun*) en el ECV de Cambita, República Dominicana, que se emplea con las 1ª y 3ª persona del singular y posiblemente con la 3ª persona del plural. Como indicamos en el apartado sobre el léxico (ver 3.3.), el pronombre invariable [e/ye], supuestamente de origen afroportugués, ocurre no sólo en el palenquero (Schwegler 1996d, 1999) y en el habla bozal, sino también en el ECV y en el habla del Chota en Ecuador. Ortiz López (1998: 98-99) señala el uso de *eso* como pronombre personal invariable en el habla afrocubana y Valdés Bernal refiere a irregularidades en el manejo del paradigma pronominal en el habla afrocubana (1988: 163). En el español criolloide de Samaná la reducción del paradigma pronominal deriva en el empleo de las formas sujeto (González & Benavides 1982: 126-127).

Hay una tendencia muy fuerte hacia el orden de constituyentes SVO que se conserva también en las frases interrogativas; Granda (1992) lo considera un rasgo criollo que se remonta a la influencia de las lenguas de substrato africanas.

Los verbos *ser* y *estar* se reducen fonéticamente, por ejemplo *e(h), tá, taba*. Salvo en casos muy esporádicos, por ejemplo en ceremonias religiosas afrocubanas (Ortiz López 1998: 87), *ta* no se combina con el infinitivo apocopado u otra forma que se podría considerar una raíz verbal criolla, sino con el gerundio, y por eso no debe analizarse como marcador preverbal criollo. El hecho de que la construcción *ta* + infinitivo apocopado exista precisamente en el registro religioso lleva a Ortiz López a postular un uso más generalizado del mismo en épocas anteriores. Actualmente, el paradigma verbal se neutraliza en favor de la 3ª persona del singular, cuyo uso se extiende a otras personas; esta tendencia está documentada no solamente en el habla de los afrocubanos, sino en ECV en general (Bartens 1998; Lorenzino 1993). La apocope de la-*r* del infinitivo es una característica fonética del ECV (ver 3.1.4.).

Green (1999a) señala la ocurrencia del marcador verbal *a* con función de pasado en el idiolecto de dos hermanos entrevistados por ella en la República Dominicana.

En cuanto al uso de los verbos copulativos, hay casos en que el uso de *ser* se extiende a contextos correspondientes a *estar* y, más raramente, viceversa (Megenney 1990; Ortiz López 1998). En el habla de afrocubanos ancianos aparece la cópula invariable *son* (Ortiz López 1998: 76-77), que conocemos del habla bozal. Por ejemplo en el habla de Caracas ocurren casos de elisión de los dos verbos copulativos (Álvarez 1992); en el habla de los afrocubanos ancianos entrevistados por Ortiz López, apenas se elide *ser* (1998: 93-94).

La falta de concordancia en la frase nominal es bastante frecuente. En el Chocó colombiano, el plural se marca muchas veces como en el portugués brasileño popular apenas en el primer elemento de la frase nominal (Granda 1988: 79-80). En Medianías, Puerto Rico, el género se puede marcar lexicalmente con la posposición de *macho, hembra* (Granda 1978: 510-511). Como fenómenos de hipercorrección (respecto a la elisión de -*s* final) en el español dominicano se citan el sufijo pluralizador -*se*, sobre todo en palabras que terminan en vocal acentuada, por ejemplo *café, cafese,* y el prefijo *s-* / *h-* en palabras con vocal inicial como resultado de la resilabización; por otro lado, el plural se puede señalar por omisión del artículo: *hay una mesa* vs. *hay mesa* (Terrell 1986). Ortiz López (1998: 96-98) asegura la existencia de la resilabización y aglutinación del -*s* a la palabra siguiente en Cuba; de igual manera, la elisión del artículo y de otros determinantes está más ampliamente documentada en el ECV. La hipótesis de Otheguy (1973) de que la posposición de determinantes posesivos y demostrativos sea un rasgo criollo ha sido falseada por otros autores (p.ej. Lipski 1994: 115) ya que también ocurre en otras variedades del español.

En dialectos populares de la República Dominicana, de Cuba y de las Tierras Bajas de la costa pacífica de Colombia ocurre la doble negación que ya conocemos del palenquero. Construcciones paralelas o semejantes existen en el portugués brasileño popular y en los criollos portugueses del Golfo de Guinea (Schwegler 1996c; Montes Giraldo 1974; Ortiz López 1998; Bartens 1995).

Es frecuente la elisión de la preposición *a*; sin embargo, la mayor frecuencia del acusativo preposicional en el español latinoamericano en general frente al español peninsular se explica también tipológicamente (Körner 1987: 108, 113-115). La omisión de las preposiciones *de* y *en* es menos frecuente, pero también ocurre por ejemplo en el habla de afrocubanos y afrodominicanos (Granda 1971b; Otheguy 1973; González y Benavides 1982; Perl 1982; 1989b; Ortiz López 1998). Igualmente hay casos de elisión del complementador *que* (Ortiz López 1998).

Se emplean varias estrategias de énfasis que llevan a Álvarez y Obediente (en Lorenzino, Álvarez, Obediente y Granda 1998) a preguntarse si hay que considerar el español caribeño ante todo de modo pragmático; por ejemplo partículas enfatizadoras como *ahí* en final de frase en Caracas (Álvarez 1991), oraciones hendidas y pseudo-hendidas, reduplicación pronominal, etc.

3.3. Léxico

3.3.1. *Palenquero*

Al inicio del estudio científico del palenquero se pensaba que aproximadamente el 10% de su léxico estaba constituido por palabras de origen africano (cf., p.ej., Bickerton y Escalante 1970: 260-261). Mientras tanto, los especialistas del palenquero, sobre todo Armin Schwegler, han demostrado que la proporción del léxico de origen africano es mucho menor, ni siquiera el 1% en el habla diaria (Schwegler 1998: 268). Por ejemplo el lenguaje del ritual funeral llamado 'lumbalú' es más rico en africanismos (*ibíd.*), pero incluso en este dominio se puede observar una tendencia muy fuerte en la comunidad palenquera actual hacia la xenoglosia, es decir, que los hablantes dan una pronunciación 'africana' a vocablos de origen iberorrománico para conferirles mayor peso expresivo (Schwegler 1994; 1996a).

Por consiguiente, el palenquero comparte la mayor parte de su léxico con el español costeño, en que los palenqueros son bilingües. Sin embargo, algunas palabras del vocabulario central provienen del (afro)portugués lo que tiene una significación extraordinaria para las hipótesis sobre el origen del palenquero. Tales vocablos son el pronombre de la 3ª pers. sing. *ele* y las formas verbales *bae* 'ir' (< port. *vai*) y *ten* 'hay; tener' (< port. *tem*; Schwegler 1991b; 1993c; 1998).

3.3.2. *Papiamento*

El hecho de que el papiamento haya adquirido un prestigio y un grado de estandarización singularmente elevado para una lengua criolla ha sido atribuido también a la escasez de vocablos de origen africano (Wood 1972: 18). Maurer (1991a) demuestra que los cambios en la semántica de varias palabras del papiamento tienen paralelismo (y por eso probablemente antecedentes) en los idiomas africanos de substrato.

Según Maduro (1953: 134), el 66% del léxico del papiamento proviene de las lenguas iberorrománicas (como se ha señalado antes, resulta muchas veces difícil determinar a partir del papiamento moderno si la fuente de una palabra ha sido el portugués, el español o el ladino, ya que las lenguas iberorrománicas se asemejaban más en etapas anteriores de su historia), el 28% del neerlandés y el 6% de otras lenguas, sobre todo el inglés y el francés. Maurer (1986: 146, nota 2) analiza este 66% de léxico de origen iberorrománico de la manera siguiente: el 25% es de indudable origen español, el 4% de indudable origen portugués, el 3,5% de indudable origen gallego; el 28% es de origen portugués o español, y el 5,5% pueden provenir de las tres lenguas.

Las cifras dadas por Maduro pueden haber cambiado ligeramente desde entonces; por ejemplo Perl (1999: 259) indica que el 7% del léxico del papiamento proviene del inglés. Por otro lado, el porcentaje del léxico neerlandés (y, por consiguiente, las proporciones de los otros componentes del léxico) varía mucho según el género del texto: los vocablos de origen neerlandés abundan en textos con temática administrativa, jurídica, etc., mientras la mayor parte de las palabras gramaticales es de origen iberorrománico (cf. Lenz 1928). Sin embargo, las palabras de origen neerlandés son también frecuentes para denotar objetos de la vida diaria como muestra Maurer (1998: 183) en su presentación del campo referencial «en torno a la mesa». También hay calcos de expresiones neerlandesas, por ejemplo *mi no por juda* 'no puedo remediarlo', literalmente 'yo no puedo ayudar', cf. neerl. *ik kan het niet helpen* (van Wijk 1958: 178).

Son interesantes las palabras híbridas en que un morfema lexical se combina con un afijo iberorrománico, por ejemplo *jaagdó* 'cazador' < *jaag* < neerl. *jagen* 'cazar' + *-dor*, *snikmentu* 'sollozo' < *snik* < neerl. *snikken* 'sollozar' + *-mentu* (van Wijk 1958: 179).

3.3.3. *Habla bozal*

Los elementos lexicales afroportugueses que ocurren esporádicamente en textos bozales son la preposición *na*, el pronombre de la 3ª singular *ele* y *tener* en contextos existenciales (Lipski 1994: 115-117). Sin embargo, no existe un estudio exhaustivo de los lusismos en el habla bozal (Bartens 1995: 299).

Palabras utilizadas en textos bozales, que Lipski (1994: 121-122) traslada al papiamento, son *riba* 'arriba', *yijo* 'hijo' (papiamento *yiu*), *bisá* 'decir' y el pronombre sujeto de la 1ª persona *(a)mí*. En un trabajo reciente, Lipski completa su reconstrucción del itinerario de las palabras *ahuora* 'ahora' y su étimo *agüe* 'hoy' desde los dialectos aragoneses y murcianos a través del etnolecto sefardí y del papiamento, donde subsisten en las formas *awor* y *awe*, hasta el habla bozal cubana del siglo XIX (Lipski 1999). Como se ha indicado arriba, Lipski atribuye muchos rasgos criollos o crioloides en el habla bozal a la influencia directa del papiamento.

3.3.4. *ECV*

El léxico del ECV se caracteriza por arcaísmos, dialectalismos peninsulares, 'marinerismos' (cf. Granda 1999; Álvarez Nazario 1974: 205; 1982: 3. cap.) e indigenismos más que por africanismos. Alba (1992: 531-537) demuestra que el número de africanismos es mucho menor que el de los indigenismos en las variedades del Caribe insular: mientras cada isla tiene aproximadamente 100 indigenismos en su norma culta, el número de africanismos oscila entre 35 (Puerto Rico) y 52 (República Dominicana; Cuba tiene 40) y hay apenas 6 de palabras de origen africano comunes a la norma de las tres islas.

Obviamente la proporción de africanismos es mucho mayor en ciertos registros, por ejemplo aquéllos empleados en los cultos afrocubanos. En un estudio preliminar de los léxicos activo y disponible de los afrocubanos, Ortiz López (1998: cap. 5) ha encontrado otro conglomerado de palabras de origen africano que actualmente están estigmatizadas por su asociación con grupos marginales. Sin embargo, demuestra que los vocablos de origen africano son una parte integral del léxico cubano que se debería reevaluar cualitativa y cuantitativamente.

Palabras de origen (afro)portuguesa en el ECV son por ejemplo *mae / mai* 'madre', *comae / comai* 'comadre', *pae / pai* 'padre', *compae / compai* 'compadre', *hoyo (del culo)* 'ano' (Granda 1988: 137-141). La combinación de *más* y una expresión negativa, por ejemplo *más nada, más nunca* es posiblemente de origen portugués, pero ha llegado al ECV según Lipski (1994: 117) a través de las Islas Canarias.

El pronombre invariable [e/ye] ocurre no sólo en el palenquero y en el habla bozal sino también en el ECV y en el habla del Chota en Ecuador. Schwegler (1996d, 1999) considera eso como prueba del pasado afroportugués del ECV mientras Ortiz López (1998: 100) indica la posibilidad de una evolución interna del español. De igual modo, el último señala que el adverbio *logo* en el habla de los afrocubanos puede ser de origen portugués, pero también producto de la monoptongación (Ortiz López 1998: 104-105).

3.4. Comentario

Los estudios comparativos de aspectos de la estructura lingüística del palenquero y del papiamento revelan diferencias importantes (Maurer 1987; Lorenzino 1992; Patiño 1999). En efecto, parece que las diferencias son más grandes que las semejanzas y que la comparación de las dos lenguas criollas no apoya la hipótesis de un criollo pancaribeño hispánico, con o sin antecedente afroportugués. Sin embargo, Lorenzino (1992) busca la causa principal de las divergencias en el substrato diferente de los dos criollos, bantú en el caso del palenquero y con predominio de las lenguas kwa en el caso del papiamento.

Hay una continuidad notable entre el habla bozal y el ECV por ejemplo en los rasgos fonéticos. Sin embargo, hay que tener en cuenta que ni el habla bozal ni el ECV son variedades homogéneas y que la ocurrencia de algunos rasgos como el uso de los pronombres *(a)mí, vos, (n)elle* e incluso de las partículas preverbales es más bien esporádica que sistemática. Parece que en la mayor parte de los rasgos hay continuidad entre el habla bozal y el ECV, por un lado, y correspondencias con lenguas criollas de base iberorrománica y variedades criolloides como el portugués brasileño vernáculo, por el otro; por ejemplo los procesos fonéticos ya citados y el reclutamiento de la 3ª persona del singular como forma verbal no marcada, se pueden explicar por mecanismos de reestructuración en el aprendizaje de una segunda lengua y por la influencia de las lenguas de substrato africanas (estas explicaciones obviamente no se excluyen sino que se complementan). Además, está comprobado que el habla bozal cubana (y lo mismo vale decir para el habla bozal puertorriqueña) ha sido directamente influenciada por lenguas criollas, sobre todo por el papiamento. Hoy en día, la presencia haitiana en el Cuba oriental parece contribuir al mantenimiento de rasgos criolloides en el habla de la población afrocubana (cf. 2.3.). Por consiguiente, sin descartar la posibilidad de que haya existido un criollo hispánico de mayor difusión o en más lugares que hoy en día, tenemos que reconocer que sigue siendo una hipótesis a comprobar.

4. Situación sociolingüística actual

4.1. Palenquero

El glotónimo *palenquero* fue introducido en la comunidad por los lingüistas, quienes llamaron así al habla de San Basilio, al igual que ciertos términos que ahora se escuchan allá como casi-sinónimos, sobre todo 'lengua bantú'. La designación principal que los palenqueros mismos utilizan de su habla sigue siendo 'lengua', término hispánico para 'lengua ininteligible' (Bartens en p. a).

El Palenque de San Basilio tiene entre 3.000 y 4.000 habitantes. Sin embargo, no todos los habitantes hablan el criollo, código estigmatizado y ridiculizado por la comunidad de habla costeña que rodea a los palenqueros. Sobre todo los jóvenes y niños tienen, a lo sumo, una competencia pasiva. Esta situación sociolingüística es documentada, por ejemplo, por Friedemann y Patiño (1983).

Mientras tanto, la nueva constitución colombiana de 1991 y sobre todo los leyes de 1993 y 1994, que afectan más directamente a la población afrocolombiana, han favorecido un movimiento en defensa del criollo, por ejemplo mediante la constitución de comités y programas de etnoeducación. Un resultado de la actividad del comité de etnoeducación de Palenque ha sido la publicación de una cartilla de lecto-escritura (cf. Etnoeducación Palenque 1997). Se sabe también que se escribe poesía en criollo, lo que es un anuncio de cierta salud normalizada. El palenquero se enseña en las escuelas no solamente en Palenque sino también en los barrios con fuerte representación de palenqueros emigrantes en Cartagena y en Barranquilla. No se conocen cifras sobre la diáspora palenquera, pero un rasgo característico de la misma es la conservación e incluso resurrección del código criollo. Por ejemplo, el sistema TMA del palenquero parece haber sido recriollizado en la comunidad palenquera de Barranquilla; desafortunadamente nos hacen falta datos sistemáticamente recogidos sobre el uso de las partículas TMA en esa comunidad.

Por consiguiente, la suerte del palenquero, que ya parecía decidida en el sentido del abandono gradual del código criollo, está nuevamente abierta. Dependerá de la actividad de los líderes comunitarios y del uso lingüístico de todos los palenqueros.

4.2. Papiamento

El hecho de que el papiamento haya tenido un prestigio bastante elevado desde temprano ha influido positivamente en su evolución, en la constitución de un corpus literario, en los esfuerzos de estandarizar la ortografía, en su empleo en funciones oficiales, etc.; en resumen, en su ascenso al estatuto de 'lengua de cultura'. Como hemos mencionado arriba, el primer texto redactado en papiamento data del año 1775. En la primera mitad del siglo XIX se inicia la producción de literatura religiosa en papiamento. En la segunda mitad del siglo XIX se publican los primeros periódicos en las islas ABC, en los que ven la luz textos en neerlandés, español y papiamento. La producción literaria propiamente dicha empieza hacia 1900 con el 'Renacimiento' de la vida cultural curazoleña. La época posterior a la segunda guerra mundial y la obtención de la autonomía en 1954 se caracteriza por el desarrollo de una creación literaria original y ha sido llamada 'el segundo Renacimiento' (cf. Munteanu 1991: 27-28).

Por su parte, el hecho de que el papiamento haya tenido ese prestigio desde temprano es debido al hecho de que la capa de la sociedad colonial dominante no ha sido homogénea y que incluso los neerlandeses han utilizado el criollo para comunicarse con los demás grupos, reservando el neerlandés para la comunicación intragrupal, práctica que implementaron también en otras colonias, por ejemplo en Ceilán. Los judíos sefardíes constituían la clase baja de la clase dominante. Como hemos expuesto arriba, empleaban varias lenguas iberorrománicas entre ellos y, como atestigua el primer texto escrito en papiamento, el criollo figuraba entre las lenguas utilizadas por la comunidad judía no solamente para la comunicación intergrupal, sino también para la comunicación intragrupal.

En los colegios de la misión católica, la enseñanza tuvo lugar en papiamento hasta 1936, cuando se prohibió el uso de cualquier otro idioma que no fuera el neerlandés. Desde 1983 existen clases diarias en las escuelas primarias y en el ámbito de debate sobre cuestiones lingüísticas, que se sostiene con mayor intensidad desde 1990, se concretó en 1993 un plan que prevé la introducción del papiamento como lengua de enseñanza. Este plan no ha sido puesto en práctica hasta ahora, supuestamente porque la estandarización del papiamento todavía no está lo suficiente avanzada[7]. En efecto, Perl (1999) atestigua por ejemplo las vacilaciones en las ortografías de palabras de origen no iberorrománico en los periódicos. Sin embargo, se trata antes de nada de vencer las barreras psicológicas al nivel de la comunidad de habla establecidas durante siglos de minorización de los idiomas criollos (cf. Bartens 1996a: 172ss.). En el caso del papiamento, un problema específico proviene del hecho de que en la isla de Aruba, que obtuvo un *status* aparte de las demás Antillas Neerlandesas en 1986, se trabaja en la estandarización de una ortografía distinta de la curazoleña y más cercana al español. Bonaire sigue, como durante toda su historia conocida, las decisiones de Curaçao, pero hay que tomar en consideración que el papiamento de Bonaire probablemente también constituye una variedad diatópica distinta (aunque no tan distinta como el papiamento de Aruba; ver 2.2.) cuyas peculiaridades todavía no han sido estudiadas.

4.3. ECV

A pesar de los rasgos comunes, sobre todo en el nivel fonético-fonológico, el español caribeño no constituye un área dialectal homogénea ni en su registro culto, ni mucho menos en sus variantes populares. La estratificación social juega un papel importante en este contexto. Todas las características del español caribeño descritas arriba se dan con mayor fuerza en los registros populares y penetran muy lentamente en los registros más altos. Por ejemplo, la pérdida de /-d-/ intervocálica está fuertemente estigmatizada en particular en el español de Caracas (D'Intorno y Sosa 1986) y en general en el español caribeño (López-Morales 1992: 57). Sin embargo, algunos fenómenos indicativos del grupo socioeconómico más bajo entre la población de más edad (por ejemplo la ausencia de los verbos copulativos) han sido adoptados por los jóvenes de la clase alta y por eso quizás próximamente formen parte de la norma caraqueña (Álvarez 1991; 1992).

En la región de Nueva York, hay comunidades de inmigrantes de los tres dialectos españoles del Caribe insular: puertorriqueños, cubanos y dominicanos. Mientras los dos primeros grupos se identifican con su variedad hasta el punto de proponerla como norma de la enseñanza, los dominicanos menosprecian su propio dialecto y muchas veces intentan asimilarse a otros padrones (Zentella 1990).

---

7   Según Perry (2000) los colegios públicos iniciarán la introducción gradual (un año, cada vez) del papiamento como lengua de enseñanza en 2001.

5. Referencias

ALBA, O. (ed.) (1982): *El Español del Caribe. Ponencias del VI Simposio de Dialectología,* Santiago, Universidad Católica Madre y Maestra, Departamento de Publicaciones.

– (1992): "El español del Caribe: unidad frente a diversidad dialectal", en *Revista de Filología Española,* 72, 3-4, pp. 525-539.

ÁLVAREZ, A. (1991): "Vestigios de origen criollo: un análisis de marcadores en el español de Venezuela", en *Anuario de Lingüística Hispánica,* 7, pp. 9-28.

– (1992): "Creole Interference in Venezuelan Spanish: the absence of *ser / estar*", en P. HIRSCHBÜHLER y K. KÖRNER (eds.), *Romance Languages and Modern Linguistic Theory. Papers from the 20th Linguistic Symposium on Romance Languages (LSRL XX),* Ottawa, 10-14 April 1990, Amsterdam & Philadelphia, John Benjamins, pp. 1-10.

– (1993): "Africa en la punta de la lengua: consecuencias de la esclavitud en las variedades dialectales de América", en *Papia* 2, 2, pp. 32-42.

– (1995): "Tradición hispánica o herencia criolla: reflexiones sobre algunos elementos del español hablado en Caracas", en P. P. KONDER, M. PERL y K. PÖRTL (eds.), *Estudios de literatura y cultura colombianas y de lingüística afro-hispánica,* Frankfurt am Main, Peter Lang, pp. 153-174.

– (1999): "La hipótesis criolla sobre el español de Venezuela: la simplificación en el nivel discursivo", en K. ZIMMERMANN (ed.), pp. 389-410.

ÁLVAREZ NAZARIO, M. (1974): *El elemento afronegroide en el español de Puerto Rico,* San Juan de Puerto Rico, Instituto de Cultura Puertorriqueña.

– (1982): *Orígenes y desarrollo del español en Puerto Rico (siglos XVI y XVII),* Rio Piedras, Editorial de la Universidad de Puerto Rico.

ANDERSON, R. W. (1990): "Papiamentu Tense-Aspect, with Special Attention to Discourse", en John Victor SINGLER (ed.), *Pidgin and Creole Tense-Mood-Aspect Systems,* Amsterdam & Philadelphia, John Benjamins, pp. 59-96.

BARTENS, A. (1995a): *Die iberoromanisch-basierten Kreolsprachen: Ansätze der linguistischen Beschreibung,* Frankfurt am Main, Peter Lang.

– (1995b): "A expressão do aspecto inceptivo nos crioulos: quanto são diferentes os crioulos de base iberoromânica?", en *Papia* 4, 1, pp. 11-20.

– (1996a): *Der kreolische Raum: Geschichte und Gegenwart,* Helsinki, Die Finnische Akademie der Wissenschaften.

– (1996b): "Phonologische Merkmale atlantischer Iberokreols", en *Lusorama,* 29, pp. 73-88.

– (1996c): "Interrogativa und verwandte Wortarten in den iberoromanisch-basierten Kreolsprachen", en A. ENDRUSCHAT y E. GÄRTNER (eds.), *Untersuchungen zur portugiesischen Sprache (Beihefte zu Lusorama.* 1. Reihe. 7. Band), Frankfurt am Main, TFM-Domus Editoria Europaea, pp. 243-262.

– (1998): "Existe-t-il un système verbal semi-créole?", en *Neuphilologische Mitteilungen,* 99, 4, pp. 379-399.

– (2000): "O período hipotético nos crioulos de base lexical iberorománica", *Papia,* 10, pp. 40-49.

– (en pr. a): "Glosónimos, etnónimos e identidad: el glosónimo lengua en palenquero y otras lenguas acriollizadas", en Y. MOÑINO, A. MÚNERA y A. SCHWEGLER (eds.), *Palen-*

que, Cartagena y Afro-Caribe: historia y lingüística, Cartagena, Universidad de Cartagena & Colciencia.

– (en pr. b): "El chabacano, un caso de relexificación del (proto-)criollo portugués", en T. STOLZ y K. ZIMMERMANN (eds.): *Lo propio y lo ajeno en las lenguas austronésicas y amerindias. Procesos interculturales en el contacto de lenguas indígenas con el español en el Pacífico e Hispanoamérica,* Frankfurt am Main-Madrid, Vervuert-Iberoamericana.

BAUM, P. (1976): "The Question of Decreolization in Papiamentu Phonology", en J. L. DILLARD (ed.): *Socio-Historical Factors in the Formation of the Creoles. International Journal of the Sociology of Language,* 7, pp. 83-93.

BAYLEY, R., y PEASE-ÁLVAREZ, L. (1996): "Null and Expressed Pronoun Variation in Mexican-Descent Children's Spanish", en J. ARNOLD, R. BLAKE, B. DAVIDSON, S. SCHWENTER y S. SALOMON (eds.): *Sociolinguistic Variation. Data, Theory and Analysis,* Stanford, CSLI, pp. 85-99.

BICKERTON, D. (1981): *Roots of Language,* Ann Arbor, MI, Karoma.

BICKERTON, D., y ESCALANTE, A. (1970): "Palenquero: a Spanish-based Creole of Northern Colombia", *Lingua,* 24, pp. 254-267.

BORETZKY, N. (1983): *Kreolsprachen. Substrate und Sprachwandel,* Wiesbaden, Otto Harrassowitz.

BUSCHE, Ch. (1993): "A situação glotopolítica nas Ilhas ABC. Reconhecimento social do papiamentu", *Papia,* 2, 2, pp. 72-84.

DIECK, M. (1998): "Criollística Afrocolombiana", en L. A. MAYA RESTREPO (coord.): *Geografía humana de Colombia,* Tomo VI: *Los Afrocolombianos,* Bogotá, Instituto Colombiano de Cultura Hispánica, pp. 303-338.

DIJKHOFF, M. (1980): *Dikshionario papiamentu-ulandes, ulandes-papiamentu,* Zutphen, De Walburg Pers.

DIJKHOFF, M. ((1982): "The process of pluralization in Papiamentu", *Amsterdam Creole Studies,* 4, pp. 48-61.

– (1987): "Complex Nominals and Composite Nouns in Papiamentu", en P. MAURER y T. STOLZ (eds.), *Varia Creolica,* Bochum, Brockmeyer, pp. 1-10.

D'INTORNO, F., y SOSA, J. M. (1986): "Elisión de la /d/ en el español de Caracas: aspectos sociolingüísticos e implicaciones teóricas", en R. A. NÚÑEZ CEDEÑO, I. PÁEZ URDANETA y J. M. GUITART (eds), pp. 135-163.

ECKKRAMMER, E. M. (1994): "Interferencias entre el papiamento y el español: ¿testigos de una coexistencia pacífica o de una lucha encarnizada?", en J. LÜDTKE y M. PERL (eds.), *Lengua y cultura en el Caribe hispánico. Actas de una sección de Hispanistas Alemanes celebrado en Augsburgo, 4-7 marzo de 1993,* Tübingen, Niemeyer, pp. 131-146.

EMMANUEL, I., y EMMANUEL, S. A. (1970): *History of the Jews of the Netherlands Antilles* (2 tomos), Cincinnati, American Jewish Archives.

ESCALANTE, A. (1979): "Palenques in Colombia", en R. PRICE (ed.), *Maroon Societies: Rebel Slave Communities in the Americas,* Baltimore, Maryland & London, The Johns Hopkins University Press, pp. 74-81.

ETNOEDUCACIÓN PALENQUE (1997): *Cartilla de Lecto-Escritura en Lengua Palenquera,* Ministerio de Educación Nacional, Secretaria de Educación y Cultura Departamental, Bolívar.

FIGUEROA ARENCIBIA, V. J. (1992): "Aproximación al estudio del 'habla bozal' en *El Monte de Lydia Cabrera*", *Papia*, 2, 1, pp. 7-18.

— (1995): "La marca del plural (sintagma nominal) en el español popular de Santiago de Cuba", en P. P. KONDER, M. PERL y K. PÖRTL (eds.), *Estudios de literatura y cultura colombianas y de lingüística afro-hispánica*, Frankfurt am Main, Peter Lang, pp. 185-204.

— (1999): "Rasgos semicriollos en el español no estándar de la región suroriental cubana", en K. ZIMMERMANN (ed.), pp. 411-440.

FRIEDEMANN, N. S. (1993): *La saga del negro*, Bogotá, Universidad Javeriana, Instituto de Genética Humana.

FRIEDEMANN, N. S., y PATIÑO ROSSELLI, C. (1983): *Lengua y Sociedad en el Palenque de San Basilio*, Bogotá, Instituto Caro y Cuervo.

GOILO, E. R. (1953): *Gramatica papiamentu*, Curaçao, Hollandsche Boekhandel.

GONZÁLEZ, C., y BENAVIDES, C. (1982): "Existen rasgos criollos en el habla de Samaná?", en Orlando ALBA (ed.), pp. 105-132.

GOODMAN, M. F. (1964): *A Comparative Study of Creole French Dialects*, London, The Hague & Paris, Mouton & Co.

— (1987): "The Portuguese Element in the American Creoles", en G. G. GILBERT (ed.), *Pidgin and Creole Languages: Essays in Memory of John E. Reinecke*, Honolulu, University of Hawaii Press, pp. 361-405.

GRANDA, G. de (1968): "La tipología 'criolla' de dos hablas del área lingüística hispánica", en *Thesaurus*, 23, pp. 193-205.

— (1969): "La desfonologización /r/ - /r̄/. en el dominio lingüístico hispánico", en *Thesaurus*, 24, pp. 1-11.

— (1970a): "Un temprano testimonio sobre las hablas 'criollas' en África y América", en *Thesaurus*, 25, pp. 1-11.

— (1970b): "Cimarronismo, palenques y hablas 'criollas' en Hispanoamérica", en *Thesaurus*, 25, pp. 448-469.

— (1971a): "Sobre la procedencia africana del habla 'criolla' de San Basilio de Palenque (Bolívar, Colombia)", en *Thesaurus*, 26, pp. 84-94.

— (1971b): "Algunos datos sobre la pervivencia del 'criollo' en Cuba", en *Boletín de la Real Academia Española*, 51, pp. 481-491.

— (1974a): "El repertorio lingüístico de los sefarditas de Curaçao durante los siglos XVII y XVIII y el problema del origen del papiamento", en *Romance Philology*, 27, pp. 1-16.

— (1974b): "Un posible modelo para la descripción sociolingüística de las hablas 'criollas' atlánticas, con especial atención a las del área hispanoamericana", en *Zeitschrift für Romanische Philologie*, 90, pp. 174-202.

— (1976): "Algunos rasgos morfosintácticos de posible origen criollo en el habla de áreas hispanoamericanas de población negra", en *Anuario de Letras*, 14, pp. 5-22.

— (1977): *Estudios sobre un área dialectal hispanoamericana de población negra. Las tierras bajas de Colombia*, Bogotá, Instituto Caro y Cuervo.

— (1978): *Estudios lingüísticos hispánicos, afrohispánicos y criollos*, Madrid, Gredos.

— (1988a): *Lingüística y Historia: Temas Afro-Hispánicos*, Valladolid, Secretariado de Publicaciones.

— (1988b): "Los esclavos del Chocó. Su procedencia africana (siglo XVIII) y su posible incidencia lingüística en el español del área", en *Thesaurus*, 43, pp. 65-80.

–   (1991): *El español en tres mundos: retenciones y contactos lingüísticos en América y África*, Valladolid, Secretariado de Publicaciones.

–   (1992): "Acerca de la génesis de un rasgo sintáctico del español antillano (la no transposición del sujeto pronominal en oraciones interrogativas)", en *Revista de Filología Española*, 72, 3-4, pp. 541-553.

–   (1994): *Español de América, español de África y hablas criollas hispánicas: cambios, contactos y contextos*, Madrid, Gredos.

GREEN, K. (1994): "The Development of Dominican Vernacular Spanish", en *CUNY Working Papers in Linguistics*, 18, pp. 1-21.

–   (1999a): "The preverbal marker *a* in a semi-creolized variety of non-standard Dominican Spanish", en L. A. ORTIZ LÓPEZ (ed.), pp. 61-75.

–   (1999b): "The creole pronoun *i* in non-standard Dominican Spanish", en K. ZIMMERMANN (ed.), pp. 373-387.

HANCOCK, I. F. (1971): "A provisional comparison of the English-derived Atlantic creoles", en D. HYMES (ed.), *Pidginization and creolization of languages*, Proceedings of a conference held at the University of West Indies, Mona, Jamaica, April 1968, Cambridge, Cambridge University Press, pp. 287-291.

–   (1986): "The Domestic Hypothesis, Diffusion and Componentiality. An Account of Atlantic Anglophone Creole Origins", en P. MUYSKEN y N. SMITH (eds.), *Substrata versus universals in creole genesis*, Papers from the Amsterdam Creole Workshop, April 1985. Amsterdam & Philadelphia, PA, John Benjamins, pp. 71-102.

HARTOG, J. (1961): Curaçao: *Van kolonie tot autonomie* (2 tomos), Aruba, de Wit.

HOLM, J. A.; Lorenzino, G. A., y DE MELLO, H. R. (1999): "Diferentes grados de reestructuración en dos lenguas vernáculas: el español caribeño y el portugués brasileño", en L. A. ORTIZ LÓPEZ (ed.), pp. 43-60.

HULL, A. (1979): "Affinités entre les variétés du français", en A. VALDMAN (ed.), *Le français hors de France*, Paris, Honoré Champion, pp. 165-180.

JAMIESON, M. (1992): "Africanismos en el español de Panamá", en *Anuario de Lingüística Hispánica* 8, pp. 149-166.

KÖRNER, K.-H. (1987): *Korrelative Sprachtypologie. Die zwei.Typen romanischer Syntax,* Stuttgart, Franz Steiner.

KOUWENBERG, S., y MUYSKEN, P. (1994): "Papiamento", en J. ARENDS, P. MUYSKEN y N. SMITH (eds.), *Pidgins and Creoles: an Introduction*, Amsterdam & Philadelphia, John Benjamins, pp. 205-218.

KOWALLIK, S., y KRAMER, J. (1994): "Influencias del neerlandés en el papiamento", en J. LÜDTKE y M. PERL (eds.), *Lengua y cultura en el Caribe hispánico. Actas de una sección de Hispanistas Alemanes celebrado en Augsburgo, 4-7 marzo de 1993*, Tübingen, Niemeyer, pp. 147-165.

LENZ, R. (1928): *El papiamento, la lengua criolla de Curazao. La gramática más sencilla,* Santiago de Chile, Balcells y Cia.

LIPSKI, J. M. ((1985): "Creole Spanish and vestigial Spanish: evolutionary parallels", en *Linguistics*, 23, 6, pp. 963-984.

–   (1987): "The origin and development of *lan / nan* in Afro-Caribbean Spanish", en *Beiträge zur Romanischen Philologie*, 26, 2, pp. 291-300.

–   (1989): *The speech of the negros congos of Panama*, Amsterdam & Philadelphia, PA, John Benjamins.

- (1994): *Latin American Spanish*, London & New York, Longman.
- (1998): "Perspectivas sobre el español bozal", en M. PERL y A. SCHWEGLER (eds.), pp. 293-327.
- (1999a): "Sufijo *-ico* y las palabras *agüé / awe* y *aguora / ahuora*: rutas de evolución y entorno dialectológico", en L. A. ORTIZ LÓPEZ (ed.), pp. 17-42.
- (1999b): "Evolución de los verbos copulativos en el español bozal", en K. ZIMMER-MANN (ed.), pp. 145-176.
- (1999c): "Chinese-Cuban Pidgin Spanish: Implications for the Afro-Creole Debate", en J. R. RICKFORD y S. ROMAINE (eds.), *Creole Genesis, Attitudes and Discourse*, Studies Celebrating Charlene J. Sato, Amsterdam & Philadelphia, John Benjamins, pp. 215-233.
- LIPSKI, J. M., y SCHWEGLER, A. (1993): "Creole Spanish and Afro-Hispanic", en Rebecca POSNER & John N. GREEN (eds.), *Trends in Romance Linguistics and Philology*, Volume 5: *Bilingualism and Linguistic Conflict in Romance*, Berlin & New York, Mouton de Gruyter, pp. 407-432.
- LÓPEZ MORALES, H. (1980): "Sobre la pretendida existencia y pervivencia del 'criollo' cubano", en *Anuario de Letras*, 18, pp. 85-116.
- (1992): *El español del Caribe*. Madrid, Mapfre.
- LORENZINO, G. (1992): "Un estudio comparativo del sintagma nominal en palenquero y papiamentu", en *Papia*, 2, 1, pp. 50-70.
- (1993): "Algunos rasgos semicriollos en el español popular dominicano", en *Anuario de Lingüística Hispánica*, 9, pp. 109-124.
- LORENZINO, G.; ÁLVAREZ, A.; OBEDIENTE, E., y GRANDA G. de (1998): "El español caribeño: antecedentes sociohistóricos y lingüísticos", en M. PERL y A. SCHWEGLER (eds.), pp. 25-69.
- MADURO, A. J. (1953): *Ensayo pa yega na un ortografia uniforme pa nos Papiamentu*, Curaçao, Drukkerij Scherpenheuvel.
- MARRERO FERNÁNDEZ, J. J. (1989): "Ein historiographisches Dokument zur 'Lengua Bozal' in Kuba: 'El catecismo de los negros bozales (1795)'", en M. PERL (ed.), *Beiträge zur Afrolusitanistik und Kreolistik*. Bochum, Brockmeyer, pp. 53-60.
- MARTINUS, F. (1999): "The origin of the adjectival participle in Papiamentu", en K. ZIM-MERMANN (ed.), pp. 231-249.
- MAURER, Ph. (1985): "Le système temporel du Papiamento et le système temporel protocréole de Bickerton", en *Amsterdam Creole Studies*, 8, pp. 41-66.
- (1986): "El origen del papiamento. Desde el punto de vista de sus tiempos gramaticales", en *Neue Romania*, 4, pp. 129-149.
- (1987): "La comparaison des morphèmes temporels du papiamento et du palenquero: arguments contre la théorie monogénétique de la genèse des langues créoles", en P. MAURER y T. STOLZ (eds.), *Varia Creolica*, Bochum, Brockmeyer, pp. 27-70.
- (1988): *Les modifications temporelles et modales du verbe dans le papiamento de Curaçao (Antilles Néerlandaises). Avec une anthologie et un vocabulaire papiamento-français*, Hamburg, Buske.
- (1989): "Les réitérations et réduplications lexicalisées du papiamento: influence du substrat africain?", en N. BORETZKY, W. ENNINGER y T. STOLZ (eds.), *Vielfalt der Kontakte: Beiträge zum 5. Essener Kolloquium über "Grammatikalisierung: Natürlichkeit*

und Systemökonomie" vom 6.10.-8.10.1988 an der Universität Essen, Vol. 1, Bochum, Brockmeyer, pp. 95-118.

- (1991a): "Der Einfluß afrikanischer Sprachen auf die Wortsemantik des Papiamentu", en N. BORETZKY, W. ENNINGER y T. STOLZ (eds.), *Kontakt und Simplifikation: Beiträge zum 6. Essener Kolloquium über "Kontakt und Simplifikation" vom 18.-19.11.1989 an der Universität Essen,* Bochum, Brockmeyer, pp. 123-138.
- (1991b): "Die Verschriftung des Papiamentu", en W. DAHMEN, O. GSELL, G. HOLTUS, J. KRAMER, M. METZELTIN y O. WINKELMANN (eds.), *Zum Stand der Kodifizierung romanischer Kleinsprachen,* Tübingen, Gunter Narr, pp. 349-361.
- (1991c): "El papiamento de Curazao: un idioma verdaderamente americano", en *Papia,* 1, 2, pp. 6-15.
- (1993): "Subjunctive Mood in Papiamentu", en F. BYRNE y J. HOLM (eds.), *Atlantic meets Pacific: a global view of Pidginization and Creolization,* Amsterdam y Philadelphia, PA, John Benjamins, pp. 243-250.
- (1998): "El papiamentu de Curazao", en M. PERL y A. SCHWEGLER (eds.), pp. 139-217.

MCWHORTER, J. (1995): "The scarcity of Spanish-based creoles explained", en *Language in Society,* 24, 2, pp. 213-244.
- (1998): "Identifying the Creole prototype: Vindicating a typological class", en *Language,* 74, 4, pp. 788-818.
- (2000): *The Missing Spanish Creoles: Recovering the Birth of Plantation Contact Languages,* Berkeley, Los Angeles & London, University of California Press.

MEGENNEY, W. W. (1993): "Elementos criollo-portugueses en el español dominicano", en *Montalbán,* 25, pp. 149-171.
- (1982): "Elementos subsaháricos en el español dominicano", en Orlando ALBA (ed.), *El Español del Caribe. Ponencias del VI Simposio de Dialectología,* Santiago, Universidad Católica Madre y Maestra, Departamento de Publicaciones, pp. 183-201.
- (1983): "La influencia del portugués en el palenquero colombiano", en *Thesaurus,* 38, pp. 548-563.
- (1986): *El palenquero: un lenguaje post-criollo de Colombia,* Bogotá, Instituto Caro y Cuervo.
- (1989): "Basilectal Speech Patterns of Barlovento, Venezuela", en *Journal of Caribbean Studies,* 7, 2-3, pp. 245-260.
- (1990): *África en Santo Domingo: su herencia lingüística,* Santo Domingo, Editorial Tiempo.
- (1999a): *Aspectos del lenguaje afronegroide en Venezuela,* Frankfurt am Main-Madrid, Vervuert-Iberoamericana.
- (1999b): "El español afrocaribeño: ¿mito o realidad?", en L. A. ORTIZ LÓPEZ (ed.), pp. 271-294.

MONTES GIRALDO, J. J. (1962): "Sobre el habla de San Basilio de Palenque (Bolívar, Colombia)", en *Thesaurus,* 17, pp. 446-450.
- (19749: "El habla del Chocó: notas breves", en *Thesaurus,* 29, pp. 409-428.

MORALES, A. (1999): "Anteposición de sujeto en el español del Caribe", en L. A. ORTIZ LÓPEZ (ed.), pp. 77-98.

MUNTEANU, D. (1991): *El Papiamento, Origen, Evolución y Estructura,* Bochum, Brockmeyer.
- (1996): *El papiamento, lengua criolla hispánica,* Madrid, Gredos.

NAVARRO TOMÁS, T. (1953): "Observaciones sobre el Papiamento", en *Nueva Revista de Filología Hispánica*, pp. 183-189.

NÚÑEZ CEDEÑO, R. A.; PÁEZ URDANETA, I., y GUITART, J. M. (eds.) (1986): *Estudios sobre la fonología del español del Caribe*, Caracas, Ediciones la Casa de Bello.

ORTIZ LÓPEZ, L. A. (1998): *Huellas etno-sociolingüísticas bozales y afrocubanas*, Frankfurt am Main-Madrid, Vervuert-Iberoamericana.

- (ed.) (1999a): *El Caribe hispánico: perspectivas lingüísticas actuales. Homenaje a Manuel Álvarez Nazario*, Frankfurt am Main-Madrid, Vervuert-Iberoamericana.

- (1999b): "El sistema verbal del español haitiano en Cuba: implicaciones para las lenguas en contacto en el Caribe", en L. A. ORTIZ LÓPEZ (ed.), pp. 295-315.

- (1999c): "El español haitiano en Cuba y su relación con el habla bozal", en K. ZIMMERMANN (ed.), pp. 177-203.

OTHEGUY, R. (1973): "The Spanish Caribbean: A creole perspective", en C.-J. N. BAILEY y R. W. SHUY (ed.), *New ways of analyzing variation in English*, Washington, Georgetown University Press, pp. 323-339.

PATIÑO ROSSELLI, C. (1995): "El lenguaje de los afrocolombianos y su estudio", en P. P. KONDER, M. PERL y K. PÖRTL (eds.), *Estudios de literatura y cultura colombianas y de lingüística afro-hispánica*, Frankfurt am Main, Peter Lang, pp. 103-134.

- (1999): "Aspectos de la estructura del criollo palenquero", en K. ZIMMERMANN (ed.), pp. 205-230.

PÉREZ-LEROUX, A. T. (1999): "Innovación sintáctica en el español del Caribe y los principios de la gramática universal", en L. A. ORTIZ LÓPEZ (ed.), pp. 99-118.

PERL, M. (1982): *Die Bedeutung des Kreolenportugiesischen für die Herausbildung der Kreolensprachen in der Karibik (unter besonderer Berücksichtigung der kubanischen "habla bozal)*, Ms. (tesis de habilitación en la Universidad de Leipzig).

- (1985): "El fenómeno de descriollización del 'habla bozal' y el lenguaje coloquial de la variante cubana del español", en *Anuario de Lingüística Hispánica*, 1, pp. 191-202.

- (1989a): "Zur Morphosyntax der Habla Bozal", en N. BORETZKY, W. ENNINGER y T. STOLZ (eds.): *Vielfalt der Kontakte: Beiträge zum 5. Essener Kolloquium über «Grammatikalisierung: Natürlichkeit und Systemökonomie» vom 6.10.-8.10.1988 an der Universität Essen*, Band 1, Bochum, Brockmeyer, pp. 81-94.

- (1989b): "El 'habla bozal': ¿una lengua criolla de base española?", en *Anuario de Lingüística Hispánica*, 5, pp. 205-220.

- (1989c): "Zur Präsenz des kreolisierten Portugiesisch in der Karibik. Ein Beitrag zur Dialektologie des karibischen Spanisch", en *Beiträge zur romanischen Philologie*, 28, pp. 131-148.

- (1990): "A reevaluation of the importance of early pidgin-creole Portuguese", en *Journal of Pidgin and Creole Languages*, 5, pp. 125-130.

- (1999): "Problemas actuales de la estandarización del papiamentu", en K. ZIMMERMANN (ed.), pp. 251-260.

PERL, M., y GROßE, S. (1995): "Textos afro-hispánicos y criollos de siglo xix", en P. P. KONDER, M. PERL y K. PÖRTL (eds.), *Estudios de literatura y cultura colombianas y de lingüística afro-hispánica*, Frankfurt am Main, Peter Lang, pp. 205-221.

PERL, M., y SCHWEGLER, A. (eds.) (1998): *América negra: panorámica actual de los estudios lingüísticos sobre variedades hispanas, portuguesas y criollas*, Frankfurt am Main-Madrid, Vervuert-Iberoamericana.

PERRY, D. (2000): *Perils of Papiamento*, en prensa AP-Willemstad, Curaçao (29 de abril de 2000, reproducido como CreoLIST (16 de mayo de 2000).

PORRAS, J. E. (1992): "Relexification in palenquero", en P. HIRSCHBÜHLER y K. KÖRNER (eds.), *Romance Languages and Modern Linguistic Theory. Papers from the 20th Linguistic Symposium on Romance Languages (LSRL XX)*, Ottawa, 10-14 April 1990, Amsterdam & Philadelphia, John Benjamins, pp. 195-204.

RIVERA-CASTILLO, Y. (1998): "Tone and stress in Papiamentu: The contribution of a constraint-based analysis to the problem of creole genesis", en *Journal of Pidgin and Creole Languages*, 13, 2, pp. 297-334.

RÖMER, R. G. (1991): *Studies in Papiamentu Tonology. Caribbean Culture Studies*, 5, Amsterdam & Kingston, Amsterdam Centre for Caribbean Studies.

SCHWEGLER, A. (1989): "Notas etimológicas palenqueras: *Casariambe, túngananá, agüé, monicongo, maricongo,* y otras voces africanas y pseudo-africanas", en *Thesaurus*, 44, pp. 1-28.

– (1990): "*Abrakabraka, suebbesuebbe, tando, kobbejó, lungá* y otras voces palenqueras: sus orígenes e importancia para el estudio de dialectos afrohispanocaribeños", en *Thesaurus*, 45, pp. 690-731.

– (1991a): "Negation in Palenquero: Synchrony", en *Journal of Pidgin and Creole Languages*, 6, pp. 165-214.

– (1991b): "Zur Problematik der afroportugiesischen Kontaktsprache in Amerika: Neues aus El Palenque de San Basilio (Kolumbien)", en *Lusorama*, 15, pp. 54-79.

– (1991c): "El habla cotidiana del Chocó (Colombia)", en *América Negra*, 2, pp. 85-119.

– (1992a): "Future and conditional in Palenquero", en *Journal of Pidgin and Creole Languages*, 7, pp. 223-259.

– (1992b): "Hacia una arqueología afrocolombiana: Restos detradiciones religiosas bantúes en una comunidad negroamericana", en *América Negra*, 4, pp. 35-82.

– (1992c): "Afrohisp. *mariandá* 'tipo de baile (negro'): su etimología e importancia para los estudios lingüísticos caribeños", en *Anuario de Lingüística Hispánica*, 8, pp. 259-71.

– (1993a): "Subject pronouns and person / number in Palenquero", en F. BYRNE y J. HOLM (eds.), *Atlantic meets Pacific: A global view of pidginization and creolization*, Amsterdam, Benjamins, pp. 145-161.

– (1993b): "El origen de esp. *monicaco* hombre de poco valor: un ejemplo de convergencia hispana, criolla y africana", en *Romance Philology*, 46, pp. 284-96.

– (1993c): "Rasgos (afro-) portugueses en el criollo del Palenque de San Basilio (Colombia)", en C. DÍAZ ALAYÓN (ed.), *Homenaje a José Pérez Vidal*, La Laguna, Tenerife, Litografía A. Romero S. A., pp. 667-696.

– (1994): "El Palenque de San Basilio (Colombia): Persistencia africana y problemas de (auto-)identificación de elementos lingüísticos subsaháricos", en *Papia*, 3, pp. 6-30.

– (1996a): "*Chi mankongo*": lengua y rito ancestrales en El Palenque de San Basilio (Colombia), 2 vols., Frankfurt am Main-Madrid, Vervuert Verlag.

– (1996b): "Lenguas criollas en Hispanoamérica y la contribución africana al español de América", en *Contactos y transferencias lingüísticas en Hispanoamérica*, Número especial de *Signo y Seña*, 6, pp. 295-346.

– (1996c): "La doble negación dominicana y la génesis del español caribeño", en *Hispanic Linguistics*, 8, pp. 246-315.

- 1996d): "Evidence for the pidgin / creole origin of Caribbean Spanish: (Afro-) Portuguese pronouns in (Black) American Spanish dialects", Ponencia presentada al Annual Meeting of the Society for Pigin and Creole Languages, San Diego, enero de 1996.
- (1998): "El palenquero", en M. PERL Y A. SCHWEGLER (eds.), pp. 219-291.
- (1999a): "El vocabulario africano de Palenque (Colombia). Segunda parte: compendio alfabético de palabras (con etimologías", en L. A. ORTIZ LÓPEZ (ed.), pp. 171-253.
- (1999b): "Monogenesis Revisited: The Spanish Perspective", en J. R. RICKFORD y S. ROMAINE (eds.), *Creole Genesis, Attitudes and Discourse*, Studies Celebrating Charlene J. Sato, Amsterdam & Philadelphia, John Benjamins, pp. 235-262.
- TERRELL, T. D. (1986): "La desaparición de /s/ posnuclear a nivel léxico en la habla domicana", en R. A. NÚÑEZ CEDEÑO, I. PÁEZ URDANETA y J. M. GUITART (eds.), pp. 117-134.
- VALDÉS BERNAL, S. (1988): "Las lenguas africanas y el español coloquial de Cuba", en E. PULCINELLI ORLANDI (ed.), *Política Lingüística na América Latina*, Campinas, SP, Pontes, pp. 153-177.
- WIJK, H. L. A. van (1958): "Orígenes y evolución del Papiamentu", en *Neophilologus, 42*, pp. 169-182.
- WHINNOM, K. (1956): *Spanish Contact Vernaculars in the Philippine Islands*, Hong Kong, Hong Kong University Press.
- (1965): "Origin of European-based creoles and pidgins", en *Orbis, 14*, pp. 510-527.
- WOOD, R. E. (1972): "New light on the origins of Papiamentu: an eighteenth-century letter", en *Neophilologus 56*, pp. 18-30.
- ZENTELLA, A. C. (1990): "Lexical Leveling in Four New York City Spanish Dialects: Linguistic and Social Factors", en *Hispania, 73*, pp. 1094-1105.
- ZIMMERMANN, K. (1993): "Zur Sprache der afrohispanischen Bevölkerung im Mexiko der Kolonialzeit", en *Iberoamericana, 50*, pp. 89-111.
- ZIMMERMANN, K. (ed.) (1999): *Lenguas criollas de base lexical española y portuguesa*, Frankfurt am Main-Madrid, Vervuert-Iberoamericana.
- ZWETSLOOT, W. (1991): *História comum de Corsau, Cau Berdi e Portugal... Que tal!*, Tomo I, pp. 1-74. Ms.

EL ESPAÑOL EN LOS ESTADOS UNIDOS A PRINCIPIOS DEL SIGLO XXI: APUNTES RELATIVOS A LA INVESTIGACIÓN SOBRE LA VARIEDAD DE LA LENGUA Y LA COEXISTENCIA CON EL INGLÉS EN LAS COMUNIDADES BILINGÜES

ANA ROCA
Florida International University

Para examinar la situación del español en los Estados Unidos[1], es necesario hacer unas breves observaciones sobre los diferentes grupos de hispanos en el país y situar éstas en el contexto del español mundial actual. También es importante repasar el gran aumento que hemos presenciado en cuanto al número de publicaciones en sociolingüística sobre el español de los Estados Unidos en los últimos 30 años. Son de señalarse, además, los congresos de lingüísticas nacional –y a veces internacional– que se organizan anualmente en diversas universidades estadounidenses y que se conocen como *El Español en los Estados Unidos*. Dichos congresos se han celebrado en universidades tales como la Universidad de Nuevo México en Albuquerque, la Universidad de Illinois-Chicago Cicle, la Universidad de California del Sur, la Universidad de Iowa en Iowa City, la Universidad del Sur de California en Los Ángeles, la Universidad de Minnesota, Hunter College en Nueva York, y en la Florida International University, la Universidad Estatal de Miami.

A medida que la población hispana de Estados Unidos ha ido aumentando, hemos visto incrementar el número de publicaciones y ponencias en las investigaciones

---

[1] Incluyo en las referencias de este breve ensayo no solamente las obras citadas aquí, sino también obras relacionadas con el tema de la investigación sobre el español en los Estados Unidos y textos que se utilizan para la enseñanza del español como lengua heredada en el país. De esta manera espero que tal vez le sea útil la información bibliográfica a los investigadores para poder referirse a otras obras que les sean de interés en futuras investigaciones o estudios que necesiten aludir a los previos. También alerto al lector de que el conocido profesor John M. Lipski está actualmente escribiendo un libro sobre las variedades del español en los Estados Unidos, obra que indiscutiblemente será un requisito indispensable para todos los que busquen un mejor entendimiento del tema. Tentativamente llamado *Varieties of Spanish in the United States*, el libro lo publicará pronto Georgetown University Press (Washington, D.C.).

lingüísticas sobre las variantes del español que se usa en Estados Unidos (Wherritt y García 1989; Coulmas 1990; Roca y Lipski 1993; Silva-Corvalán 1994, 1995; Roca 2000, en p.). Digo variantes y no "el español" ya que en los Estados Unidos lo que observamos es una variedad enorme de la lengua española, fenómeno que sencillamente refleja las diferentes voces de tantas nacionalidades hispanas de diferentes generaciones, de tantos recientes inmigrantes como han entrado al país –legal o ilegalmente.

Para poner en contexto el tema es importante apreciar el papel que han tenido las investigaciones y comparar lo poco que se había estudiado aquél a principios del siglo en comparación con la abundancia de publicaciones de las cuales disfrutamos actualmente y que nos ayudan a un mejor entendimiento de las idiosincrasias de la lengua española en Estados Unidos. Los estudios más tempranos sobre el español en Estados Unidos se concentraban en el español rural de la población mexicoamericana de la región del suroeste del país. De éstos, los estudios más conocidos son los que hizo Aurelio Espinosa sobre el español de Nuevo México (ver los estudios citados en las referencias), los cuales, más que nada, trataban sobre léxico del español antiguo, que, al hallarse en áreas relativamente aisladas, se continuaron usando, mientras que en otros casos, se observaban neologismos creados por el contacto con el inglés (como la palabra "torque" < inglés *turkey* "pavo"). Si en los años sesenta se publicaron pocos volúmenes sobre el español en Estados Unidos, ya para los setenta tenemos los valiosos libros de Hernández-Chávez, Cohen, y Beltramo, *El lenguaje de los chicanos* de 1975; y el editado por Bowen y Ornstein en 1976. Sin embargo, no fue hasta las décadas de los ochenta y noventa cuando las investigaciones empezaron verdaderamente a florecer. En otras palabras, mientras que hace alrededor de cuarenta años sólo teníamos a nuestro alcance unos pocos estudios –y la mayoría casi siempre limitados a aspectos del español de la región del suroeste (sobre el español mexico-americano)–, ahora nos aprovechamos de múltiples perspectivas modernas que se han publicado en forma de artículos en revistas académicas, monografías y libros editados (para citar algunos claves: Amaestae y Elías-Olivares 1982; Fishman y Keller 1982; Elías-Olivares, Leone, Cisneros y Gutiérrez 1985; Wherritt y García 1989; Bergen 1990; Klee y Ramos 1991; Roca y Lipski 1993; Roca y Jensen 1996; Roca 2000 en p.).

Entre publicaciones recientes y más significativas hallamos el estudio de Ana Celia Zentella, *Growing Up Bilingual* (1997), donde aprendemos, de su detallado y cuidadoso estudio, sobre la situación sociolingüística de unas familias puertorriqueñas de la ciudad de Nueva York, desde un punto de vista que ella misma dice ser político-antropológico y necesario para entender la situación de la lengua en relación de contacto con el inglés. Otra obra aún más reciente e indispensable para repasar las características de los grupos principales y conocer las más recientes estadísticas es *New Immigrants in the United States* (McKay y Wong 2000). Aunque esta antología incluye ensayos sobre otros grupos lingüísticos (vietnamitas, chinos, coreanos, filipinos, etc.), hay artículos relevante sobre lo hispano de Reynaldo Macías, Calvin Veltman, Guadalupe Valdés, Ana Celia Zentella, John Lipski y otros.

En la actualidad los parámetros de estudios de campo ya se han extendido tanto por lo que se refiere a lo rural y a los grandes centros urbanos (ciudades como Nueva York, Los Ángeles, Miami, etc.) como a los nuevos paradigmas de los estudios lingüísticos en sí. Por ejemplo, los estudiosos del español en los Estados Unidos ya no se limitan a examinar nada más y de modo aislado los aspectos tradicionales de la fonología, la morfología, la sintaxis y la semántica. Hoy día muchos lingüistas también nos ocupamos y preocupamos por otros asuntos complejos del discurso lingüístico relacionados con la sociedad, la economía, la educación bilingüe, la etnicidad, los medios de comunicación y su impacto, la política y planificación del lenguaje y los estudios del aprendizaje del español como segundo idioma o como lengua heredada (Colombi y Alarcón 1997). Lo que nos queda bien claro desde hace ya un cuarto de siglo es que el estudio del español en los Estados Unidos no se puede o se debe tal vez separar de una perspectiva interdisciplinaria e intercultural en su contexto y en su historia, su tiempo y su lugar o *status* dado en la sociedad, en la política del país y en las prácticas colonizadoras y educativas del mismo.

El Censo de 1990 nos informaba de que había más de 22 millones de hispanos en Estados Unidos; es decir, que el equivalente del 9% de la población del país ya era hispana entonces. El mismo Censo de 1990 nos mostró que el 61% de los latinos eran de ascendencia mexicana; el 12% de Puerto Rico, y casi el 5% eran de ascendencia cubana. Más interesante tal vez es el hecho de que estas cifras entonces ya nos indicaban que los Estados Unidos llegaba a ser el cuarto país en el mundo con más hispanohablantes. Según los informes más recientes del Censo, a comienzos del siglo XXI la población hispana en Estados Unidos ya es la minoría lingüística de mayor crecimiento en todo el país, con un cálculo de más de 30 millones de hispanos –más del 11% de la población total del país. Sin embargo, quede claro que le es muy difícil al gobierno calcular una cifra exacta de hispanos, ya que se hace dificultoso "contar" el número de inmigrantes o refugiados políticos que entran ilegalmente al país y no llegan a ser contados oficialmente por el Censo porque no rellenan los formularios por miedo a ser descubiertos y verse obligados a regresar a sus países de origen en Latinoamérica. Un estudio realizado en 1997 por México y los Estados Unidos acerca de la inmigración ilegal concluyó que alrededor de 105.000 mexicanos indocumentados se cuelan en los Estados Unidos cada año. Por esta razón se cree que las cifras totales y verdaderas de latinos en Estados Unidos son probablemente muchísimo más altas si tenemos en cuenta los indocumentados de todas las naciones próximas.

Con este récord de la población que continúa creciendo sin frenar día a día, se espera que cada vez haya más latinos de diversas culturas y que básicamente continúe cambiando el "rostro" y nuestra perspectiva sobre la población general estadounidense. Se calcula, por ejemplo, que para el año 2020 habrá alrededor de 50 millones de hispanos en Estados Unidos. Hay que añadir que, aunque los hispanos se hallan mayormente en ciertas regiones del país –el suroeste, el nordeste (Nueva York, Nueva Jersey, Washington, D.C. y Massachusetts) y la Florida–, están en todas los estados de la nación. Por esta razón nada más, queda aún más claro que ya no podemos limitarnos a una perspectiva miópica y simplista sobre el español de los mexicano-americanos en el suroeste, el de los puertorriqueños en Nueva York y el de los cubano-americanos en Miami. Ya no es tan sencillo el mapa etnolingüístico. Hay hispanohablantes de todas partes del mundo hispano-hablante, España incluida. De Centroamérica, por ejemplo, cientos de miles de salvadoreños, guatemaltecos y nicaragüenses emigraron a Estados Unidos antes y durante las largas y sangrientas guerras o conflictos civiles, fueran de derecha o de izquierda, durante las décadas de los setenta, ochenta y noventa. No se ha escrito mucho acerca de las peculiaridades lingüísticas de estos grupos de Centroamérica en Estados Unidos en contacto con el inglés. Hasta ahora el estudio que mejor nos informa acerca de la situación sociolingüística de los centro-americanos en Estados Unidos es el reciente ensayo escrito por John M. Lipski (2000). Aparte de las variedades del español guatemalteco, salvadoreño y nicara-güense, han llegado también otros centro-americanos –miles y miles de hondure-ños y costarricenses–, sobre los cuales también escribe Lipski.

Por lo tanto, la demografía y las variedades lingüísticas que encontramos en los Estados Unidos son mucho más complejas de lo que anteriormente se pensaba. Igual que podemos decir que en la misma España encontramos una rica variedad de la lengua española en contacto con el español de diferentes regiones y con otras lenguas como el catalán y el vascuence, en Estados Unidos es inevitable, como lo es en cualquier parte del mundo, que el español entre en contacto consi-go mismo (las variedades de sus hablantes) y con la influencia directa del inglés. Mexicano-americanos en contacto con salvadoreños y guatemaltecos, por ejem-plo; nicaragüenses en contacto con cubano-americanos; dominicanos en Nueva York en contacto con puertorriqueños y cubano-americanos, etc. Hay que tener bien en cuenta que igual que la población hispana de EE.UU. no es homogénea culturalmente, los hablantes del español en EE.UU. son de diferentes genera-ciones, diferentes experiencias con el idioma, variados niveles de poder econó-mico, de escolaridad y de *status* laboral. Desde el punto de vista del dominio lin-güístico, hay una enorme variedad de competencias receptivas y productivas y de conocimientos culturales de la herencia hispana, que encontramos en los hablan-tes según la procedencia de cada cual y sus circunstancias.

Es importante recordar que el español se usó en territorio de lo que hoy es EE.UU. desde los años 1530, bastantes años antes de que los peregrinos de habla inglesa llegasen a Jamestown o Plymouth Rock. En gran parte del suroeste del país, el español se ha usado continuamente desde antes y después de que les tomaran estas tierras y se hicieran parte oficial de los Estados Unidos (por medio del Tratado de Guadalupe Hidalgo, por ejemplo, en 1848). Mexicanos de ascendencia española que vivían en esos territorios, suyos durante cientos de años, se encontraron de pronto con que eran extranjeros en tierras que formaban parte de Estados Unidos en vez de México. Más adelante, como resultado de la Revolución Mexicana de principios del siglo XX, grandes olas de miles y miles de mexicanos se pasaron a vivir a los Estados Unidos en esa época, escapando de la violencia de su tierra. Muchos hallaron trabajos en la minas y en la industria de ferrocarriles o en la agricultura; sin embargo, al comenzar la Gran Depresión en los años 30 y al encontrarse el país con gran desempleo, muchos mexicano-americanos y aun muchos que ya eran ciudadanos estadounidenses naturalizados, fueron injustamente deportados a México. Hasta ahora uno de los estudios más informativos e interesantes para los lingüistas de índole socio-histórica del discurso mexicano-americano o chicano, que ofrece unas perspectivas no sólo sociolingüísticas sino también ideológicas, es la contribución de la lingüista Rosaura Sánchez, *Chicano Discourse: Socio-historic Perspectives* (1983 y 1994).

En el caso de Puerto Rico, que se convirtió en parte del territorio norteamericano al final de la guerra de 1898, se llegan a hacer sus habitantes ciudadanos estadounidenses justo antes de la Primera Guerra Mundial. En parte por razones económicas de la isla, el flujo de puertorriqueños hacia los Estados Unidos, sobre todo hacia Nueva York, aumentó después de la Segunda Guerra Mundial. Por ejemplo, de 1945 a 1955 más de 50.000 saldrían de la isla para instalarse en EE.UU., muchos a Nueva York; pero hoy día hallamos a la población puertorriqueña, igual que a la cubano-americana, por todas las grandes ciudades del país. Aparte del famoso estudio llevado a cabo por Joshua A. Fishman, *Bilingualism in the Barrio* (1971) y de una serie de artículos de los años setenta (por ejemplo, de Acosta Belén 1975; Attinasi 1979), además del libro de R. P. Durán, *Latino Language and Communicative Behavior* (1981) y el de Charles A. Ferguson y Shirley Brice Heath, *Language in the U.S.A.* (1981), ha habido después toda una serie de artículos y libros que se han publicado acerca del español en contacto con el inglés no sólo en el caso de los puertorriqueños (Zentella 1981; 1985; 1988; 1997; Torres 1997), sino también de los otros grupos (Lope Blanch 1990; Solé Y. 1991; Klee y Ramos 1991; Ramírez 1992; Silva-Corvalán 1994; Roca y Lipski 1993; Roca (2000, en p.); Valdés (1997).

En cuanto a los cubano-americanos, aunque ya había habido algunos grupos que habían llegado en otras épocas, como los que vivían en Cayo Hueso, Tampa y Nueva York desde fines del siglo XIX, no fue hasta que Fidel Castro tomó el poder en 1959 que comenzaron a salir de la isla en lo que hoy se ha calificado como diferentes olas de refugiados: la de los años sesenta; la de los "Vuelos de Libertad"; la gran ola del fenómeno llamado "El Mariel", precedido por los más de

10.000 refugiados que se exiliaron en la embajada peruana en 1980 en menos de veinticuatro horas, seguida de la apertura de las playas por las cuales se fueron a EE.UU. más de 126.000 cubanos a Miami de una sola vez. Esto ha seguido luego con la época de los balseros, que hasta hoy día continúan sus travesías, de los cuales, según nos informan los Guardacostas, llega sólo uno de cada cuatro que sale de Cuba por mar rumbo a la Florida.

En el caso de los estudios sobre la situación lingüística de los cubano-americanos no hay mucha abundancia de trabajos publicados, pero hay muchos más que anteriormente. Aunque no sean trabajos lingüísticos, vale la pena señalar algunos de los estudios sociológicos que se han hecho. Entre ellos los siguientes: el libro de José Llanes *Cuban Americans: Masters of Survival* (1982), donde describe bien las primeras tres olas de refugiados, comenzando con la caída de Fulgencio Batista y el triunfo de la Revolución Castrista en 1959, y varios trabajos de Lisandro Pérez, director del Cuban Research Institute de la Universidad Internacional de la Florida en Miami. Un útil ensayo para entender las corrientes de la década de los ochenta (después del fenómeno del Mariel), es su trabajo *Cubans in the United States*, que se publicó en The Annals of American Academy of Political Science (1986).

La mayoría de los cubano-americanos han nacido en Cuba, según el Censo de 1990, y la mayoría vive también en el estado de la Florida (alrededor del 65%), casi todos en Miami-Dade County, según nos informa el geógrafo Thomas Boswell (1994). La otra mayoría de los cubano-americanos vive en New Jersey, Nueva York, California e Illinois, pero hay cubano-americanos en todos los estados. Aunque no se ha escrito tanto sobre la situación lingüística de este grupo como se ha hecho sobre los mexicano-americanos y los puertorriqueños, ya han sido publicados algunos trabajos lingüísticos sobre este grupo más reciente. Por ejemplo, han documentado el caso cubano-americano los siguientes especialistas: Beatriz Varela, que aparte de artículos (1974), ha publicado un libro sobre el español cubano-americano (1992); Carlos Solé (1982); Yolanda R. Solé (1987); Resnick (1988); Otheguy y García (1988); Castellanos 1990; Roca (1991); Roca y Lipski (1993); Otheguy, García y Roca (2000, en p.).

En 1990, casi el 90% de los cubano-americanos utilizaban el español en casa. Aun así, Portes y Schuffler (1993) nos informan en sus estudios que el 80% de los cubanos de la segunda generación prefieren usar el inglés en vez del español. Sin embargo, el español es un idioma de poder económico cuando va junto con el inglés (cuando existe bilingüismo) y los jóvenes se dan cuenta de que saber los dos idiomas en Miami les proporciona una gran ventaja económica. Esta ventaja les puede ayudar a conseguir mejores trabajos al poder mostrar que tienen dominio suficientemente bilingüe cuando los requisitos de muchos empleos requieren habilidades en los dos idiomas. Ser bilingüe, para esta generación, se ha convertido en la norma común, ya que hay tanta gente bilingüe en Miami y poca la necesidad de hablar solamente en uno de los dos idiomas, como explican Otheguy, García y Roca (2000):

> "More than second-and-third generation Mexican Americans and Puerto Rican Americans, Cuban Americans see Spanish and English bilingualism as the norm. This is due to two factors. First, the greater socioeconomic power of Latinos in Miami-Dade gives the Spanish language a greater role in public and official life than in any other U.S. context. Second, these second-amd third-generation Cuban Americans, isolated geographically in the Florida peninsula, have little familiarity with monolingual contexts of language use. They know neither the English monolingual context that is the norm in most settings in the United States nor the Spanish monolingual context that is the norm in their country of origin. Young Cuban Americans thus have little need to speak solely in English or solely in Spanish" (p. 177).

Hoy día los serios problemas de superpoblación, la pobreza en lugares como México y Centroamérica, el desempleo y la inestabilidad económica en tantas otras regiones de Latinoamérica aun con sus crecientes gobiernos democráticos, las recientes "guerras sucias" o civiles sean en Centroamérica (como ha habido en Nicaragua, El Salvador y en Guatemala) o en otras partes de Latinoamérica (como en Argentina o Chile en los años 80) han sido factores sociales que han contribuido aún más al aumento de inmigrantes de habla hispana en los Estados Unidos. Además, la facilidad de conseguir empleo en temporada agrícola y en otros tipos de actividades temporeras con sólo cruzar la larga frontera entre México y EE.UU., sea legal o ilegalmente, sirve de gran carnada económica para la gente que necesita perentoriamente trabajo o busca un mejor porvenir al otro lado, llamado El Norte. Está de más decir que este llamado Norte es ya un país donde existe una numerosa población hispanohablante de millones de latinos, con la cual se pueden comunicar en español los que añoran ir a vivir en él al llegar allí, lo que constituye un factor lingüístico y psicólogico que por supuesto añade estímulo al aumento de la inmigración legal o ilegal de mexicanos u otros latino-americanos que buscan entrar al país.

Aunque los mexicano-americanos consten de más del 63% de la población latina de EE.UU., el aumento más tajante y evidente en la población hispana del país en los últimas décadas es el de la población latinoamericana de grupos centro y suramericanos. Esto nos lleva de nuevo a recalcar la situación de la diversidad cultural y lingüística y, al mismo tiempo, la necesidad de indagar diferentes vertientes al estudiar el caso del bilingüismo y, específicamente, el de las lenguas y las culturas en contacto entre sí mismas (lenguas indígenas y el español) más el contacto con el inglés. En conclusión, para poder entender mejor la situación de las variedades del español en Estados Unidos y su futuro, es indispensable estudiar esta situación de lenguas en contacto desde las perspectivas de múltiples disciplinas para lograr así la más amplia y completa visión del conjunto de fenómenos que afectan la interacción bilingüe entre los dos idiomas, el contacto del idioma consigo mismo dentro de las variedades que existen en las mismas comunidades latinas y los factores relacionados con la política, el poder, las actitudes hacia el español, el acceso bilingüe a servicios públicos, la economía y las variadas actitudes que hay hacia el español y hacia sus hablantes en las diferentes grandes ciudades de grandes concentraciones de latinos, como Miami, Los Ángeles y Nueva York.

La cuestión palpitante: "Spanglish"

La combinación del inglés y el español dentro de una frase o de vez en cuando en una conversación, la influencia del inglés sobre el español –sea en la morfología, la fonología, la sintaxis u otros aspectos lingüísticos–, no es nada nuevo. Este fenómeno existe siempre que las lenguas estén en contacto una con la otra como lo están en las comunidades bilingües en Estados Unidos. Lo que la gente y los medios de prensa comúnmente llama 'Spanglish' es un fenómeno que en la lingüística llamamos 'cambio de código'. Es importante señalar que este fenómeno no ocurre solamente en el caso que observamos en las comunidades hispanas bilingües en los Estados Unidos. El cambio de código o la alternancia entre dos lenguas, como también se le llama, es un fenómeno lingüístico que se observa en todas las comunidades bilingües del mundo; o sea, en todas partes del mundo donde las lenguas entran en contacto. Este movimiento entre dos lenguas que puede ocurrir dentro de una oración o entre oraciones, lo escuchamos a diario en las comunidades bilingües de los Estados Unidos como Miami, Nueva York, Los Angeles, etc. El vocablo *Spanglish* puede tener connotaciones muy negativas: no ser ni una lengua ni la otra; no ser una lengua aceptable socialmente en círculos donde no se acepte el uso más informal de la lengua, con todas sus variaciones, sean normativas o no, tal y como lo escuchamos en comunidades bilingües donde los dos idiomas se usan a diario, sea en un ámbito público o en el hogar.

Igual que en otras comunidades bilingües, hallamos aquí diferentes tipos de cambios de código. Puede que en ciertos casos sean cambios marcados, con un propósito o intención específica por parte del hablante, mientras que en otros, el cambio de código puede ser más generalizado, sin tener un propósito u objetivo en particular; así se convierte a veces en la norma o el modo normal de comunicación en ciertos grupos de la población bilingüe. Las palabras se adaptan a la morfología española, se pliegan a la nueva fonología en muchos casos, y en otros, se inventan o crean neologismos de una palabra o una frase del inglés. Así que encontramos préstamos, adaptaciones y neologismos. En la lista de abajo se pueden observar algunos ejemplos que se dan en comunidades bilingües. Las personas que no sepan inglés, en muchos casos, no van a poder entender al hablante

que utilice estas expresiones. En otros, el monolingüe en español, aun si llega a
entender lo que se le dice en un contexto dado, se dará cuenta de que el idioma
que se utiliza no es normativo en el mundo hispano, aunque sea normativo para
ciertos segmentos de comunidades bilingües. Los ejemplos han sido tomados del
cuaderno de ejercicios y actividades que escribí para estudiantes bilingües que
tienen dificultades con el español estándar, ya que se han desarrollado principalmente en ámbito inglés. Después de una clase sobre qué se entiende por estándar
y comentarios breves sobre las comunidades bilingües y conceptos básicos de
lingüística para ayudar así a los estudiantes desde sus propias dudas y preguntas
sobre bilingüismo en sus circunstancias sociolingüísticas, aportamos algunas
palabras que comúnmente usan muchos de ellos para comunicarse entre sí y en la
comunidad.

Las tres columnas siguientes ofrecen las correspondencias entre los préstamos
del inglés que no pertenecen al español estándar, neologismos, etc., por un lado y
el inglés y el español normativos por otro:

INNOVACIONES	INGLÉS	ESPAÑOL
ambasador	ambassador	embajador
aplicación[2]	application	planilla, formulario
apoinmen	appointment	cita, un turno
apología	apology	excusa, disculpa
argumento	argument	discusión, pelea
audiencia	audience	público
bil	bill	cuenta
bíper	beeper	el 'busca' o comunicador
bloque	city block	cuadra
boul	bowl	plato hondo, fuente
braun[3]	brown	marrón, carmelita
brecas	brakes	frenos
breik	break	receso
bronche	brunch	desayuno-almuerzo
carpeta	carpet	alfombra
carta	card	tarjeta
cash	cash	al contado, en efectivo
clip	paper clip	presilla, sujetador

2 Si bien los sustantivos en cursiva en la columna de calcos y préstamos del inglés son palabras
   españolas con otro uso estándar, ofrecen distinto significado en comunidades bilingües.
3 Me informa la profesora Beatriz Varela (miembro de la Real Academia de la Lengua Española y
   profesora de lingüística en la Universidad de New Orleans), que la palabra *braun* con significado
   de "marrón o color café", aparecerá en la nueva edición del Dicionario de la Real Academia Española.

INNOVACIONES	INGLÉS	ESPAÑOL
confidencia	confidence	confianza, fe
conteiner	container	recipiente, envase
Crismas	Christmas	La Navidad
cuora	quarte	moneda de 25 centavos
escor	score	calificación, puntaje
espíquer	speaker	altavoz o bocina
estarer	starter	motor de arranque
estocks	stocks	acciones
friser	freezer	congelador
fúrnitur	furniture	muebles
ganga	gang	pandilla
grados	grades	notas
groserías	groceries	víveres, comida
hobby [jobi]	hobby	pasatiempo
ingeniero	engineer [train engineer]	maquinista
jaiescul	high school	secundaria
junk o yonque	junk	basura, desperdicio
laundri o londri	laundry	lavandería
lectura	lecture	conferencia, charla
librería	library	biblioteca
lipstic	lipstick	pintura de labios
liqueo	a leak	salidero / escape de agua, aire, gas
lonche	lunch	almuerzo
magasín	magazine	revista
mánacher	manager	gerente; encargado
mapo	mop	trapo, frazada
marcas	marks	notas / calificaciones
marqueta	market	mercado; bodega
méyor	major	especialización
mofler	muffler	silenciador
níquel	nickel	5 centavos
norsa	nurse	enfermera / enfermero
oficial	officer	funcionario
oficina	doctor's office	consultorio / consulta de médico
parientes	parents	padres
parqueo / parking	parking	estacionamiento
peni	penny	moneda de un centavo
performans	performance	actuación
póliza	policy	política
población	population	población
principal	principal	director / directora de escuela
printer	printer	impresora

INNOVACIONES	INGLÉS	ESPAÑOL
registración	registration	matrícula
risor	resort	lugar turístico / de vacaciones
rula	ruler	regla
sais	size	talla, tamaño
subjeto / *sujeto*	subject	asignatura, materia
suceso	success	éxito
suiche	switch	interruptor
tenientes	tenants	inquilinos
troca	truck	camión
vacuncliner	vacuum cleaner	aspiradora
yarda	yard	yard

De la misma manera que podemos documentar fácilmente sustantivos, podemos mencionar algunos verbos que se escuchan comúnmente. Por ejemplo, muchos estudiantes usan el verbo *dropear* (*No quiero dropearme de su clase, profesora*), que viene del inglés *drop* (*I don't want to drop your course*); donde *dropear* es "darse de baja de la clase o quitarse de la clase". Otros verbos o frases que se escuchan muy a menudo en Miami y en otras partes de los EE.UU. son los siguientes:

endorsar el cheque	en vez de	endosar el cheque
estar supuesto a	en vez de	se supone
dar pa'tras	en vez de	devolver (algo)
failear	en vez de	archivar
flonquear una clase	en vez de	suspender la clase
frisarse	en vez de	congelarse
liquear	en vez de	tener un salidero
llamar pa'tras	en vez de	volver a llamar
printear	en vez de	imprimir

La forma de comunicación bilingüe y el futuro del español en los Estados Unidos

¿Tiene que ver la forma de comunicacióm bilingüe con la manera de ser hispano en los Estados Unidos? En algunos casos observamos con claridad que el cambio de código, el uso de neologismos y de palabras (sustantivos, verbos, frases idiomáticas) adaptadas al español, se va convirtiendo en una tercera manera de expresarse y en el modo normal y hasta estable de comunicación entre personas bilingües de la misma comunidad lingüística. No se puede divorciar la lengua de la cultura o de la identidad de una persona o de una comunidad lingüística, y en este caso, hablamos de una comunidad bilingüe –aunque hallemos diferentes niveles de proficiencia* en las dos lenguas. Algunos tendrán mayor o menor nivel de habilidades en cada lengua, diferentes grados de fluidez o práctica. Ciertas personas alternan entre las lenguas más que otras, y algunos no cambian tanto de código. Esa es la situación que era de esperar; una situación de diversidad de variedades y habilidades lingüísticas en las dos lenguas en contextos públicos y privados.

Es este nuevo español un tercer código con sus propias variaciones creativas. Vamos a llamarlo, como ya dije, por lo que es: un fenómeno que existe en todos los casos en que hallamos lenguas en contacto. Lo negativo aparece en que lo que mucha gente llama "Spanglish" no es considerado un idioma normativo o aceptado universalmente en sí (sobre todo por personas que se consideran puristas, los llamados "defensores" de la lengua, o usualmente personas con más fluidez o celeridad en español. Ya sabemos por la historia de la lengua el poco éxito que tuvo el gramático Probus al tratar de explicar cómo se dicen las cosas y cómo no se deben de decir, por medio de las listas que escribió hace siglos cuando ya íbamos cambiando poco a poco del latín a lo que eventualmente se hizo español con el paso del tiempo.

Según los demógrafos, basándose en datos y proyecciones del censo, ya tenemos 34 millones de hispanos en los Estados Unidos (el 12% de la población o una de cada ocho personas son latinos). Para el año 2015, ciudades como Miami tendrán más de 1,5 millones de hispanos; Los Angeles tendrá más de 6.9 millones y Nueva York 3.8 millones. Para entonces, se calcula que habrá siete estados con más de un millón de hispanos. En California, por ejemplo, se espera que el 34% de la población del estado sea hispana. Podemos concluir que el español va a tener una larga vida en los Estados Unidos y que el cambio de código o "Spanglish" es una variante del español en contacto con el inglés que continuará usándose y produciendo cambios en las variaciones del español que hallamos naturalmente en este país. Es evidente que el futuro del español en los Estados Unidos puede estar seguro, en mi opinión, debido al continuo crecimiento de las poblaciones hispanas; debido a la importancia de la lengua española y sus tradiciones, sus culturas y sus literaturas; y, además, debido al gran número de hispanohablantes que hay en el mundo (alrededor de 400 millones). Por esto y por muchas otras razones, no es buena idea seguir comparando el caso del español actual en los Estados Unidos, con el del alemán u otros idiomas europeos que ya no se escuchan tanto en este país como se escuchaban a principios del siglo XX. El español en comunidades del suroeste, del este y en comunidades de puertorrique-

---

* Nota del Editor: La autora del trabajo utiliza este anglicismo en vez de "dominio".

ños en Nueva York se ha podido mantener en los grupos bilingües. Y si bien es cierto que en muchos casos es verdad que se pierde el español después de varias generaciones, en otros se mantiene aunque sea con variantes; incluso en contextos bilingües donde el español es la lengua minoritaria. El mundo, además –hemos de reconocerlo–, ha cambiado tecnológicamente mucho y es más fácil viajar y comunicarse en español ahora con otras comunidades dentro y fuera de Estados Unidos, con latinoamericanos y con españoles, sea por cuestiones de negocio, asuntos profesionales, de comercio internacional o de estudios universitarios en el extranjero (¿cuántos programas de enseñanza del español hay por toda España y por Latinoamérica?).

Los programas de español para hispanohablantes se han multiplicado en los últimos años, ofreciéndoles más oportunidades a los hispanohablantes bilingües nacidos y criados en Estados Unidos, para que puedan mantener y desarrollar el español que han aprendido en casa. Las publicaciones, los medios de comunicación, el mundo del cine, el *cross over* de artistas latinos, como Gloria Estéfan, Ricky Martin y tantos otros que cantan en los dos idiomas, y la necesidad de empleo para personas bilingües nos evidencia aun más la importancia que ha ido adquiriendo el español en Estados Unidos. Es, además, todo un mercado en aumento y más importante a medida que la población hispana adquiere más poder económico. El poder económico de los que hablan en español o que son bilingües, las grandes igual que las pequeñas compañías que necesitan empleados bilingües, aumentan cada año, igual que el número de corporaciones de Latinoamérica que establece oficinas auxiliares en ciudades como Miami y Los Angeles. Con la llamada economía global, con los más de 300.000 inmigrantes ilegales que llegan a Estados Unidos cada año, y más de un millón de inmigrantes que entran legalmente y de los cuales alrededor de la mitad son hispanohablantes, podemos hacernos una idea de que el caso del español es diferente al de otros idiomas por el gran número de hablantes de diferentes culturas hispánicas que continúan entrando en el país.

El español en los Estados Unidos refleja no sólo el habla de todos los hispanohablantes que han emigrado al país, sino también otras variedades más antiguas del español de hace cientos de años (como se encuentra todavía en partes de Nuevo México y el sur de Colorado). Al mismo tiempo encontramos las variedades del español en contacto con variedades del inglés –y nos referimos a todos los aspectos lingüísticos: morfología, semántica, fonología y sintaxis, etc.– Podemos fácilmente hablar o identificar una variedad del español puertorriqueño de Nueva York que pueda tener influencia del Inglés Afro-Americano (*African American English o Black English*). También podemos distinguirlo sin dificultad de un español de Nuevo México y de un español cubano-americano o del de un nicaragüense. Al mismo tiempo que percibimos que se conservan los rasgos originales –sean caribeños, mexicanos, o de otras regiones–, es obvio que al mismo tiempo encontramos una gran continuidad de competencias lingüísticas que va desde el que ya ha perdido casi todo el español, hasta el que acaba de entrar al país y poco a poco empieza a usar palabras del inglés al hablar en español con otros compañeros en su comunidad bilingüe, ya que es lo más natural para todos dadas las circunstancias y la realidad que les rodea. Por esta razón, aunque sea una comunicación bilingüe –que es lo natural en este caso– al menos notamos que se prosigue la comunicación en español, aun si la rodea el inglés, por medio de la alternancia de códigos. Ha surgido, para muchos, una manera de comunicarse de forma natural entre sí mismos y como todo lo relacionado con la lengua, existe en una continuidad, desde los que casi nunca alternan o alternan muy poco los códigos, hasta los que lo hacen constantemente. Al menos es una manera de que se usen los dos idiomas y no uno solo y de ahí tendremos que ver cómo se producen los cambios en el idioma, no sólo en los Estados Unidos, sino en otras regiones bilingües del mundo hispanohablante.

Podemos concluir, por tanto, que el español y el cambio de código 'Spanglish' es una variante del español en contacto con el inglés en Estados Unidos y que estas variedades continuarán usándose y creando cambios dentro de las mismas variaciones del español que hallamos en los Estados Unidos. Todo, claro, dependerá de si los niños hablan español y no sólo inglés; de si los padres y los abuelos les hablan en español cuando son pequeños, para que así puedan seguir usándolo en sus comunidades, junto con el inglés, que aprenderán de todos modos en las escuelas y en el ambiente que les rodea.

Referencias

AGUIRRE, A. (ed.) (1985): "Language in the Chicano speech community", en *International Journal of the Sociology of Language*, p. 53.

ALONSO-LYRINTZIS, D. (1996): *Entre mundos: an integrated approach for the native speaker*, Upper Saddle River, NJ, Prentice-Hall.

ÁLVAREZ, C. (1989): "Code-switching in narrative performance: a Puerto Rican speech community in New York", en O. GARCÍA y R. OTHEGUY (eds.), *English across cultures, cultures across English*, Berlin, Mouton de Gruyter, pp. 373-386.

AMASTAE, J., y ELÍAS-OLIVARES, L. (eds.) (1982): *Spanish in the United States: Sociolinguistic Aspects*. Cambridge, Cambridge University Press.

AMERICAN ASSOCIATION OF TEACHERS OF SPANISH AND PORTUGUESE (AATSP) (1970): *Teaching Spanish in school and college to native speakers of Spanish*, Wichita, KS, AATSP.

ARMISTEAD, S. (1992): *The Spanish tradition in Louisiana: Isleño folklore*, Newark, DE, Juan de la Cuesta.

ATTINASI, J. (1978): "Language policy and the Puerto Rican community", en *Bilingual Review / Revista Bilingüe, 5*, 1-2, pp. 1-40.

–   (1979): "Language attitudes in New York Puerto Rican community", en R. PADILLA (ed.), *Ethnoperspectives in bilingual education research*, Ypsilanti, Bilingual Review Press, pp. 408-461.

BARNACH-CALBÓ, E. (1980): *La lengua española en Estados Unidos*, Madrid, Oficina de Educación Iberoamericana.

BERGEN, J. (ed.) (1990): *Spanish in the United States: sociolinguistic issues*, Washington, Georgetown University Press.

BILLS, G., y VIGIL, N. (en p.): "Ashes to ashes: the historical basis for dialect variation in New Mexican Spanish" (1998). Aparecerá en *Romance Philology*.

BIXLER-MÁRQUEZ, D.; G. GREEN y J. ORNSTEIN (eds.) (1989): *Mexican-American Spanish in its societal and cultural contexts*, Brownsville, University of Texas Pan American at Brownsville.

BURUNAT, S., y STARCEVIC, E. (1983): *El español y su estructura: lectura y escritura para bilingües*, Fort Worth, Harcourt, Brace, Jovanovich.

– (1976): "Rasgos fonológicos del castellano en los Estados Unidos", en *Boletín de la Academia Norteamericana de la Lengua Española*, 1, pp. 17-23.

COLES, F. (1991): "The isleño dialect of Spanish: language maintenance strategies", en C. KLEE y L. RAMOS-GARCÍA (eds.), *Sociolinguistics of the Spanish-speaking world: Iberia, Latin America, United States*. Tempe, Bilingual Press / Editorial Bilingüe, pp. 312-328.

– (1993): "Language maintenance institutions of the isleño dialect", en ROCA y LIPSKI (eds.), pp. 121-133.

COLOMBI, M. C., y ALARCÓN, F. X. (eds.) (1997): *La enseñanza del español a hispanohablantes: praxis y teoría*, Boston and New York, Houghton Mifflin.

COULMAS, F. (1990): "Spanish in the USA: new quandries and prospects", en *International Journal of the Sociology of Language*, 84.

CRADDOCK, J. (1973): "Spanish in North America", en Thomas Sebeok (ed.): *Current Trends in Linguistics*, vol. 10, The Hague, Mouton, pp. 467-501.

DURÁN, R. (ed.) (1981): *Latino Language and Communicative Behavior*, Norwood, NJ, ABLEX.

ELÍAS-OLIVARES, L, (ed.) (1983): *Spanish in the U. S. setting: beyond the southwest*, Rosslyn, VA, National Clearinghouse for Bilingual Education.

ELÍAS-OLIVARES, L.; LEONE, E.; CISNEROS, R., y GUTIÉRREZ, J. (eds.) (1985): *Spanish Language Use and Public Life in the USA*, The Hague, Mouton.

ESPINOSA, A. (1909): "Studies in New Mexico Spanish, part 1: phonology", en *Bulletin of the University of New Mexico*, 1, pp. 47-162. Traducido como "Estudios sobre el español de Nuevo Méjico", en *Biblioteca de Dialectología Hispanoamericana*, 1, 1930, pp. 19-313.

– (1911): *The Spanish language in New Mexico and southern Colorado*, Santa Fe, New Mexican Publishing Company.

– (1911-1912): "Studies in New Mexican Spanish part 2: morphology", en *Revue de Dialectologie Romane*, 3, pp. 241-256; 4, pp. 251-286; y 5, pp. 142-172.

– (1913): "Nombres de bautismo nuevomejicanos". *Revue de Dialectologie Romane*, 5, pp. 356-376.

– (1914-1915): "Studies in New Mexican Spanish part 3: the English elements", en *Revue de Dialectologie Romane*, 6, pp. 241-317.

– (1917): "Speech mixture in New Mexico: the influence of the English language on New Mexican Spanish", en H. MORSE STEPHENS y H. BOLTON (eds.), *The Pacific*

Ocean in history, New York, Macmillan, pp. 408-428. También en HERNÁNDEZ-CHÁVEZ *et al.* (eds.), pp. 99-114.

- (1925): "Syllabic consonants in New Mexican Spanish", en *Language*, 1, pp. 109-118.

- (1927 y (1928): "The language of the cuentos populares españoles", en *Language*, 3, pp. 188-198; y 4, pp. 18-27 y 111-119.

- (1934): "El desarrollo fonético de las dos palabras 'todo' 'y' en la frase 'con todo y' + sustantivo en el español de Nuevo México", en *Investigaciones Lingüísticas*, 2, pp. 195-199.

- (1946): "Estudios sobre el español de Nuevo Méjico, parte II: morfología", en *Biblioteca de Dialectología Hispanoamericana*, 2, pp. 1-102.

FERNÁNDEZ, M. (1987): *Spanish language use among Cuban Americans of the first and second generation in West New York*, M. S. thesis, City College of New York, School of Education.

FISHMAN, J.; COOPER, R., y ROXANA, M.ª (eds.) (1975): *Bilingualism in the Barrio*, Bloomington, Indiana University, 2.ª ed.

FISHMAN, J., y KELLER, G. (eds.) (1982): *Bilingual Education for Hispanic Students in the United States*, New York, Columbia University, Teacher's College.

FLORES, J.; ATTINASI, J., y PEDRAZA, P. (1981): "La carreta made a U-turn: Puerto Rican language and culture in the United States", en *Daedalus* 110, pp. 193-217.

- (1987): "Puerto Rican language and culture in New York City", en C. SUTTON y E. CHANEY (eds.), *Caribbean life in New York City: sociocultural dimensions*, New York, Center for Migration Studies of New York, pp. 221-234.

GALINDO, L. (1995): "Language attitudes towards Spanish and English varieties: a Chicano perspective", en *Hispanic Journal of Behavioral Sciences*, 17, pp. 77-99.

GALVÁN, R., y TESCHNER, R. (1977): *El diccionario del español chicano*, Silver Spring, Maryland, Institute of Modern Languages, 2.ª ed.

GARCÍA, O., y OTHEGUY, R. (1988): "The language situation of Cuban Americans", en McKAY y WONG (eds.), pp. 166-192.

- (1997): "No sólo de estándar vive el aula: lo que nos enseñó la educación bilingüe sobre el español de Nueva York", en COLOMBI y ALARCÓN (eds.), pp. 156-174.

GREEN, G., y ORNSTEIN-GALICIA, J. (eds.) (1986): "Mexican-American language: usage, attitudes, maintenance, instruction, and policy", en *Río Grande Series in Language and Linguistics*. Brownsville, Texas, Pan American University at Brownsville Nº. 1.

GUITART, J. (1976): *Markedness and a Cuban dialect of Spanish*, Washington, Georgetown University Press.

GUTIÉRREZ GONZÁLEZ, H. (1993): *El español en El Barrio de Nueva York: estudio léxico*, New York, Academia Norteamericana de la Lengua Española.

HERNÁNDEZ-CHÁVEZ, E.; COHEN, A., y BELTRAMO, A. (eds.) (1975): *El lenguaje de los chicanos*, Arlington, Virginia, Center for Applied Linguistics.

HIDALGO, M. (1987): "Español mexicano y español chicano: problemas y propuestas fundamentales", en *Language Problems and Language Planning*, 11, pp. 166-193.

HOLLOWAY, Ch. (1997): *Dialect death: the case of Brule Spanish*, Amsterdam and Philadelphia, John Benjamins.

KELLER, G.; TESCHNER, R., y VIERA, S. (eds.) (1976): *Bilingualism in the bicentennial and beyond*, Jamaica, N.Y., Queen's University Press.

LIPSKI, J. M. (1982): Spanish-English language switching in speech and literature: theories and models", en *Bilingual Review*, 9, pp. 191-212.

— (1986a): *Central American Spanish in the United States: El Salvador*, Aztlán 17, pp. 91-124.

— (1986b): "El español vestigial de los Estados Unidos: características e implicaciones teóricas", en *Estudios Filológicos*, 21, pp. 7-22.

— (1987a): "El español del Río Sabinas: vestigios del español mexicano en Luisiana y Texas", en *Nueva Revista de Filología Hispánica*, 35, pp. 111-128.

— (1987b): "Language contact phenomena in Louisiana isleño Spanish", en *American Speech*, 62, pp. 320-331.

— (1987c): "The construction pa(ra) atrás among Spanish-English bilinguals: parallel structures and universal patterns", en *Ibero Americana*, 28/29, pp. 87-96.

— (1989): "Salvadorans in the United States: patterns of sociolinguistic integration", en *National Journal of Sociology*, 3:1, pp. 97-119.

— (1990): "The language of the isleños: vestigial Spanish in Louisiana", Baton Rouge, Louisiana State University Press.

— (1992): "Language-varieties of Spanish spoken, English usage among Hispanics, Spanish in business, the media and other social environments, bilingualism and code-switching", en N. KANELLOS (ed.), *The Hispanic-American almanac*, Detroit, Gale Research Inc., pp. 209-227.

— (1993): "Creoloid phenomena in the Spanish of transitional bilinguals", en ROCA y LIPSKI (eds.), pp. 155-182.

— (1996a): "Patterns of pronominal evolution in Cuban-American bilinguals", en ROCA y JENSEN (eds.), pp. 159-186.

— (1996b): "Los dialectos vestigiales del español en los Estados Unidos: estado de la cuestión", en *Signo y Seña*, 6, pp. 459-489.

LOPE BLANCH, J. (1987): "El estudio del español hablado en el suroeste de los Estados Unidos", en *Anuario de Letras*, 25, pp. 201-208.

— (1990a): *El español hablado en el suroeste de los Estados Unidos*. Mexico, Universidad Nacional Autónoma de México.

— (1990b): "El estudio coordinado del español del suroeste de los Estados Unidos (memoria de un coloquio)", en *Anuario de Letras* 28, pp. 343-354.

MARQUÉS, S. (1986): *La lengua que heredamos: curso de español para bilingües*, New York, Wiley.

MCKAY, S., y SAU-LING CYNTHIA WONG (eds.) (1988): *Language diversity: problem or resource?*, Cambridge and New York, Newbury House.

— (eds.) (2000): *New immigrants in the United States*. Cambridge University Press.

MEJÍAS, H., y GARZA-SWAN, G. (1981): *Nuestro español: curso para estudiantes bilingües*, N.Y., Macmillan.

MILÁN, W. (1982): "Spanish in the inner city: Puerto Rican speakers in New York", en FISHMAN y KELLER (eds.), pp. 191-206.

MONTERO DE PEDRO, J. (1979): *Españoles en Nueva Orleans y Luisiana*, Madrid, Ediciones Cultura Hispánica del Centro Iberoamericano de Cooperación.

ORNSTEIN, J. (1951): "The archaic and the modern in the Spanish of New Mexico", en *Hispania*, 34, pp. 137-142. También en HERNÁNDEZ-CHÁVEZ et al. (eds.), pp. 6-12.

- (1972): "Toward a classification of Southwest Spanish non-standard variants", en *Linguistics* 93, pp. 70-87.

ORNSTEIN-GALICIA, J.; GREEN, G., y BIXLER-MÁRQUEZ, D. (eds.) (1988): *Research issues and problems in United States Spanish: Latin American and southwestern varieties*, Brownsville, Pan American University at Brownsville.

PEÑALOSA, F. (1980): *Chicano sociolinguistics*, Rowley, Newbury House.

- (1984): *Central Americans in Los Angeles: Background, Language, Education*, Los Alamitos, CA, National Center for Bilingual Research.

- (1978): *Cultura hispánica en Estados Unidos: los chicanos*, Madrid, Ediciones Cultura Hispánica del Centro Iberoamericano de Cooperación. 2ª ed.

POPLACK, S. (1980): "Sometimes I'll start a sentence in English y termino en español", en *Linguistics*, 18, pp. 581-618.

PORTILLA, M. de la, y VARELA, B. (1979): *Mejora tu español: lectura y redacción para bilingües*, New York, Regents Publishing Company.

QUINTANILLA, G., y SILMAN, J. (1978): *Español: lo esencial para el bilingüe*, Washington, DC, University Press of America.

RAMÍREZ, A. (1992): *El español de los Estados Unidos: el lenguaje de los hispanos*, Madrid, MAPFRE.

ROCA, A. (1986): *Pedagogical and sociolinguistic perspectives on the teaching of Spanish to Hispanic bilingual college students in South Florida*, D. A. dissertation, University of Miami.

- (1999): *Nuevos mundos: lectura, cultura y comunicación*, New York, Wiley.

- (en p.): *Research on Spanish in the United States: linguistic issues and challenges*, Somerville, Cascadilla Press (2000).

ROCA, A., y JENSEN, J. (eds.) (1996): *Spanish in contact: issues in bilingualism*, Somerville, MA, Cascadilla Press.

ROCA, A., y LIPSKI, J. (eds.) (1993): *Spanish in the United States: linguistic contact and diversity*, Berlin, Mouton de Gruyter.

SÁNCHEZ, R. (1972): "Nuestra circunstancia lingüística", en *El Grito*, 6, pp. 45-74.

- (1983): *Chicano discourse*. Rowley, Newbury House. 2ª, ed.

SILVA-CORVALÁN, C. (1994): *Language contact and change: Spanish in Los Angeles*, Oxford, Clarendon Press.

- (ed.) (1995): *Spanish in four continents: studies in language contact and bilingualism*, Washington, Georgetown University Press.

SOLÉ, C. (1979): "Selección idiomática entre la nueva generación de cubano-americanos", en *Bilingual Review / Revista Bilingüe*, 6, pp. 1-10.

- (1982): "Language loyalty and language attitudes among Cuban-Americans", en FISHMAN y KELLER (eds.), pp. 254-268.

TESCHNER, R.; BILLS, G., y CRADDOCK, J. (1975): *Spanish and English of United States Hispanos: a critical, annotated, linguistic bibliography*, Arlington, Virginia Center for Applied Linguistics.

TORRES, L. (1989): "Code-mixing and borrowing in a New York Puerto Rican community: a cross-generational study", en *World Englishes*, 8, pp. 419-432.

- (1997): *Puerto Rican discourse: a sociolinguistic study of a New York suburb*, Mahwah, NJ, Lawrence Erlbaum.

VALDÉS, G., y GARCÍA-MOYA, R. (eds.) (1976): *Teaching Spanish to the Spanish speaking: theory and practice*, San Antonio, Trinity University.

VALDÉS, G.; LOZANO, A., y GARCÍA-MOYA, R. (eds.) (1981): *Teaching Spanish to the Hispanic Bilingual*, New York, Columbia University, Teacher's Press.

VALDÉS, G., y TESCHNER, R. (1977a): *Español escrito: curso para hispanoparlantes bilingües*, New York, Scribner's.

‒ (1977b): *Spanish for the Spanish speaking: a descriptive bibliography of materials*, Austin, National Educational Laboratory.

VALDÉS-FALLIS, G. (1976): "Code-switching in bilingual Chicano poetry", en *Hispania, 59*, pp. 877-885.

‒ (1979): "Is code-switching interference, integration or neither?", en BLANSITT y TESCHNER (eds.), pp. 314-325.

VARELA, B. (1992): *El español cubano-americano*, New York, Senda Nueva de Ediciones.

‒ (1998-99): "Discurso de incorporación: el español centroamericano de Luisiana", en *Boletín de la Academia Norteamericana de la Lengua Española, 9-10*, pp. 1-40.

VIGIL, N., y BILLS, G. (1997): "A methodology for rapid geographical mapping of dialect features", en A. THOMAS (ed.), *Issues and methods in dialectology*, Bangor, Wales, University of Wales, Department of Linguistics, pp. 247-255.

WHERRITT, I., y GARCÍA, O. (eds.) (1989): "U. S. Spanish: the language of the Latinos", en *International Journal of the Sociology of Language, 79*.

ZENTELLA, A. C. (1981a): "Tá bien: you could answer me in cualquier idioma: Puerto Rican code-switching in bilingual classrooms", en DURÁN (ed.), pp. 109-131.

‒ (1981b): "Language variety among Puerto Ricans", en C. FERGUSON y S. BRICE HEATH (eds.), *Language in the USA*, Cambridge, Cambridge University Press, pp. 218-238.

‒ (1981c): *Hablamos los dos. We speak both: growing up bilingual in El Barrio*, University of Pennsylvania, Ph. D.

‒ (1983): "Spanish and English in contact in the U. S.: the Puerto Rican experience", en *Word, 33*, 1-2, pp. 42-57.

‒ (1985): "The fate of Spanish in the United States: the Puerto Rican experience", en N. WOLFSON y J. MANES (ed.), *The language of inequality*, The Hague, Mouton, pp. 41-59.

‒ (1988): "The language situation of Puerto Ricans", en McKAY y WONG (eds.), pp. 140-165.

‒ (1997): *Growing up bilingual: Puerto Rican children in New York*, Malden, Massachusetts, Blackwell.

LENGUA Y SOCIEDAD EN EL MUNDO HISPÁNICO

Volúmenes publicados

Matthias Perl, Armin Schwegler (eds.)
América negra: panorámica actual de los estudios lingüísticos sobre variedades hispanas, portuguesas y criollas
1998, XII + 380 p.
(Lengua y Sociedad en el Mundo Hispánico, 1)
ISBN 84-88906-57-9

Luis A. Ortiz López
Huellas etno-sociolingüísticas bozales y afrocubanas
1998, 204 p.
(Lengua y Sociedad en el Mundo Hispánico, 2)
ISBN 84-88906-82-X

Luis A. Ortiz López
El Caribe hispánico: perspectivas lingüísticas actuales
1999, 352 p.
(Lengua y Sociedad en el Mundo Hispánico, 3)
ISBN 84-95107-15-5

William W. Megenney
Aspectos del lenguaje afronegroide en Venezuela
1999, 312 p.
(Lengua y Sociedad en el Mundo Hispánico, 4)
ISBN 84-95107-17-1

Klaus Zimmermann
Política del lenguaje y planificación para los pueblos amerindios: Ensayos de ecología lingüística
1999, 200 p.
(Lengua y Sociedad en el Mundo Hispánico, 5)
ISBN 84-95107-44-9

María Victoria Londoño Vélez / German Patiño Ossa
Golondrinas en cielos rotos. Lenguaje y educación en las narraciones infantiles
2001, 248 p.
(Lengua y Sociedad en el Mundo Hispánico, 7)
ISBN 84-95107-26-0